全国教育科学"十三五"规划2016年度教育部重点课题

新媒体环境下英美影视文化传播对大学生价值观影响的对策研究

（DIA160340）

美育漫谈

徐若梦 — 著

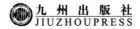

九 州 出 版 社
JIUZHOUPRESS

图书在版编目（CIP）数据

美育漫谈 / 徐若梦著 . -- 北京：九州出版社，2021.9

ISBN 978-7-5225-0499-5

Ⅰ.①美… Ⅱ.①徐… Ⅲ.①美育－研究 Ⅳ.① G40-014

中国版本图书馆 CIP 数据核字 (2021) 第 187386 号

美育漫谈

作　　者	徐若梦　著	
责任编辑	周红斌	
出版发行	九州出版社	
地　　址	北京市西城区阜外大街甲 35 号（100037）	
发行电话	（010）68992190/3/5/6	
网　　址	www.jiuzhoupress.com	
印　　刷	唐山才智印刷有限公司	
开　　本	710 毫米 ×1000 毫米　16 开	
印　　张	15	
字　　数	241 千字	
版　　次	2022 年 1 月第 1 版	
印　　次	2022 年 1 月第 1 次印刷	
书　　号	ISBN 978-7-5225-0499-5	
定　　价	95.00 元	

前　言

作为一名普通高校老师，想写一本关于美育的书的念头由来已久，但迟迟未敢轻易动笔，原因很简单：因为有些基本的问题还需要仔细斟酌，例如：什么是美？什么是美育？美育有什么用？美育在新时代有哪些特殊功用？

"美育"这一概念自席勒提出，王国维引进，当代德智体美四育被写进了《国家中长期教育改革和发展规划纲要》，但到底什么是美育、如何开展、有何功用，依然需要探讨。美育等同技艺培训吗？如果美育等同将孩子送去参加音乐、绘画、唱歌、跳舞等培训班，那么美育是否就是素质教育换了个提法？

比"美育是什么？"更基本的问题是"美是什么？""审美又是什么？""美和审美谁更基础？""到底是先有美还是先有审美？"虽然爱美之心人皆有之，但"美是什么？"这一问题却不容易回答。从字面上看，审美肯定包含美，否则便无美可审，但是否存在着美这一客观事物？一朵美的花、一匹美的马、一个美丽的姑娘都让人赏心悦目，但是美丽的花、美丽的马、美丽的姑娘是否等同于美本身？美是寓于花朵、马、姑娘身上的某种客观事物吗？这种事物是普遍的、可通传的吗？

事实上，并不是每个人都有闲暇去思考上面这些问题，但每个人在自己的生命中必然或多或少会有以下这些更加贴近生活的问题：我长得好看吗？怎样才能让我好看一点？怎样才能让他人多看我两眼？

根据我从教多年的观察，我发现大学生，或者说年轻人普遍存在这样的愿望：希望自己变美，努力让自己变美。这种心愿本身是美好且催人奋进的。

那么怎样让自己变美？怎样才算是变美呢？

买一支流行色号的口红是否等于美？化一个流行妆容是否等于美？满身名牌是否等于美？如果美是可以消费、可以购买的，我们是否还记得小学时读过的雷锋的诗歌：

"战士那褪了色的、补了补丁的黄军装是最美的，工人那一身油渍斑斑的蓝工装是最美的，农民那一双粗壮的、满是厚茧的手是最美的。劳动人民那被烈日晒得黝黑的脸是最美的，粗犷雄壮的劳动号子是最美的声音，为社会主义建设孜孜不倦工作的人的灵魂是最美的。"

美等同时尚吗？美等同美德吗？物质、精神与美是什么关系？物质和精神在美这里是相互排斥的吗？倘或如此，人必然陷入道德法则和感性幸福分裂的困境，那么孔子为什么说"富而可求也，虽执鞭之士，吾亦为之，如不可求，从吾所好"，席勒为什么更加明确地指出"美证明了道德自由和感性依存完全可以并存，还证明了人为了表现出精神并不需要抛弃物质"？

物质与精神、道德与幸福在美里处于什么样的关系？人类德福分裂的难题是否能够通过美去破解？又该如何去破解呢？

上述问题，是本书要讨论的重点问题，但著者只是一名十几年坚守教学一线的普通高校教师，虽然教学经验较为丰富，但理论修养有限，难以在理论上做出比前人更加深入的探讨。且著者虽然在科研中有一定的学以致知精神，但在教学中时刻本着教以致用的思想，希望在课堂上能够实实在在地传道授业解惑。而在著者看来，是否做到实实在在答疑解惑的重要标志就是能不能设身处地地站在学生的立场上，为他们解答学习和生活中切实存在的疑问。在此基础上，如果能够对他们的观念、理想信念有所指引，那就不失为传道授业，颇感慰藉。当然，著者的"功利心"似乎违背了审美无目的的合目的性一说，但审美的无用之用似乎又是消解社会浮躁、急功近利习气的大用。

本书虽然包括了理论部分，但重点在于应用层面。本书的理论主要来自老子、孔子、孟子、荀子、康德、席勒、黑格尔、马克思、苏霍姆林斯基等先贤。本书的写作目的在于将这些理论切实地和我们的生活联系起来，发掘美学、美育在生活中的效用，给大学生们提供一些切实的帮助。

马克思说过，哲学家们只是用不同的方式解释世界，问题在于改变世界。如果能够将先贤的理论落实到我自己的学习生活中，经过我自身检验后，能对学生的学习生活提供一点点帮助，并能在一定程度上改善他们的学习和生活，也算是为改变世界做了一点小事吧。

正因如此，本书采用了大量真实的课堂对话和案例，为阐述先贤的理论提供了直观、一手的感性素材，算是贯彻了美育的基本原则。在本书的语言风格上，虽然我做不到像圣人一样思考，但努力做到像普通人一样说话，力求让大家能够从康德等先哲的理论中有所收获。当然，因为本书感性素材较多，且以指导生活实践为目的，所以不敢以"论"命名，权且将此书命名为《美育漫谈》。

在本书的撰写过程中，我一度患病，其间我的家人给了我巨大的支持。特别要感谢我的父母、爱人，还有我的女儿给我的关爱。他们的爱给了我好好生活、继续研究的希望和勇气。还要感谢我的同事杜俊伟、何鹏、罗小涛在理论方法和技术上给我的帮助。感谢我的同学翁维红、林桢栋、李磊、管俊、古中美、赵静、王勇旗、吴芳、臧春艳等，尤其要感谢我的同事肖洁、仇迪和学生康子怡，她们在我研究最艰难、几近中止的阶段帮助我收集、整理了大量资料，使我重拾研究的信心。还要感谢我的学生刘洋、张子晗，他们参与了本书的校对工作，并提出了宝贵意见。

由于著者理论基础薄弱，且理论研究仅为手段，解决问题才是目的，书中如有错漏，或者存在对理论的误解之处，恳请读者批评指正。

目 录
CONTENTS

◎受动力能拓宽人的情感领域，使得人类的悲欢能够相通。

◎信息时代，受动力是人文工作者职业素养与职业尊严的体现。

◎答疑篇（问题：爱情是神圣的还是世俗的？）

◎"德福分裂"是横亘人类历史的难题。

◎道德的外在形式为实践法则，最高目的是自由，内容是我们的生活。

◎自由包括内在的自由和外在的自由，二者统一才是至善。

◎美育能统一道德认识和道德情感，使人实现内在的和解。

◎美育能让内在的精神和外在的世界和谐依存，相互促进，使人臻于至善。

◎答疑篇（问题：大学生该不该学做饭？）

◎体育赛事是让和平年代的人们感受到崇高的重要方式，审美能够让我们共享拼搏精神和运动尊严。

◎体育让个体得以突破肉身的限制，将认识和经验普及到类，提高类整体的身体素质和行为能力。

◎美育契合了体育的特征和目的，将美育渗透体育中能使人身心协调发展。

◎美育不仅能让运动员发挥自己的最佳状态，也是通往体育道德的必经之路。

◎美育渗透体育运动中，是实现德福一致最直接的途径。

◎答疑篇（问题：被人打了要不要打回去？）

◎美赋予了人灵魂，让人从自然界中独立出来。

◎美是科学研究和艺术创作的原动力。

◎美的国度不可能排除丑，但一定要排除技术对人文的侵蚀。

◎在科学研究和艺术创作中，想象和逻辑要严守各自的边界。

第一章　美育有什么用

想写一本关于美育的书的念头由来已久，但首先从美育的效用谈起似乎有些庸俗。只要是与美相关，无论是美学还是美育，听起来都有几分形而上。在这么形而上的话题面前，先追究美育的效用，的确有些形而下。我并不想否认这种形而下，美育这个命题自古至今已有众多研究，无论是孔子、孟子，还是柏拉图、亚里士多德、康德、席勒，乃至黑格尔、马克思，对于美学、美育早就提出了极为重要的理论，即使在今天，这些理论也有着极大的学习和借鉴意义。在国内，也有王国维、蔡元培等前辈的研究珠玉在前。作为一名仅有十几年教龄的普通高校教师，在理论研究方面只能是借鉴。因此，本书的重点不在理论层面。

但从教师的本分来看，我没有忘记教育者的初心，时刻记着以传道授业解惑为宗旨。当然，如果能够在传道授业解惑的过程中切实地为学生解答一些关于他们学习、生活、求职、就业等方面的问题，对我来说则为人生之大幸。研究美育，讲授美育，那么"美育有什么用？"这个问题肯定是逃不掉的。面对当代大学生，如果他们问我这个问题，我怎能轻易地用一句"美育没什么用"来回答他们呢？

之所以要讨论美育的效用，还要从我个人的经历谈起。生于20世纪80年代的我当年顺利考入某著名985高校（985是二十年前的说法，现在是"双一流"高校），也因此给父母挣了很多面子。然而大学却不是想象中的梦幻岛，进入大学后，目标失落与确立、自我冲突与认同、理论困惑与选择是我们这一代大学生都经历过的煎熬。就业时一步之差失去了留在母校工作的机会，进入一所民办高校就职。在工作和生活的压力下我有时自问："读这么些书到底有什么用？"

在我入职之初，民办高校还是新生事物，学生到底如何，我心里是没有底的。大学期间，我虽然只是一名平凡的学生，但在我就读的高校里也有机会接触到国内外一些著名的专家学者。因此，我骨子里自觉不自觉地也有几分清高。入职后身份转变，由学生变成老师，我想：这将是一群什么样的孩子呢？我该怎样教导他们呢？在他们面前我以何为师？

事实上，我的学生们是一群极其可爱的孩子。他们每天都提早上自习，课堂上认真听讲。节假日，他们去路边摆摊、店里卖货、厂里打工。很多同学种过地、搬过砖、喂过猪、放过牛、发过传单、做过销售，有着课本之外丰富的生活经历。从大一开始，不少同学便开始关注各种职业资格证考试；才到大三，他们中的很多人便已经奔波于各个人才市场。失恋了，他们在网上吐槽；考试成绩不好，他们也和我们当年一样议论老师。然而，当我有次因病在课堂上差点晕倒时，同学们立刻冲上来一起把我送进了医院。和他们接地气的质朴率真相比，我大学期间惨淡的迷茫倒有几分文青式的矫情了。

我的这些孩子们是爱美的。从教十几年，我的学生早已从"80后"变成了"00后"，"80后"大学生和"00后"大学生在很多地方都有区别，但有一点是不变的——他们都是爱美的。据我观察，这些孩子们大一进校时还带着高中生的青涩；到了大二，女生中的绝大多数开始化妆，不到大三便彻底完成了大学生气质的蜕变；求职就业时，已然是个小小社会人的模样了。虽然一支大牌口红，或者一件新款夹克可能是他们兼职几个星期的收入，但是爱美、追求美是人的天性。这些孩子们正当青春靓丽的年纪，就算对美还没有太深刻的理解，想变美、努力把自己变美的愿望在我看来是完全合理且正当的。

　　看到这些孩子，反躬自省，这些孩子和当年的我，究竟谁更能代表中国的大学生呢？这些孩子生在高等教育普及的新时代，考上的是二本院校，中学阶段大概并没有做题小能手的荣耀，大学阶段也没有天之骄子的光环。从来没有光环加身的他们，进入大学后心态反倒远比当年的我平和。大学对他们来说是一个可以重新发现自我的新天地，他们中的大部分也远比当年的我更懂得珍惜上大学的机会。

　　从数量上看，全国有将近三千所高等学校，其中仅有一百多所为"双一流"高校，而民办院校超过七百所。我所就职的民办二本院校的孩子，以及和他们类似的大学生们在数量上占据了全国大学生的绝大多数。在高等教育普及化的今天，大学生们毕业后将走上各行各业不同的岗位。可以肯定的是，我的这些学生们将来绝大多数要走上社会的普通岗位。在工地上、超市里、快餐连锁店、写字楼的格子间、三尺讲台、上下班拥挤的公交车和地铁上都有他们的身影。和"双一流"大学生们相比，他们跻身社会"精英"阶层的概率偏小，但至少在我看来，和"双一流"的大学生们相比，我的这些学生们在今天更能代表中国大学生这个庞大的群体，在未来他们更能够代表中国的广大劳动人民。

　　劳动人民难道就不能爱美、追求美吗？今天的他们可能做几个星期的兼职买一支大牌口红；走上工作岗位后的他们也可能在房租、水电以及其他各种生活开销的重压下省几个月工资买一件心仪的饰品；待到成家之后，他们更要在买房、还贷、小孩入学等问题上花费大量的时间和精力。这种为生计的奔忙看似平庸，但正是无数劳动人民的奔忙，推动了中国的经济发展和社会进步，他们为社会的发展做出了实实在在的贡献。他们爱美，想知道美育有什么用并不过分。

　　在他们尚有闲暇的青春里，倘或我真的有缘为他们讲授美育，当他们问道"美育有什么用"时，除了引经据典，侃侃而谈康德、席勒外，我还能说些什么和他们的生活有着切实关系的内容呢？我是否能够底气满满地告诉他们美育是有用的？

我想我能。

我能告诉他们，美育是有用的。无论是买衣服还是谈恋爱，美育都是有用的。在新时代，美育不仅有无用之用，美育还有有用之用。美育不仅能担荷人们的心灵，也能让人们知道怎样看待物质，正如席勒所言：

美证明了道德自由和感性依存完全可以并存，还证明了人为了表现出精神并不需要抛弃物质。①

◎ 答疑篇

问题：校园里的"学霸"走进社会后未必赚钱更多，为什么还要好好读书？知识怎样改变命运？教育的回报究竟在哪里？

（这是我作为一个普通人的扪心自问。谈钱虽然看似庸俗，但我认为，人如果没有勇气直面最真实的自己，就不能真正解决生活中的问题。我想通过这个答案与我荒草丛生的青春和解，也希望能够对有类似困惑的人有所帮助。）

解答：其实校园里的所谓"学霸"，大都是答题小能手。当这些答题小能手们被称为"学霸"时，便已经获得了回报。想想看，当我们期末考了一百分，爸妈请我们吃炸鸡汉堡的时候，不及格的孩子却要躲到爷爷奶奶外公外婆身后避难，难道这不是回报吗？当我们考取年级第一，名字被写在学校的光荣榜上，老师表扬，同学美慕，这样的春风得意难道不是回报吗？

要明白，学生接受教育并不是在付出，而是在领受。除了学习将来安身立命的知识和技能外，还有与人沟通的艺术和吃苦耐劳的精神。

---

① ［德］席勒. 美育书简 [M]. 徐恒醇，译. 北京：社会科学文献出版社，2016：187.

当我们在学校里觉得读书苦读书累的时候，不妨闭上眼睛做一个思维实验。假设我们把自己所有受教育的经历从生活中排除掉，我们会成为什么样的人？这时我们会发现，学校还是我们结交朋友、展现自我的舞台。虽然我们在学习遇到挫折时会吐槽，但是想一想，假如我们真的一天学都没有上，我们会成为什么样的人？会比现在更好吗？我们愿意成为这样的人吗？

学校和社会有完全不同的评价标准。学校的评价标准是被动的，侧重于考察我们对知识和技术的接受、理解能力；社会的评价标准是主动的，侧重于考察我们应用知识和技术解决问题、创造实际价值和新的知识技术的能力。

如果我们在学校恰好是个做题小能手，只能说明我们在知识和技能的接受与理解能力上优于其他人，而这些知识和技能是为我们将来在社会上做贡献而准备的。因此，无论我们在学校里考多高的分数，当我们刚刚毕业走上工作岗位，尚未给社会做出切实的贡献时，比别人拿更高工资的依据又在哪里呢？

"学霸"的光环是激励我们为社会多做贡献，而不是用来鄙视他人，更不能成为我们前行路上的包袱。

知识必须要付诸行动才能对世界产生真实的影响，才谈得上改变命运。不能够解释生活、指导实践的知识不仅无用，还可能对我们的生活造成负担。

当我们能够放下"学霸"光环，戒骄戒躁，用自己的知识去分析问题、指导实践、踏实工作、认真生活时，假以时日，生活必然会给我们回馈，我们的人生因而得以改变。

知识改变命运是一个功到自然成的过程。很多时候，我们把因果关系弄反了。

如果我们不是做题小能手，可能我们会担心自己不够优秀，但没有往昔的光环作为心理牵绊，恰好能够让我们一往无前地迈向未来。如果我们恰好是曾经的做题小能手，那么放下光环，也就是卸下包袱。让我们带着一颗平常心走向社会，一往无前地直面不确定的未来。

1. 美是什么

◎众生（包括无生命之物）平等在美面前得以真正实现。

◎审美判断是人类自由的证明。

◎美是不能定量的。

◎美是不能买卖的。

◎美是客观事物在主体精神中引发的既非功利，又无目的的普遍愉悦感。

◎美是有用的。

◎答疑篇（问题：怎样买衣服？）

生活中的确充满了各种各样美的事物，蓝天、白云、花草、树木、星空、海洋、动物、人都能够让我们产生美感。我们对美的最初、最直观的感受都是从最直接的生活经验中获得的。

即便是牙牙学语的婴儿，看到漂亮的阿姨也会露出甜甜的笑脸，看到花朵、彩虹、蝴蝶、星星、月亮、小动物也会露出或喜悦、或惊奇、或怜惜的表情，所以我们有什么理由不认为爱美是人与生俱来的天性呢？

爱美之心人皆有之。随着我们的成长，脑海里形成了概念，具备了逻辑思维能力，开始思考"美是什么"这个问题时，我们便会惊讶地发现，虽然生活中到处都有美好的事物，但要从这些事物中找出美本身，还真不是一件容易的事。

首先，一块美丽的石头、一朵美丽的花、一位漂亮的姑娘或者帅气的小伙毫无疑问是美的。石头、花朵、姑娘、小伙是同一类事物吗？显然不是。但他们都是美的。不同类的事物，有机的或者无机的，有生命的或者无生命的，在美这里获得了平等。

众生（包括无生命之物）平等在美面前得以真正实现。

因此，美是具有超越自然科学明确划分的包容性的。在这里，也给我们对美的研究提出了第一个警告：如果以自然科学的分析法去研究美，我们或许能得到美的概念，但必然失去美本身。

再者，美丽的石头、美丽的花朵、美丽的姑娘和小伙在我看来是美的，在其他人看来也是美的吗？一块璞玉，我觉得是美的，小猫、小狗、小鸟、小兔也能欣赏到它的美吗？一朵花在我看来是美的，可是小羊、小鹿这些在我看来同样很美的小动物会毫不吝惜地把它当成食物吃掉。对此，庄子《齐物论》中早有记载："毛嫱、丽姬，人之所美也。鱼见之深入，鸟见之高飞，麋鹿见之决骤。"当然，鸟、鱼、麋鹿和人毕竟不是同类。但即便都是人，对美的判断也未必能够达成统一。例如，同样是石头，东方人喜欢翡翠，西方人偏爱钻石。

虽然人对美的看法未必能达成统一，但钻石、翡翠、花朵、明星都是实存的事物。我们最早都是从事物身上看到美的。那么美是一种客观事物吗？如果是的话，我们能不能把美从美的事物里提炼出来？说不定还能按照这个思路对美进行一些量化或者质性的研究。在这里，也给我们对美的研究提出了第二个警告：如果将美视为某种可以定量分析的客观事物，那么就类似于科技史上对燃烧的研究走进了"燃素论"①的路子。美学研究并不排斥技术手段，但技术手段切不可反客为主，否则便背离了一切人文研究中"人是目的"这一基本宗旨。

美学研究作为一种人文研究，也当以人的自由和幸福为目的。虽然美的事物很多，不同物类在美面前一律平等，但迄今为止，人是唯一能够发现美、享受美的，或者说因为有了人，才有了美。

还是以石头为例，一块石头的物理或者化学属性是石头本身固有的特性，

---

① "燃素"是人们还不理解燃烧现象时做出的一种推论。当时的人们认为火是一种叫作"燃素"的微粒构成的。燃素不仅广泛存在于可燃物里，还大量游离于空气中；既能同其他元素结合形成化合物，也能以游离方式存在。大量游离的燃素聚集在一起就形成明显的火焰。燃素论在当时不仅能够在一定程度上解释燃烧现象，甚至还能够进行一些定量研究。后来"燃素论"被证明是完全错误的。"燃素"并不是存在于可燃物中的某种物质，火焰也不是燃素聚集而成的实体。事实上，燃烧是一种发光发热的化学反应，而火焰则是燃烧中的发光现象，并不是由微粒构成的实体。

事物的自然属性是不会随着人的偏好而改变的，但我们研究的不是自然科学，我们要研究的是美。

美的确会随着人的偏好而改变的。岂止如此，事物的商品价值甚至都和它美不美有一定的关系。我们花一万块钱买个翡翠手镯大概不会觉得很亏，但我们愿意花一万块买一块板砖吗？因此，美固然依附于客观事物，但美又的确是主观的。事物美还是不美的确取决于审美主体对它的判断。在这里要强调，审美虽然是连接认识和道德的桥梁，但审美本身并非认识也并非道德，因此审美既不会危害真理，也不会危害道德。正因为如此，**审美判断才是人类自由的证明**。正如黑格尔指出的："审美带有令人解放的特质。"①

因此，我们怎么能够用技术手段对美的判断准则做统一的标准化处理呢？又怎么能够用技术手段强制人们认为这个是美的或者那个是不美的呢？这难道不是对自由这个人类为之而奋斗的最终目标的彻底背离吗？

当然，作为普通人，我们可能更关注的还是玉镯和板砖这个话题，它和我们的生活息息相关。爱美，想让自己变美，是人的天性，是完全合理且正当的。有条件的话，我们大概都想买几件像样的衣服、漂亮的饰品把自己好好装扮一下，虽然高端大气上档次的翡翠我买不起。在崇尚"衣锦尚絅"②这种含蓄美的我看来，某些满身印满 LOGO 的名牌包实在美不到哪里去。

说了这么多衣服、饰品、鞋包、珠宝，不知道大家心里是不是情不自禁地发出了这样的感叹："美真贵啊！"

美是可以花钱买的吗？如果美这么贵，那么没钱的人是不是这辈子就只能活得丑？

那么，美是某种物质吗？我们可以从客观事物中提炼出美这种物质吗？提炼出来后可以定量研究吗？可以标价贩卖吗？

---

① [德]席勒.美育书简[M].徐恒醇，译.北京：社会科学文献出版社，2016：130–131.

② 《礼记·中庸》："《诗》曰：'衣锦尚絅，恶其文之著也。'"在这里引用这段文字并不是为了卖弄斯文，而是觉得这句话把传统文化所崇尚的含蓄美说得极为贴切。

不，不是。直觉已经给出了正确答案。美育之父席勒早已指出，美育的目标在于"使人的感受功能与世界有最多方面的接触，从而在情感方面使受动性得到充分发挥"。① 也就是说，让直觉更加敏锐，从而使人更具洞察力，是美育的基本目标之一。

如果我们已经从直觉对刚才这些问题做出了否定的回答，说明我们已经具备了一定的审美素养。现在我们从理性的层面来分析为什么这些问题的答案都是否定的。

美多少钱一斤？

直觉说：美怎么能够论斤卖呢？人文研究并不排斥定量方法，但我们在人文研究中使用定量方法的时候一定要问问自己，我们到底是为了解决问题，还是为了标新立异，甚至炫耀技术？人文研究的对象是有生命、有感情、有血肉的人，并不是实验室里的矿石、电脑里面的数据，或者解剖台上的一块肉。如果为了标新立异，甚至炫耀，而滥用并非研究所必需的技术时，很可能远未接触真理便已脱离现实。这不仅不能解决任何实际问题，对研究者的研究，甚至生活都可能是毁灭性的。

因此，美是不能定量的。

美固然不能论斤贩卖，但好看的衣服的确卖得更贵一点。如果美是明码标价的话，那穷人不就和美无缘了吗？"众生（包括无生命之物）在美面前平等"不就是一句空话吗？

那么，美到底是什么？

首先，美包含客观事物。我们从小到大对美最直接的感受和认识都是来自经验，因此，客观事物是绝对不能被排除到美之外的。

其次，客观事物的美与不美取决于审美主体的判断。不然为什么会有你觉得美、我觉得不美这种生活中常见的情况呢？

① ［德］席勒 . 美育书简 [M]. 徐恒醇，译 . 北京：社会科学文献出版社，2016：130-131.

康德（1724–1804）

德国古典哲学创始人，美学之父，人类历史上最重要的思想家之一。在其著作中，康德系统地探讨了困扰人类数千年的认识、道德和审美问题。康德终生未婚，其哲学抽象晦涩，但他从最抽象的命题中开辟了一条通往最鲜活生命的道路，为后人的孜孜探求指明了方向。

最后，到底是先有美，还是先有审美？美和审美哪个更基本呢？

康德认为：

规定着鉴赏判断的那种愉悦是没有任何兴趣[①]的；

美者是无需概念而被表现为一种普遍的愉悦之客体的东西；

唯有一个对象的表象中不带任何目的（无论是客观的目的还是主观的目的）的主观和目的性，因而唯有一个对象被借以被给予我们的表象中的合目的性的纯然形式，就我们意识到这种形式而言，才构成我们评判为无需概念而可普遍传达的那种愉悦，因而构成鉴赏判断的规定根据。

在一个鉴赏判断中所设想的那种普遍赞同的必然性是一种主观的必然性，它在一种共感[②]的前提下被表现为客观的。

无需概念而被认识为一种必然的愉悦之对象的东西，就是美的。

著者对美的解释：**美是客观事物在主体精神中引发的既非功利又无目的的普遍愉悦感。**

举个例子：假设阴雨绵绵一星期后，某天早晨，你打开窗户只是想通风换气，却不经意间看到一片蔚蓝晴空跃然眼前。你是什么感受？美不美？我想一般情况下大家都会感到身心放松，由衷地赞叹："真美！"

在这个例子里，首先必定包含了蓝天这个客观事物，不然审美就无物可

---

① 此处"兴趣"即"功利"，功利与欲求有关，指能够让我们的感官所喜欢的快适感。

② "共感"即人类的共通感。美感是否可以通传、如何通传，是审美的核心问题。美感能否通传的问题关系到人类的情感是否相通、如何相通，这也是人文研究的核心问题之一。

审了。蓝天是我们的审美对象，我们则是蓝天的审美主体。其次，我们固然觉得蓝天是美的，但一块石头、一棵草、一朵花能感受到蓝天的美吗？因此，蓝天只有在我们眼里才是美的。当我们感叹"蓝天真美！"的时候，我们是不是感受到身心舒畅呢？这种身心的舒畅用审美的话语来讲就叫作"愉悦"。因此，是蓝天这个客观事物触动了我们的主观精神，并且让我们感受到了愉悦。

为什么说是无目的？我们是为了从天上得到些什么而有意地去看蓝天的吗？不是的。就连不经意地看到蔚蓝晴空都完全出于偶然，但我们不经意地看天空的确达成了某种目的，即身心愉悦。这就是"无目的的合目的性"。

为什么说是非功利？当我们觉得"蓝天真美！"的时候我们想过要把它吃掉吗？想过要独占它吗？应该没有。当我们的室友同样觉得蓝天很美的时候，我们会嫉妒吗？也应该不会。我们更多的是为室友和我们有同样的感受而高兴。如果是恋爱中，别人觉得你的朋友帅或漂亮，甚至和你一样喜欢他/她，你会这么豁达吗？所以为什么室友喜欢蓝天你高兴，室友喜欢你的朋友你就不高兴了呢？因为审美和恋爱的基本区别就是审美是非功利的，而恋爱则是功利的。当然，功利在这里不是贬义词。

那么愉悦感到底有没有普遍性？或者说人类到底有没有共通感？

人类当然有共通感。以谈恋爱为例，人是不同的，但每个人心中对爱情的感受是共通的。

美感同理。或许 A 觉得蓝天美，B 觉得白云美，C 觉得彩虹美。审美的主体乃至客体都是不同的，但客体在主体身上引发的那种愉悦感是共通的。

客体的不同是自然的多样性在人身上的体现，

席勒（1759–1805）

德国诗人、哲学家、历史学家和剧作家，美育之父。席勒第一次提出"美育"的概念并在著作《美育书简》中展开了系统探讨。席勒克服了康德哲学的抽象性，提出感性是人性的基础，并通过受动反馈于认识，从而使美育成为可能。

愉悦感的相通是人作为类生物的证明。

虽然爱情是功利的，审美是非功利的，但它们都是人类的某种情感。这两种情感的共同点就是它们都包含但不依赖于特定客观对象。

美不能论斤卖。因为美不是物质，无法定量。但美所依托的某些客观事物是可以买卖的。例如，一件漂亮衣服，一个好看的包，一只萌萌的小猫等，但并不是所有能引起我们美感的事物都是可以买卖的，比如，蔚蓝的晴空。

我们买不到的是客观事物在主体身上引起的情感。席勒说："美具有规定性。这种规定性不在于排除某些现实，而在于绝对地包括一切现实。"[1]

综上，美是不能买卖的。

首先，当我们谈论买卖的时候，已违背了"非功利"这一基本原则。

其次，当我们为买包俭省攒钱时，亦违背了"无目的"这一原则。

最后，我们买得了物质，但买不了物质在我们身上引发的愉悦感。去年买的新款包，你今年还觉得它美吗？

关于美的效用，康德提出，鉴赏判断（即审美）的重要特点之一是：

无目的的合目的性。[2]

蓝天是美的，白云是美的，星空是美的，彩虹是美的，因为经验中有这些美好的事物，才唤起我们对生活的热爱。所以当天空被雾霾笼罩而看不到蓝天和星空时，当巍峨的高山、庄严的古迹、白发苍苍的科学家、保家卫国的解放军战士唤起我们心头的敬畏或者崇高时，我们会想到要爱惜环境、保护自然、传承文化、尊重他人。因为美，我们在人格里获得了独立，世界或者其他人在我们眼里不再只是仅供占有、索取或者掠夺的对象。我们懂得了欣赏，懂得了付出。因为我们的努力付出，世界也给了我们实质性的反馈——空气更好了，山更青了，水更绿了，食品更安全了，我们也因为环境的改善而更加健康了。这难道不是美的效用吗？

---

[1]　[德] 席勒 . 美育书简 [M]. 徐恒醇，译 . 北京：社会科学文献出版社，2016：130–131.

[2]　康德并没有直接说过这句话，这句话是后人将康德的思想总结之后得出的 .

我们从非功利的美出发，收获了能给我们带来实质利益的生活品质的改善，这难道不是无目的的合目的性在生活中的体现吗？

因此，美是有用的。

◎答疑篇

问题：怎样买衣服？

（这是我和学生在课堂上讨论过的问题，解答是我的如实回答。）

学生：老师，怎么买衣服才好看？

我：（指着身上这件在某宝上千挑万选，最后花了一百多块钱买来的罩衫）我这件衣服好看吗？

学生：（异口同声）好看！老师更好看！老师是大美女！

我：（天啊，怎么脑袋晕乎乎，脚底软绵绵，我这是飘到云里了吗？冷静！冷静！）你们别这样，我不可能给你们所有人的平时成绩打满分的。

学生：（一片哀号）……

我：好吧，平时成绩以后再说，先看这件衣服，好看吗？

学生甲：还……还行吧……

学生乙：呃……（捂上眼睛）

学生丙：也不算特别难看。但是，老师您要觉得不好看还穿出来吗？

我：大冷天的，不穿不冷吗？你不冷吗？

学生丙：嗯，我冷，阿……阿嚏！

我：一件衣服，这个觉得好看，那个觉得不好看，但关键是，好不好看自己心里要有个数。苏格拉底说过，人，要认识你自己！像我这样的矮胖身材，穿横条纹你们觉得好看吗？

学生：不好看，越显得胖了。

我：对啊！但是如果你恰好是个瘦高个，穿横条纹是不是看着就顺眼多了？

学生：是的是的。

我：所以只买对的，不选贵的。先要知道自己长什么样，再根据自己的特点买衣服。天冷穿棉袄，天热穿衬衣；瘦子穿横，胖子穿竖总不会错，但干净整洁肯定是最重要的。

什么场合穿什么衣服，AB 走红毯穿蛋糕裙肯定很好看，但我能买个山寨同款穿着讲课吗？ TED 大讲坛明星上台讲课也穿正装。当然，你要是真心觉得同款蛋糕裙好看，穿着来上课我也不反对，但现在大冷天的，注意保暖，不要感冒。

不要以为贵的就是美的，也用不着买大牌。端多大碗吃多少饭，没必要打肿脸充胖子。最近看了一个电视剧，主人公以为背个品牌包就进入上流社会了，那是把因果关系弄反了。人的底气不是牌子撑出来的。没看到真正的名人穿衣服还要把商标卸了吗？他们可不想给品牌做免费广告。

2. 美育是什么

◎美育是引领人们走向自由国度的教育。

◎美是生活中的惊喜，始于无目的的偶然。

◎人只有在审美的时候才是真正自由的，受动是通往美和自由的必经之路。

◎美育通过提升人的鉴赏力，把偶然变成必然，从而引领人走向自由。

◎美育不是排除丑，正如善不是对恶的无知。

◎美育的意义不仅在于发现生活中更多的美，更在于给人们直面丑与恶的勇气和能力。

◎答疑篇（问题：恋爱与婚姻有什么区别？）

美育，是关于鉴赏力，即审美能力的教育。美育之父席勒在首次提出并系统性讨论美育的著作——《美育书简》中将其命名为 Ästhetische Erziehung，即关于人们的情感或者感性的教育。因此，美育不等于美术，也不等于音乐、舞蹈这些能够从直观上给人以美的享受的艺术教育。广义的美育包含，但不仅限于艺术教育，它泛指一切能够丰富人们的情感、打磨人们的思维、让情感和理性协调发展、提升人们的综合精神能力、引导人们通向自由的教育。从这个意义上讲，**美育是引领人们走向自由国度的教育**。

假如现在是在课堂上，可能有同学要大声抗议了："自由？上课就能自由？老师我不想上课啊。不上课才自由呢！大冷天地从热被窝里起来赶早自习，这要是叫自由，那什么才是不自由啊？"

在这个极为贴近大学生生活的现实问题面前，我不想抛出"自由不是想做什么就做什么，而是想不做什么就能不做什么"这样的大道理来作答。借用《三体》中来自外星文明的一句话给包括我在内的所有人泼一盆冷水清醒清醒头脑吧。

生存本来就是一种幸运，过去的地球上是如此，现在这个冷酷的宇宙中也到处如此。但不知从什么时候起，人类有了一种幻觉，认为生存成了唾手可得的东西，这就是你们失败的根本原因。[①]

同理，如果自由是躺在热被窝里就能轻易获得的东西，那么它之所以宝贵的依据又是什么呢？

> 生命诚可贵，爱情价更高。
> 若为自由故，二者皆可抛。

自由虽然和美一样不能明码标价，但绝不是我们大冷天赖在热被窝里就能得到的廉价货。自由和美都是生命中极为宝贵的东西。且不说古往今来有多少仁人志士为自由抛头颅洒热血，康德几乎一辈子蜗居柯尼斯堡，从来没有寻求过所谓"诗和远方"的他，穷尽一生从最为艰深晦涩的抽象命题中，

---

① 刘慈欣.三体 III 死神永生【M】，重庆：重庆出版社，2010：170.

为我们开辟出了一条通往鲜活生命的美学之路，不仅使得后人对美的研究成为可能，也为人类对自由和希望孜孜不倦的追求指出了方向。坐享新时代幸福生活的我们又怎么能够将自由和美视作躺在热被窝里就能轻易获得的廉价之物呢？

自由是生命中极为宝贵的东西，美引领人们走向自由。美和自由同样是可遇而不可求的。

> 尽日寻春不见春，芒鞋踏遍陇头云。
> 归来笑拈梅花嗅，春在枝头已十分。

这是宋朝一位无名尼姑的悟道诗，却在无意中把审美是怎样发生的说透了，这也是美"无目的的合目的性"在文学作品中的生动体现。作者出门寻找春天，走遍山岭却看不到春天的踪影。回来的路上偶然闻到一股暗香，抬头看时，春意不正在那梅花绽放的枝头吗？

惊喜不惊喜？意外不意外？

有意寻找春天，却看不到春的踪影。当放下了"寻找春天"这个目的，却发现，春天就在梅花绽放的枝头对着她微笑呢。

美的四个基本要素：**主客统一，非功利，无目的，生愉悦。**

康德在他的著作《判断力批判》中已经对美的基本特征做出了极为完善的探讨，易中天老师在《美学讲稿》中更对美的本质特征进行了深入浅出的讲解。我只是在先哲和前辈研究成果的基础上把美的一些基本要素同我们的感性经验联系起来，使当代大学生也能够从中受益。

那么什么是审美？客体在主体身上引发愉悦感的过程就是审美。审美是一个动态过程，而美是这个动态过程中的产物。从这种意义上来看，审美和美的关系并不是像我们想象的那样，先有"美"这个客观事物，然后我们再去"审"。而是因为客体在我们的精神中引发了某种活动，所以产生了"美"。因此，是先有审美，然后才有美，审美比美来得更基础。

客观事物一直都在，但是我们的精神却并一定总能够产生愉悦感。只有当我们不经意间遇到某个事物，恰好触动了我们，我们的精神才会活动起来，不由自主地感叹"哦，真美！"比如，连续阴雨一周后不经意看到的那片蔚蓝晴空。所以，精神的能动性至关重要。客观事物一直都在，只有当我们的精神活动起来我们才会觉得它美或者不美。就算是同一个事物，在某时某刻能引起我们的美感，一直盯着看一个月，你还觉得像当初一样美吗？

所以美固然包含了客观事物，但唯有精神产生了审美的行为，客观事物才是美的。因此，审美和美固然是两个相互依存的概念，但审美是比美更加基础的。

之所以要在这里反复辨析"审美"和"美"谁更基础，一则是为了即将提到的美育做铺垫，二则也是给我们的生活提出警告——正因为审美比美更基础，所以如果我们妄想留住生活中的美好瞬间，必然适得其反。不仅留不住那些美好瞬间，还将永远失去那些瞬间曾经带给我们的美。

因为美感来自审美，审美又依赖于主体的精神活动。当主体试图留住客体在他/她精神中引发的美感时，他/她必然会强制客体保持触发自己美感时那一刹那的状态。

美是生活中的惊喜，是一刹那的恩赐。如果你想要持久地占有，就是贪婪。

当然，这方面最好的反例当属《百年孤独》中奥雷里亚诺第二和费尔南达的婚姻了。在某次庆典上奥雷里亚诺第二遇到了让他惊艳的美女费尔南达。为了那惊鸿一瞥，奥雷里亚诺第二历尽千难万险终于抱得美人归。婚后的奥雷里亚诺第二却宁愿整天和肥胖如猪、粗俗不堪的情妇佩特拉鬼混，也不愿意回家看看这位绝代佳人。当然，他们的婚姻之所以看起来颇为魔幻，首先是因为两人的性格：费尔南达是个颐指气使、刻薄高冷的落魄贵族和宗教狂，奥雷里亚诺第二则是个热情浪漫、四海之内皆兄弟的伊壁鸠鲁主义者。再者，人类的情感和生活方式自古有其多样性，这一点恩格斯在《家庭、私有制和国家的起源》中有过系统、全面而详尽的论述。最后，审美过度入侵现实也未尝不是原因之一。

深刻了解美的本质，就是为了让我们对生活保持一个开放的心态。只要有一颗善于发现美的心，我们便能在生活中捕捉到无数美好的瞬间，又何必苦苦纠结于转瞬即逝的某一个刹那呢？在这个问题上，早有先贤为我们做出了最好的示范。

我们来品读苏轼的《蝶恋花·春景》：

> 花褪残红青杏小，燕子飞时，绿水人家绕。
> 枝上柳绵吹又少，天涯何处无芳草！
> 墙里秋千墙外道，墙外行人，墙里佳人笑。
> 笑渐不闻声渐悄，多情却被无情恼。

苏轼之旷达就在于他能够捕捉到"笑渐不闻声渐悄，多情却被无情恼"这样偶然的瞬间，用质朴天然的语言表达出这样微妙婉转的情感，却绝对不会去纠结墙里的那个佳人到底是谁、长什么样、多大了、对我有没有意思等。

所以**美是生活中的惊喜，始于无目的的偶然。**

而美育是关于审美的教育。就美所带来的愉悦感来说，一个事物美与不美完全取决于我们自己，是他人无法给予的。美育也没法直接给我们这种愉悦感，但美育能够提高我们的鉴赏力，即审美能力。审美能力的提升使得我们能够更加全面地感知世界，更加深刻地思考世界，从而拥有一颗善于发现美的心。当拥有了一颗善于发现美的心，我们对世界的感知和把握将会变得更加全面和深刻，必然能够更加敏锐地捕捉到生活中更多美好的瞬间，发现更多的美。纵然枝上柳绵吹又少，可天涯何处无芳草。美也因我们鉴赏力的提高而从偶然变成了必然。

美育的作用是给我们一颗善于从生活中发现美的心，而是否拥有善于发现美的心不在于我们只看帅哥或者美女，而在于我们能够从不那么帅、不那么美、看起来很普通的人或者事物上看到生活的可爱之处。如果我们能做到这一点，那么生活中就充满了美好的事物。生活在一个充满美好事物的世界里，不就等同实现了自由吗？

一炷香（湖北 恩施大峡谷）

游恩施大峡谷

张良皋

谪仙常在四海游，惜将高才散九州。
名山游众山也熟，无名未必不风流。

那么怎样才能让我们走进这个美好的自由国度呢？一个人如果没有经历磨难，就不可能真正实现自由。**人只有在审美的时候才是真正自由的，受动是通往美和自由的必经之路。**

受动怎么会是自由的呢？要是自由怎么可能受动呢？自由应该是做自己的主人，做自己的主人为什么要受动？

想要知道受动和自由与美的关系，大可不必到各种抽象晦涩的概念之中去苦思冥想，自然已经给出了最生动的答案。只要我们去过一些旅游景点，就会有同感。最震撼我们的是什么？是不是那些枯松绝壁、古木巉岩？是不是那些天梯石栈、流瀑飞湍？林荫道上的一棵树肯定是美的，但是比得过黄山迎客松吗？走路被一块石头绊倒肯定觉得不悦，但我们却愿意长途跋涉去看巫山神女峰、恩施一炷香、桂林的象山、张家界的武林源。

清江大佛（湖北 长阳）

大佛状如弥勒，五官清晰，笑容可掬。

为什么？因为这些奇观都经历过大自然鬼斧神工的雕琢。一块石头如果没有经历过任何打磨，那它就是一块普普通通的石头。修不了桥，铺不了路，就算拿来当武器防身，只怕都没有板砖好用。哪怕只是块铺路的鹅卵石，都经历过千百次流水的冲刷才能够浑圆光洁。而那些让我们叹为观止的自然景色，更要经历多少风雨雷电、沧桑变化才能成为我们今天看到的奇观。

再者，审美本来就是客体引发的主体的精神活动，所以主体为什么不能把自己的意识投射到自然界呢？当然，精神产生愉悦的时候，我们的意识应该是放空的。当我们产生"受动"这个概念的时候，鉴赏已经结束。所以，自然界只是一个类比。最终，能够享有自由、享有美的，还是人。

那么，美怎样让我们享有自由？

如果我们把自由看作是全人类为之奋斗的终极目标，那么我们就必须把自由视为一种绝对之物。绝对之物是不依附任何条件的，它是绝对的、必然的存在。经验的事物都有偶然性，因此，既然自由是某种绝对之物，也就意味着它是一种不依附任何物质条件的、绝对的、必然的存在。

举例说明，你如果认为早上不想上课，躺在热被窝里就是自由，那么自由岂不就是依赖热被窝这个物质条件了？难道我们有这个热被窝的时候就是自由的，没有这个热被窝的时候就不自由了吗？

借用席勒的话，这就叫作：

自私自利而又不能自主，无拘无束而又没有自由，成为奴隶而又不守规则。[1]

真正的自由是，无论有没有这个热被窝，我都知道我该做什么并且能够做到。到了时间，无论这个热被窝给了我多大的舒适，我都知道该起床上课，并且我能够起来。作业做完了，躺在热被窝里，我也能心安理得地享受身心放松的畅快。我知道，我的自由绝对不依赖于这个被窝，我是我自己的主人。在这个时候，精神能够享受肉体的快适但不受制于肉体的快适，人才是自己完全的主人。这才是自由。

然而，官能是有惰性的。

为什么这个热被窝对我们有这么大的诱惑？因为我们克服不了官能的快

---

[1]　[德] 席勒 . 美育书简 [M]. 徐恒醇，译 . 北京：社会科学文献出版社，2016：175.

适。寝室里是热乎乎的床，寝室外是寒风凛冽的大冷天，还要去听那些绕了半天也听不懂的课，哪个更舒服？

如果没有外来强力的介入，人很难摆脱对有利物质条件的依赖。唯有人生中的那些逆境，才能够强制我们摆脱对有利外在条件的依赖，将精神的能动性充分发挥出来。经历过逆境检验的，才是生活中的真正强者，才能拥有真正的自由。因为自由作为人性中的一种必然条件，从来都不是外来的赏赐，而是我们对自己精神能动性的充分发掘。因此，没有经历过受动，就不能获得自由（少数极为清醒，有着极高自主性的人可能是例外）。

人类历史上那些真正卓绝的人物，大多是通过绝对的受动走向绝对的自由。在绝对的受动状态下，一切有利的物质条件都不复存在，人受动地承受着感性世界，这个时候精神的绝对自主性充分激发出来。乌台诗案中的苏轼被逮捕入狱，随时可能被处极刑。在这样绝对的逆境中，苏轼给弟弟写下了感人至深的诗句：

> 是处青山可埋骨，他时夜雨独伤神。
> 与君今世为兄弟，更结来生未了因。

逆境中他去除了一切文章雕饰，手足至情的光辉在朴实的诗句间闪耀。

上甘岭战场上，志愿军战士在缺水断粮的条件下，打退了"联合国军"60000余人、300余门大炮、170多辆坦克、3000多架次飞机的猛攻。极端惨烈的战场，激发了志愿军战士保家卫国的钢铁意志，这难道不是精神的自主性在极端的逆境下最生动、最有力的体现吗？

如果没有逆境强迫人们摆脱对有利物质条件的依附，人是很难仅凭自身的自主性将精神同物质分离开来的。一旦我们对物质产生过度的依附，就不能获得真正的自由。

在克服逆境的过程中，精神的受动性和能动性都得到了充分的锤炼，我们才能够具有充分感知生活的能力，我们的鉴赏力（审美能力）才能得到提

蒙娜丽莎（达·芬奇作品）

蒙娜丽莎仪态端庄，神情和悦中略带哀伤，态浓意远，肌理细腻，骨肉匀称。

画面有着较强的纵深感。如烟的远山和蒙娜丽莎的雍容含蓄浑然一体。文艺复兴时期的艺术注重人物的刻画，并没有给自然留下太多的位置。《蒙娜丽莎》这样情景交融的画作极为罕见。

升。没有经历过充分打磨的精神，就算把世界上最美的素材送到跟前，他／她也未必能感受得到其中的美。每年去卢浮宫看《蒙娜丽莎》的人不少，有几个能够发自内心地感叹呢？

但是，如果我们走过达·芬奇的心路，不仅能够看到《蒙娜丽莎》的表象，还能看到贫乏压抑的中世纪正在缓缓落幕，从古旧蒙尘的故纸堆和苍白枯槁的圣像画中，一位衣着素朴、肌肤丰泽、神情和悦的少妇从世俗生活中款款走来。

这里要特别指出，追求美，追求精神，并不是要我们否认物质的价值。没有经过充分打磨的精神欣赏不了最美的素材，同理，没有为物质充裕而艰苦奋斗的经历就不懂得物质的宝贵。美育的目的不是教人们否认物质，而是在物质和精神之间把握一个良好的关系。如果没有物质作为基础，饥肠辘辘的时候，哪怕面对最美丽的风景，人们都有可能无动于衷。新时代，我们的基本物质需求已经得到解决，但我们决不能坐享几代人艰苦奋斗的成果，心安理得地荒废学业和工作，去寻找所谓的"诗和远方"。美和自由是生活中极少的瞬间，正因其稀缺，所以才宝贵。美是引领我们走向精神自由国度的灯塔，绝不是我们用以逃避现实学习和工作责任的借口。

为什么美是引领我们走向精神自由国度的灯塔？黑格尔认为："在审美关系中，人既不是客观对象的奴仆，也不是自身欲望的奴仆，自由成了美的实质。因此审美带有令人解放的特质，他使对象保持自由和无限，不把它作为满足欲望的工具。"[①]

　　为什么人只有在审美的时候才是完全自由的呢? 比如, 冬天早起床上早自习。在我们克服自身惰性起床时, 精神的能动性虽然得到了磨砺, 但肉体是痛苦的, 这种精神和肉体分裂的境地就叫作"德福分裂", 这是康德最伟大的发现[②], 也是横亘人类历史一个恒久的问题。

　　在审美的时候, 受动和自由在精神里却是统一的。审美不会将我们的精神与肉体对立起来。当我们在精神上感到愉悦时, 肉体也不会遭受痛苦。就算我们因为精神尚未经过充分的磨砺, 欣赏不到蒙娜丽莎的美, 至少她不会让我们的肉体遭受到像大冷天起早床一样真实的痛苦。在审美的国度里, 面对我们的素材, 不论这个素材是什么人, 不论这个素材是什么事物, 我都有权在我这里裁决它美与不美。美是一种精神活动, 不依附任何外在的表征。比如我们遇到某个不知所谓的自大狂, 我可以为了打发他 / 她随便说句很美, 但是任何人都无法改变我心里认为他 / 她很丑的真实感受。这是人内心绝对的自由。

　　然而, 美育不是教我们去否决这个或者那个。如果欣赏不到蒙娜丽莎的美, 我们或许有些遗憾, 但它对我们的生活影响不大。可是如果我们觉得生活中都是丑的人, 那是我们内心存有别扭与不服, 这种别扭与不服就是逆境, 只不过这个逆境不在物质世界, 而在我们的内心, 是我们的心魔。物质的逆境大都偶然, 我们的心魔却一直都在。

　　能够战胜自己的心魔, 就是最大的强者。

　　美育是为了让我们对世界有最大的包容。

　　然而, 如果我们需要从别人的失意中寻求平衡, 依然算不上是生活的强

---

① [德] 黑格尔 . 美学 [M]. 寇鹏程, 编译 . 重庆: 重庆出版社, 2016: 5.

② 其实孔子早就发现了"吾未见好德如好色"的现象。孔子并不是否认好色, 而是希望人们同样好德。古今中外也有很多先贤就类似的现象展开过探讨, 但康德是第一个明确提出, 并对其展开了系统化讨论的人。

者，真正的强者敢于承认别人比自己优秀。

当我们盯着别人的风光时，不妨也看看他们付出的努力。有人可能要说，有些人就是长得好看，天资高，他们成功不过是走运罢了。可是中国有多少人？全世界又有多少人？真的就缺那么几个聪明、漂亮的吗？打球能打进NBA的谁没有天赋？能在娱乐圈露个脸的谁不漂亮？可是像科比那么勤奋有几个？"大多数人努力程度之低，根本轮不到拼天赋。"其实那些比我们优秀的人，的确比我们更努力。

再者，即使没有别人那么成功，我们依然可以在能力范围内让我们自己的世界变得更好。

放下狭隘的自我，就能不带偏见地去充分感受世界。这时候，世界在我们的眼里是不是顺眼多了？当我们对世界有了最大的包容，也就获得了最大的自由。一个看什么都顺眼的人，难道不是最自由的吗？当我们抛弃了偏见，带着开放的心态去面对世界，就能发现其实美在生活中到处都是。即便如青苔，米粒大小的苔花，也同牡丹般尽情绽放。

苔

（清）袁 枚

白日不到处，青春恰自来。

苔花如米小，也学牡丹开。

正如席勒所说，美的规定性"不在于排除某些现实，而在于绝对地包括一切现实"。在克服那些物质或者内心逆境的过程中，我们精神的自主性已经得到了锤炼。无论是在受动还是能动层面，精神都得以充分发挥它的自主性，鉴赏力随之获得了提升，我们因而具备了从随处可见的平凡生活中获取美的能力。

美育通过提升人的鉴赏力，把偶然变成必然，从而引领人走向自由。

在我看来，提出美是受动与自由的统一，是美育之父席勒对康德的重大超越。康德强调意志的绝对命令，甚至在实践中都要排除一切物质因素。然而，从实际情况看，不可能。既然不能排除，那么实践理性在现实世界面前必然四处碰壁，因为人的先天认识结构虽然差不多，可自然的多样性同样在人身上保有绝对的权威。物质因素难道不会反馈于实践理性吗？席勒的超越就在于提出了感性是人性的基础，并通过受动反馈于认识，从而使美育，乃至教育成为可能。[①]

康德在他的著作中讨论的认识、道德与美是人类所面临的最基本的问题，而认识和道德、道德和幸福的关系，自古至今困扰着人们。这些问题很贴近我们的生活，因为我们身边幸福而不道德、道德而不幸福的例子并不少。怎样既道德又幸福是人人都关心的事情，因为它直接关系着我们能不能既做一个好人，又享有幸福。

社会是发展的，答案是不同的，但问题是恒久的。只要我们知道了问题在哪里，就知道该往哪个方向去探求。

当代大学生见多识广、视野开阔。可是认真想想，我们知道的那点事又有哪些能够真正触及我们的学习和生活中最实质的问题呢？所以任何年代，不论科技发达还是落后，郁闷、烦躁、迷茫、失落大概都是每一个青春生命中逃无可逃的问题。先哲们未必给我们提供了答案，但为我们指明了求索的方向。

千万不要因为我们是站在巨人的肩膀上，就觉得自个儿长得高。

学习、追剧、逛街、打游戏之余，我们一起看几本正经书吧。那些生活中的肥皂泡，终究担负不起我们的人生。

美育的目的之一的确是赋予我们在生活中发现更多美的能力，但无论我们的鉴赏力有多强，生活中也不可能到处都是美的。遇到不美，甚至很丑的

---

① "美育"这一概念的提出，让美育作为一门学科以及相关的研究成为可能。事实上，在美育的概念提出前，美育的实践早已存在于古今中外的教育中，其中最杰出的代表是孔子。孔子的教育带有浓厚的情感色彩，美育自始至终贯穿于他的教育实践中。

事情我们该怎么办？

美感是由鉴赏产生的，但鉴赏产生的结果不一定总是美。从常识看，当某件事让我们感到"哇，真美！"的时候我们是在鉴赏；当某件事让我们感到"哎呀，好丑！"的时候，我们难道就不是在鉴赏吗？事实上，鉴赏结果为美只是生活中不多的一些瞬间，所以美才是宝贵的。更多情况下，鉴赏的结果都是平平无奇，甚至丑。所以美、平平无奇、丑都是鉴赏，即审美判断的结果。既然丑也是审美的结果，那么美育怎么能够排除丑呢？

生活中不会只有美而没有丑。任何一个时代，都必然有着不符合那个时代或者社会文化习俗的不文明现象以及违法犯罪。因此，丑和恶是社会必然存在的客观事实。

既然美育是关于鉴赏力的教育，除了提升我们的鉴赏力去发现生活中更多的美之外，怎样用恰当的态度对待鉴赏结果，无论它是美、丑，还是平平无奇，都是美育的一部分。如果鉴赏的结果是美，那就尽情享受。如果鉴赏的结果是平淡无奇，也还不错，因为波澜不惊是生活的常态。

美育不是排除丑，正如善不是对恶的无知。

为什么美育不能排除丑呢？首先它排除不了。阴与阳、光与影、美与丑、善与恶，世上的万事万物都是在矛盾的对立统一中不断地生灭流变。因此美育不是教我们排除丑，逃避丑，而是教我们怎样对待生活中的丑。正如德育不是教我们否认恶，而是教我们怎样看清生活的复杂本质后依然向善。生活中的丑主要有两种：一是鉴赏中的丑，二是实践中的丑。前面我们已经讨论过，人只有在审美的时候才是自由的。因此，我们在鉴赏中判断一个人或者事物是美还是丑是我们绝对的自由。因为这只是我们精神的活动，既不涉及认识，也不涉及实践，对真理和道德都没有危害。正因为鉴赏判断不会危害到真理或者道德，所以我们才在这个判断里有绝对的自由。

正因为鉴赏判断既不会危害真理，也不会危害道德，所以我们才有绝对的自由。在纯粹鉴赏领域，无论这个结果是美是丑，都是我们自己的事。如果觉得美，我们固然可以希望别人和我们感同身受，但如果别人不能感同身受，也不用争辩。每一个人在鉴赏判断里都是完全自由的。我们觉得某个人或者事物美是我们绝对的自由，别人觉得这个人或者事物不美也是他的绝对自由。

因此，在鉴赏判断中，美育的第一个意义在于通过受动使得我们具备了丰富而宽阔的情感领域，提高了我们的包容力。当我们的包容力够了，其实看哪个明星都顺眼了。美育的第二个意义在于让我们知道哪些事情可以强制，哪些事情不可以强制。学习是关于认识的，生活习惯是关于道德的，因此学习成绩和生活习惯是可以通过努力去提高或者改善的。但审美和认识、道德不同。鉴赏力可以提高，但需要较长的周期。何况，鉴赏力的提升是我们自己的事，我们无法强求别人也和我们一样。

再看实践领域。鉴赏判断毕竟只是一种精神活动，而且跟真理和道德无关，所以不会危害真理和道德，也危害不了其他人，但实践领域不同。要不要行动、该怎么行动不仅是美育的事情，可能更多的是体育，还包括智育，虽然美育对体育和智育的确有促进作用。

受动之所以是通往自由的必经之路，是因为只有受动才能够有效地磨砺我们的精神自主性，拓宽我们的情感领域，提高我们的体能。体育课800米测试痛苦不痛苦？引体向上痛苦不痛苦？正是在这些痛苦中，我们的精神和肉体才能够得到真正的磨砺，才有能力引领我们走向真正的自由。如果因为克服不了身体的惰性，体育课逃课，生活中又自由散漫，没有安全意识，万一遇到危险，你怎么应对？那个时候我们还觉得自由吗？

因此，**在当代，美育的意义不仅在于让人们发现生活中更多的美，更在于给人们直面生活中丑与恶的勇气和能力。**

最后，引用苏霍姆林斯基的话对这一小节做个总结：

共产主义教育不会使我们的心肠变得温情脉脉和软弱不堪。相反，共产主义教育应当在体力上和精神上使人得到锻炼。我们不仅应当教导人们去爱，而且应当教导人们去恨，教导他们成为既多情善感同时又是毫不留情的人。不仅要会欣赏美、创造美，而且要会对蓄意侵犯我们祖国的自由和独立的敌人进行打击。①

◎答疑篇

　　问题：恋爱与婚姻有什么区别？

　　（这是某篇课文中要求随堂讨论的问题，解答是我的如实回答，有整合。）

　　我：想想看，大家将来结婚想找个什么样的？

　　学生甲（男）：女的。

　　学生乙（女）：男的。

　　学生丙：活的。

　　我：……（时代变了，捶胸顿足）婚姻大事，岂可如此儿戏！

　　学生：（异口同声）那得找得到啊！

　　我：（痛心疾首）怎么找不到呢？怎么就知道找不到？都不出去找，怎么找得到？

　　学生：哈哈哈！

　　我：（敲桌子）笑什么笑？难道错了吗？我问你们，假如你们恋爱，是不是想要时时刻刻每天都在一起，朝夕相伴，天长地久？

　　学生：对！

　　我：这不就是事实上的婚姻吗？其实，只要不是游戏人生，认真的恋爱都是这样吧。

　　学生：那后来没谈好怎么办？

　　我：说的是不以婚姻为目的，说不以婚姻为结果了吗？很多事情我们努力

---

① ［苏］苏霍姆林斯基.公民的诞生［M］.黄之瑞等，译.北京：教育科学出版社，2002：19.

了，但是不一定有结果，难道就不要努力了吗？我问你们，结婚难还是过四六级难？

学生：（思考再三）应该是结婚难一点。

我：四六级都要做几套模拟卷，结婚就裸婚？

学生：那不能的，是得先谈个恋爱。

我：那为什么很多人做了很多套四六级模拟卷都没考过呢？

学生：……

我：因为我们知道模拟卷只是模拟卷，所以不会像考四六级那样全力以赴，每次做模拟卷子都胡乱应付，这种学习态度，你们自己说说看，真的能起到提高能力的效果吗？四六级都是这样，何况恋爱。恋爱的对象可是人啊，我们怎么能把人当模拟卷呢？所以恋爱也要认认真真的，谈成了最好，没谈成，总结经验教训，但是千万别一次没谈成就自暴自弃。就连四六级我们都不介意多考几次，难道恋爱就想一次过？

学生：说得也是。要是没谈好怎么办？现在有些男生女生挺差的。

我：怎么差？骗你钱了还是怎么着？他／她差只能说明他／她一个人差，能代表全体男生女生吗？从概率论看，事件发生的概率是均等的，这次你碰到一个差的，下次没准你就碰到一个好的呢。

学生：干吗要恋爱啊，我看很多人没结婚过得也挺好的。

我：恋爱和结婚是不一样的。爱上谁往往是因为他／她的高光时刻，婚姻考察的却是人的底线。爱情是风花雪月的浪漫，婚姻是烟火人间的生存。

当然，新时代物质条件都不错。你们现在年轻，就算只是为追求浪漫而谈恋爱，也是正当合理的。但是人终究有生老病死。年轻时以为自己无所不能，人到中年，生病住几次院就知道人还是离不开人。

当我们人到中年，不再帅气，不再美丽，像一块任人宰割的肉躺在手术台上，吃喝拉撒不能自理，不但需要花钱，更需他人照顾，此时父母已老，难道我们还要他们为我们操心吗？如果这时候我们已经成家，儿女尚幼，配偶除了要照顾我们，还要养小孩，还要应对两家的老人和亲戚，这时候考察的不是他／她的底线又是什么？

学生：可是这都是老公老婆应该做的啊。

我：你们这是把生活当成了理所当然。你的配偶对你是有感情的，但是对你的家人亲戚没有天然的感情基础，不过是看你的份上才叫一声爸妈。现在你自己都是手术台上的一块肉，他对你的感情都正在经受考验，何况对你的爸妈和亲戚。很多时候，不要把别人对我们的好当作理所当然。

如果只是要享受爱情的浪漫或者出于对异性的好奇，何必要结婚呢？你和你的朋友用不着去民政局办个朋友证明吧。大家看看人类历史，婚姻制度才多少年？可是人类的繁衍一直都存在。

人都有需要人抚养照顾的时候，规定人与人之间有相互抚养的义务是人类文明进步的重要标志，所以才有婚姻制度。

婚姻的本质是相互抚养。无论这个人变成什么样子，只要还在婚姻里，就有彼此抚养的责任。婚姻里的义务是强制性的，不管爱与不爱，都必须履行。就算真的感情破裂，不想履行义务，好合好散也算是对婚姻尽到了责任。

所以在走进婚姻之前，先要拷问自己：我是否能够对自己的人生负责并具备照顾他人的能力？

学生：……

我：跟你们说这些好像早了点。

学生：嗯，好像听懂了一点点。（下课铃响）

我：（敲桌子）嗯，听懂了就好。有空抓紧时间找朋友。记住，谈恋爱把握分寸，也别耽误了做课后题。下课啦！

学生：好的！老师再见！

3. 美育有什么用

◎鉴赏力能提高人的精神能动性，人格在审美中获得了独立。

◎受动力能拓宽人的情感领域，使得人类的悲欢能够相通。

◎信息时代，受动力是人文工作者职业素养与职业尊严的体现。

◎答疑篇（问题：爱情是神圣的还是世俗的？）

美育的效用主要来自两个方面：一是鉴赏（审美）的无用之用，二是教育的有用之用。

鉴赏的无用之用表现在两方面：首先，鉴赏力能够提高精神的能动性，以审美为中介，使得我们的人格获得了独立；其次，受动力能够拓宽人的情感领域，使人能够更加全面深刻地感知世界，从而增强人的同情心。教师和人文工作者的工作对象都是人，对于他们，同情心直接关系着他们能不能感受到学生以及其他人的喜怒哀乐。在学生和其他人的喜怒哀乐面前，自己该如何反应、如何安抚、如何互动、如何引导。因此，受动力对于包括教师在内的人文工作者至关重要，一定程度上甚至是从业者职业素养和尊严的体现。

美育的第一个效用——通过鉴赏提升精神的能动性。精神的能动性指的是精神不依附物质等偶然条件自己做主的能力，类似于康德所提出的"绝对命令"。历史上那些为了追求真理和自由抛头颅洒热血的仁人志士，如布鲁诺、卓娅、夏明翰、江姐、赵一曼、杨靖宇等，都是舍弃了一切有利物质条件，走向了绝对的自由，让今天的我们得享真理、道德、民族独立与幸福生活。他们可能没有读过《实践理性批判》，但实践理性的光辉却在他们身上闪耀。

精神自主与人格独立的概念如果不能落实到大学生具体而烦琐的学习生活中，崇高的理想可能导致其好高骛远、好大喜功。对此，席勒早已指出：

"在极度的愚昧和最高的知性[①]之间存在着某种相似之处：两者都只寻求实在，而对单纯的外在显现毫不介意。只有对象直接出现在感觉中才能打破愚人的平静，只有使人的概念重新回到经验的事实上才能让知性平息下来。"[②]这也就意味着，"精神自主""人格独立"这样的概念，如果不能够与大学生自己的生活或者身边的人和事建立联系，那么"人格独立"对他们而言可能就跟"世界和平"一样，是个崇高却又虚无缥缈的概念。想要向着那个方面努力，却又不知从何做起。

有时候反面事例的触目惊心可能比正能量更能起到警醒世人的作用，这里不妨借几年前流行的电视剧《欢乐颂》中樊胜美的遭遇，给"人格独立"提供一个鲜明的反面例证。

樊胜美大学毕后在上海打拼。老家的父母和已经成家的哥哥樊胜英一家把这个女儿、妹妹当成了活着的摇钱树。这个吸血鬼一般的家庭对樊胜美无止境地索取。樊胜美将自己工作后的绝大部分工资都给了父母和哥哥一家，不仅供他们生活，还负责替他们摆平不务正业惹下的麻烦。最令人发指的当属樊胜美的哥哥樊胜英。樊胜英不仅无止境地向妹妹索取，对自己的父母也毫无亲情。父亲病危，他先想到的不是送往医院救治，而是将其看作发财的机会，把奄奄一息的父亲抬到其工作单位门口闹事，妄想借机讹诈一大笔钱。

樊胜英为什么能够做出这样越过人伦底线的行为呢？除了封建思想、市侩作风、好逸恶劳等原因外，人格不独立也是其中的重要原因。

樊胜英作为家中已经成年、成家的长子，不仅对父母毫无责任感，更是把父母、亲人当成了无止境索取的对象。樊母不仅和其子一样缺乏独立人格，而且由于封建思想作祟，盲目地偏袒长子，造成了樊胜英一家的"巨婴"现

---

① "知性"是一个认识论中的概念，和我们在口语中所说的知性意思完全不同。认识论中的"知性"指的是思维从感官素材中获取概念的能力。知性和理性的区别在于，知性不能够脱离感性素材，理性却能够脱离感性素材，直接在概念中进行思辨。

② ［德］席勒. 美育书简 [M]. 徐恒醇，译. 北京：社会科学文献出版社，2016：31.

象。樊胜英在家不务正业，出了事就找父母、妹妹花钱托关系摆平。更为可怕的是，他对自己的这些行为毫无愧疚。对他来说，父母、妹妹的付出都是理所应当的。身为儿子，樊胜英对父母毫无亲情，连亲生父亲都是他用来敲诈勒索的工具。身为兄长，他对妹妹毫不爱护，极尽索取之能事。身为丈夫和父亲，他对妻儿也毫无责任感。没有养家糊口的担当，却有打架闹事的脾气。出了事便出走逃难，留下家人替他摆平各种矛盾。父母、妹妹、妻儿对他来说，唯一的价值就是依赖、索取、绑架。

在这里，不妨把樊胜英和《红楼梦》中主要反面人物之一的呆霸王薛蟠做个比较。薛蟠因为金钏跳井的事和贾宝玉斗气，在家里大闹一场后，心中感觉十分愧疚，于是向其母薛姨妈和妹妹薛宝钗主动道歉承认错误，并且积极想办法哄妹妹开心，以弥补自己的过错。

薛蟠在外边听见，连忙跑了过来，对着宝钗左一个揖，右一个揖，只说："好妹妹，恕我这一次罢！原是我昨儿吃了酒，回来得晚了，路上撞客着了，来家未醒，不知胡说了什么，连我自己也不知道，怨不得你生气。"宝钗原是掩面哭的，听如此说，由不得又好笑了，遂抬头向地下啐了一口，说道："你不用做这些像声儿。我知道你的心里多嫌着我们娘儿两个，你是要变着法儿叫我们离了你，你就心净了。"薛蟠听说，连忙笑道："妹妹这话从哪里说起来的，这叫我连立足之地都没了。妹妹从来不是这样多心说歪话的人。"薛姨妈忙又接着道："你就只会听见你妹妹的歪话，难道昨儿晚上你说的那话就应该的不成？当真是你发昏了！"薛蟠道："妈也不必生气了，妹妹也不用烦恼，从今以后我再不同他们一处吃酒闲逛如何？"宝钗笑道："这不明白过来了！"薛姨妈道："你要有这个恒劲，那龙也下蛋了。"薛蟠道："我若再和他们一处逛，妹妹听见了，只管啐我，再叫我畜生，不是人，如何？何苦来，为我一个人，娘儿两个天天操心！妈为我生气还有可恕，若只管叫妹妹为我操心，我更不是人了。如今父亲没了，我不能多孝顺妈、多疼妹妹，反教娘生气、妹妹烦恼，真连个畜生也不如了！"口里说着，眼睛里禁不起也滚下泪来。薛姨妈本不哭了，听他一说，又勾起伤心来。宝钗勉强笑道："你闹够了，这会子又招妈哭起来了。"薛蟠听说，忙收了泪，笑道："我何曾招妈哭来！罢，罢，罢，丢下这个别提了。叫香菱来倒茶妹妹吃。"宝钗道："我也不吃茶，等妈洗了手，我们就过去了。"薛蟠道："妹妹的项圈我瞧瞧，只怕该炸一炸去了。"宝钗道："黄澄澄的又炸它作什么？"薛蟠又道："妹妹如今也该添补些衣裳，要什么颜色、花样，告诉我。"宝钗道："连那些衣服我还没穿遍呢，又做什么？"一时薛姨妈换了衣裳，拉着宝钗进去，薛蟠方出去了。①

　　和薛蟠相比，我们可以看到樊胜英坐享了封建制度下男性的特权，却没有担负起封建制度下男性的责任。除此之外，樊胜英内心的贫乏和扭曲是远远超出被人诟病为"呆霸王"薛蟠的。薛蟠在母亲和妹妹面前，是有真心的内疚的。他虽然呆，虽然有很多恶劣的行为，但对亲人有发自内心的真情，也积极地想着为亲人做一些力所能及的事。即在亲人面前，薛蟠是有意愿，也有一定的能力收敛起自己的脾气，去付出，去给予的。

　　当然，和封建大家族相比，樊胜英这样的普通百姓在物质生活上可能有诸多艰难，亲人之间相互依靠也无可厚非，但是在社会关系中，如果一个人仅仅只是只会向对方索取，甚至掠夺的一方，并且内心毫无愧疚，连感情上给出关心和爱的能力都没有，也就意味着这个人无论是在物质上，还是在精神上，都只能依附他人而存在。这就是典型的人格不独立。

　　在我们的生活中，以婚姻为例，在建立起一段婚姻关系之前，我们对家庭、对伴侣寸功未立，却想狮子大开口一般地索取②，依据是什么？底气又在哪里呢？

---

① 节选自《红楼梦》第三十五回"白玉钏亲尝莲叶羹　黄金莺巧结梅花络"。曹雪芹．红楼梦 [M]．北京：大众文艺出版社，2004：195-196.

② 这里说的"狮子大开口"式的索取，是指一方要对方给自己的父母兄弟买车买房之类的要求。伴侣之间的正常帮扶是应该的，而且从实际情况看，婚姻中女方因为生育等原因，的确比男性的付出要略多，因此可以要求男性在感情和经济上多给些关爱，但绝不能因此就对男方提出超出家庭实际经济能力的不合理要求。

人在这种状态下，无论学历多高、衣着多得体、妆容多精致，都可以将其视为一种未脱离野蛮的粗鄙状态。在这种状态下，精神的能动性完全没有被开发，人格没有独立出来。世界对于他们来说唯一的价值和意义就在于掠夺和利用。通过不断的掠夺去追求无穷无尽的物质，精神世界里收获的却是空虚、失望和焦虑。

这种状态下的人是无法将精神同物质分离开来的。他无法站在一定的距离之外去静观世界，更无法想象世界和他人除了掠夺和索取之外的价值和意义。因此，他也不具备主动地去付出、去守护的能力，而是否有意愿、有能力去付出、去守护他人是一个人的人格是否独立的重要标志。

精神外化成行为后，能否取得相应的结果是受到诸多物质条件制约的，但精神的独立是人格独立的第一步。精神必须摆脱对物质条件的依附，才有能力实现自主的行为。这是我们迈向自由所必须走出的第一步。在这里并不是要把精神和物质对立起来，而是因为我们不能保证我们赖以依附的物质条件一直都在，比如，之前讲过的"热被窝"。

那么我们怎样才能够有效地将精神的自主性充分开发出来呢？在樊胜英的案例中，他已经成年，因为父母的骄纵，他的惰性已经根深蒂固，除非有几次惨痛的困境迫使他与自己赖以依附的物质条件彻底分离，否则他的惰性难以根除。

著者认为，开发精神自主性最好从童年开始，而审美则是最为温和且行之有效的途径。每个孩子的童年都有他们喜欢的事物，如布娃娃、动物玩偶、盆栽、花束等。这些或美丽或可爱的事物能够从感性层面唤起孩子们天然的爱美之心。这个时候，大人要告诉孩子，要想让花开得久，就要给花换水；要想让盆栽长得更繁茂，就要给盆栽浇水、施肥、晒太阳；要想让布娃娃看起来干净整洁，就要给布娃娃梳辫子、整理衣服。因为花束、盆栽、布娃娃给孩子们的生活带来了美，因而唤起了孩子们呵护它们的意愿，使得儿童在精神上产生了主动付出、守护的意愿。如果浇水、施肥、晒太阳的确让盆栽更茂盛了，孩子们便在对自己能力的确认中收获了信心和欣喜。这就是马克思所说：人按照美的规律创造，并且从创造的结果中直观自身。①

绿水青山就是金山银山
作者随手拍摄于鄂西某高速公路。自江汉平原，经荆门、宜昌至恩施。群山万壑，绿水蓝天，如在画中。

这些行为虽然微小，但千里之行始于足下，没有点滴积累的量变，怎么能产生质变呢？今天的绿水青山、蓝天白云，难道不是源于我们对美的热爱吗？而我们所具备的这种守护环境的意愿和能力，难道不是源于我们童年呵护一朵鲜花、一棵小草所带来的欣喜和自我确信吗？很难想象，儿童如果生长在一个粗鄙、不懂得欣赏自然之美的环境下会天然具备欣赏美、爱护美的能力。正如席勒所说："自然徒劳地把它丰富的多样性展现在他的感官之前，他在这种丰富多彩中只看到了他的掠夺品。"②工业革命让伦敦变成了雾都，大炼钢铁毁掉了大片原始森林，人类已为这些破坏自然的行为付出了惨痛的代价。

除了花束、盆栽、布娃娃这些优美的事物，有条件的情况下，儿童还应该去看看科技馆、动物园、高山、海洋、星空。这些事物能够让儿童从直观上感受到自然的多样性带来的奇趣，以及星空大海的浩瀚带来的崇高感。这也是激发儿童好奇心和探索欲的有效途径。鉴赏带来的崇高浩瀚感是引领新时代的孩子们走向星空大海征途的原动力。

鉴赏趣味不仅在精神层面，也会在物质层面对我们的生活产生切实的影响，而人们在童年里感受到的美好事物，往往是培养鉴赏趣味的最好契机。因为美的非功利性，人格独立的力量往往是被美被激发的。从这种意义上来看，**鉴赏力提高了精神能动性，人格在审美中获得了独立。**

---

① [德]马克思.1844年经济学［M］.中共中央马克思恩格斯列宁斯大林著作编译局，编译.北京：人民出版社，2018：53.

② [德]席勒.美育书简[M].徐恒醇，译.北京：社会科学文献出版社，2016：175.

在这里还要指出，在我们的具体生活中，人格独立并不是让我们排斥其他的人和物。人是社会关系的总和，现代社会没有人能够脱离其他人而独自生存。人格的独立指的是我们在收获之余也同时拥有付出的能力。独立也不是不听任何人的意见一意孤行，而是既能听取他人的意见，又有自主做出判断的能力。

美育的第二个效用是增强人的受动力。"受动"在这里并不是指逆来顺受，而是指感官感受世界的能力。我们的感性经验都是从受动中获得的。和理性一样，受动力同样也是精神能动性的体现，只不过理性可以脱离物质而存在，受动却必须包含物质。如果是没有生命的事物，承受了世界也无法感知。但人不一样，人承受了世界，感官会从中获得感觉和经验，为精神提供感性素材。受动力越强，人对世界在感性层面的把握就更加丰富而细腻。

受动力是人与人之间产生共通感的必经之路。美感之所以具有普遍性，就在于人与人之间存在着共通感。人是类生物，人类的生物学构造是共通感产生的基础，因此人与人在美感以及其他情感的相通上是有着生物学依据的。事实上，人与人之间并不是总能够产生共通感。鲁迅在《而已集·小杂感》中有生动的描述：

楼下一个男人病得要死，那间隔壁的一家唱着留声机，对面是弄孩子。楼上有两人狂笑；还有打牌声。河中的船上有女人哭着她死去的母亲。人类的悲欢并不相通，我只觉得他们吵闹。①

人类的悲欢并不总是相通，和幸福相比，不幸似乎更具多样性。为什么会出现这种情况呢？因为喜怒哀乐都来自人的感性本性，人类的悲欢是否相通取决于人是否能够站在他人的位置对他人的经历感同身受。追求快适是感性的天性。一般情况下，感性是很难自主走出舒适区的。对他人的遭遇，人或许能够出于教养和礼貌给予同情的表示和安抚的行为，但在情感上很难感

---

① 鲁迅.而已集：插图本［M］.桂林：漓江出版社，2001：127.

同身受，因为这违背了感性追求快适的本性。

如果是普通的人际交往，能够给予同情和安抚便已足够，但作为教师或者人文工作者，我们的工作对象是人。感性是人性的基础，如果感知不到人的喜怒哀乐，我们的工作就没有触及实质问题，相关的研究就无从开展。席勒指出，感性本性和理性本性是人性中的两种最基本的能力。从事实来看，人的感性经验也是先于逻辑思维的，人都是先有感觉，然后产生概念，最后才具备逻辑能力的。

对于教育工作者来说，我们的首要任务是教书育人。教书是知识技能的传授，育人则关系到人格心灵的健康成长。如果教育仅仅关注知识技能的传授，那就意味着教育的重点都聚焦到了认识层面。只有认识能力而不具备情感能力的人是不完整的，对情感的漠视必然导致人内心的贫瘠。内心贫瘠的人大都不懂得如何管理情绪，也不懂得感性和理性的边界。他们要么将认识上好不容易获得的能力浪费到生活中最琐屑无聊的事情上①，要么在生活和工作中凭感性的好恶任意妄为。不具备情感能力的人不仅无处安放自己的心灵，也不懂得怎样打理自己的生活。他们不是将世界和他人作为掠夺的对象，就是被他人当作掠夺的对象。

列举两个真实的例子。

第一个案例是当年某音乐学院高才生药某撞人之后补刀的事件。一般来说，懂得艺术的人内心大多是丰富细腻的，但是从这起事件中我们看到，技艺的培训不等于人格和心灵的教育。

第二个案例则是身价不菲的程序员苏某因为被其妻"骗婚"而跳楼自杀的悲剧。苏某与其妻通过婚恋平台相识并结婚，不到一年两人离婚。在此期

---

① 这里典型的例子是刘慈欣科幻小说《太原之恋》中"诅咒"病毒的编写者"始祖"。作为一名编程高手，"始祖"将自己的主要精力花在监控自己的男友和配偶上。和"始祖"形成鲜明对比的是中国古典文学研究专家叶嘉莹先生，她曾经在一次访谈中说过，如果把精力都放在跟老公闹矛盾上，就没法做研究了。"始祖"的故事虽然夸张，从中我们也能看出单凭技术是无力担负起人的心灵和生活的，还可能对难得的聪明才智、知识技能造成毫无意义的浪费。

间，苏某赠送女方汽车等财物，离婚后更遭遇女方勒索房产和巨额钱财。苏某不堪打击，跳楼身亡。

在第一个案例中，药某将世界当成了掠夺对象，一旦世界要求他为自己的行为承担责任，他便以极端行为惊恐地逃避，甚至完全违背了一个情感能力健全的人应该具有的"不忍心"的本能。在第二个案例中，苏某则被他人当成了掠夺对象。他在对女方不了解的情况下匆匆走进婚姻，通过无止境满足女方欲望的方式维系一段不健全的婚姻关系。在被女方勒索后，采取极端行为结束自己的生命。这固然是遇人不淑导致的悲剧，其情感能力不健全、受动力缺乏也是原因之一。

这两个案例虽然极端，也给教育工作者提了个醒：在学生成为社会人（从业者）之前，他们必须首先是一个完整的人，具备健全的情感能力，能够感知到他人的喜怒哀乐。在他人的痛苦面前，能够心有不忍；当自己遭遇挫折，具备承受痛苦的耐受力。

这就要求教师自身必须具备足够的情感能力。马克思指出，"如果你想感化别人，那你就必须是一个实际上能鼓舞和推动别人前进的人。你对人和对自然界的一切关系，都必须是你的现实的个人生活的、与你的意志的对象相符合的特定表现。"[①]因此，如果想要教育出情感能力健全的学生，教师自己必须有一个丰盈、饱满的内心世界。对此，苏霍姆林斯基更加明确地指出："真正的教育者是一个情感领域宽广的人，他能深刻地感受到欢乐和忧愁、悲伤和惊恐、愤慨和恼怒。"[②]

对于新时代大学生，他们所面临的不仅有学习上的问题，还有寝室室友关系、社团活动、恋爱交友、兼职就业等诸多问题。在这些问题中，认识层面的问题集中在学习上，其他大都是情感层面的问题。大学教师如果缺乏受

---

① 马克思.1844年经济学哲学手稿［M］.中共中央马克思恩格斯列宁斯大林著作编译局，编译.北京：人民出版社，2018：142.

② ［苏］苏霍姆林斯基.公民的诞生［M］.黄之瑞等，译.北京：教育科学出版社，2002：337.

动力，就很难体察到学生在学习生活中的真正问题。很多时候，如果不能在情感层面打开学生的心结，就不能真正解决他们的问题。从实际情况看，当学生幸福和欢乐的时候，教师能够跟他们同乐固然很好。当学生们感受到忧伤、烦恼、愤怒的时候，教师能够立刻觉察出这些负面情绪至关重要。因为很多情况下问题都是由负面情绪导致的。及时察觉学生的负面情绪，并能有效地安抚、排解、引导是教师的职业素养，而只有具备了充分的受动力才能做到这一点。因为**只有通过受动，人的情感领域才能被拓宽，人类的悲欢才能相通**。

作为教师和人文工作者，情感上的自我突破是必备的职业素养。他们的职业素养就是在情感的自我突破中充分展现出来的。

80后大多从小都听说过"学好数理化，走遍天下都不怕"这句话。这句话放在今天同样也是适用的，因为理工从业者为我们的国家富强、民族振兴、人民幸福做出了可见的巨大贡献。卫星上天、航母下海、高铁通车、高楼万丈平地起都在向世人昭告着理工从业者的职业价值和职业尊严。那么，作为人文从业者，我们的职业价值和尊严体现在哪里？

信息时代，互联网可以检索出大量的信息，智能手机的普及更使得检索工作轻而易举。生僻字、不明出处的文章、稀奇古怪的概念、外语翻译大部分都可以通过检索获得。再者，理工科从业者需要背记的知识其实并不比文科少。因此，认得几个字固然是人文工作者的基本职业素养，但并不构成核心竞争力。

从思维能力看，逻辑思维固然是理工从业者所必须，但文科中，如法律工作者，除了要死记硬背大量法律条文外，逻辑能力在具体的案例分析中也是必不可少的。因此逻辑能力是理工、人文从业者应共同具备的素养，并不构成任何一个行业的行业壁垒。

至于吟诗作赋、文艺创作，就更不足以构成人文学科的核心素养。我国当代著名科幻作家刘慈欣毕业于华北水利水电大学，其职业为计算机工程师。

大学期间并没有接受过太多专业人文教育，却写出了《三体》这样在世界范围内都产生影响的科幻巨作[①]。在我们身边也有很多这样的实例，很多理工科的孩子也能创作出优美细腻、清新质朴的文艺作品。在这里，我讲一讲我大学期间的故事：

捷是我在研究生期间社团活动认识的一个男孩。他就读于我校王牌专业之一的光电系。在我的惨淡青春里，捷是一个像光和电一样灵动、像风一样来去匆匆的孩子。身为一名工科学生，捷熟读《三国志》和其他古籍，各种典故信手拈来，热爱文艺，能弹吉他，还写得一首好格律诗词。我至今还记得捷的作品中的那些或清丽或豪迈的诗句：

> 云淡桂枝疏影，风清宿鸟残声。小楼如昼到三更。
> 清光堪解语，一阙共君听。
> 纵马群山俯首，投鞭江汉绝流。中原休戚在心头。

捷是个谦虚朴实的孩子，当我夸奖他的诗作时，他总是不好意思地说其实自己资质一般，都是努力的结果。最为难得的是，20年前，在文青一不小心就会变成愤青的那个年代，捷有着一腔天然的爱国心。在送同学出国留学之际，捷写道：

> 丹心留赤县，良策补金瓯。朋辈俱年少，鸿鹄意未休。
> 拳拳赤子之心跃然纸上。

然而，捷并不是没有烦恼。有时候，捷会跟我倾诉他在人际关系中遇到的一些烦恼，还有对友情和爱情的各种困惑。记得有次捷问我："爱情到底是神圣的，还是世俗的？"我脱口而出："爱情当然是世俗的。"我还记得捷那略微带着惊诧的表情。那个时候，捷大概还没有恋爱的经历。

---

① 这里要特别指出，没有在学校受过专业的人文教育不等于没有接受过人文教育。社会是个大课堂，最好的教育是自我教育。新时代，教育的意义更多在于赋予人在离开学校后依然具有自我学习、自我教育、自我更新与突破的能力。

　　当然，爱情是神圣的还是世俗的，在今天的大学生看来可能并不是一个问题，但我说的是20年前。那时的大学校园里都还是80后。因为特殊年代，80后的长辈大都没有机会接受高等教育（20世纪90年代中国还经历了大面积的普及九年义务教育活动，20世纪80年代之前的教育状况可想而知），因此80后并没有多少前辈的经验可以借鉴。再者，由于改革开放之初人才稀缺，当时的大学生都顶着"天之骄子"的光环，毕业之后国家分配，不用为求职就业操心。对于当时的家庭来说，能够出一个大学生就等于为国家培养了一个高级人才。如果哪家的孩子能考上985或者211，那就是光宗耀祖的事情。因此，当时的社会环境下，稍有条件的家庭对孩子的要求就是一心读书，不问课本之外的任何事情。这样的社会背景，造成了80后大学生在基础教育和中等教育阶段几乎将全部精力都集中在了认识层面，由于长期处在象牙塔中思维极度格式化，普遍与现实生活严重割裂。进入大学后，从高压环境下突然放松，被压抑的青春群体性爆发，大学校园成为青春梦幻岛。因此，在20年前的大学校园里流传着一股自由而无用的文青风气，把来之不易的生活视为理所当然，看似追求个性，实则深陷各种教条。当时的教育部长周济提出大学生在校期间能够自由恋爱结婚时，首先冷嘲热讽的竟然就是当时的在校大学生。他们完全没有意识到古往今来的教育从来都不是和生活割裂的，高等人才绝不意味着对生活的无知和无能。欧美、东南亚、阿拉伯世界、非洲国家都是如此。即便在中国，刚刚恢复高考的20世纪70年代末至80年代初，带着孩子参加高考上大学的大有人在。

　　时至今日，在网上流传的"我儿子是博士，怎么能做家务"这类论调，未尝不是改革开放之初人才奇缺的社会背景下导致的教育与生活完全割裂造成的历史包袱。新时代了，该放下这些包袱了。评价高等人才的标准有很多，但对生活的无知和无能绝不在其中。今天，认识到世俗生活的神圣和物质的宝贵，是新时代大学生在认识和情感上的巨大进步。

　　捷是十几年前的大学生中少有的踏实、质朴的孩子。他的诗歌充满了空灵的想象，生活中却低调朴实。现在想来，捷当时或许面临着大学生活中的某些真实的困惑，想从我这个痴长他四岁，并且是学文科的学姐这里得到某些答案。可是我该怎么回答他呢？我当然能够大段地背诵亚当·斯密的《道德情操论》①中相关的内容，告诉捷，人类的一切激情都是短暂的。爱情作为激情中的一种，自然也不例外。可是，在当时的情境下，面对一个可能从未有过感情经历的大男孩，直接告诉他爱情是短暂的，这样真的合适吗？而且，他想听我背书吗？

只要认得几个字的人，大概都不难把《道德情操论》读完。可是读完了、背诵下来了就等于我们读懂了吗？就算我们自认为读懂了，能够用这些知识解决我们生活中的实际问题吗？能够帮助别人吗？

所以，我读这些书到底是为了什么？就是为了背几句书？我该怎样用书中的知识去切实地指导自己的生活，并且如果可能的话，也给别人一点帮助呢？或许从那个时候开始，我已发自内心地问自己这些问题。

古人早就告诉了我们："不力行，但学文，长浮华，成何人"。知识如果不联系生活实际，那就是一句空话。背书容易，但是生活中的每一个情景都是不能重复、无法复制的。不考虑实际情况，强行生搬硬套书里面的内容就等同于教条主义，甚至会危害到我们的生活。

人文研究当以人为目的。我们读书，是为了指导自己的生活，并给他人提供力所能及的帮助。

作为一名普通的大学教师，我也想发一点个人的感叹。人文研究当担负人的心灵，但现在的研究泛滥，各种理论、方法、概念层出不穷，有哪些是真正触及了人的灵魂的呢？大量人文学科的研究人员对定量研究方法趋之若鹜，各种模型、算法、系数、检验让人眼花缭乱。一个人文研究中如果没有

---

① 《道德情操论》是亚当·斯密的经典之作。在这里之所以以《道德情操论》举例，是想说明，无论多好的书，只要没有读通读透，没有和感性经验结合，对生活就产生不了实质的帮助。不分情景和场合地生搬硬套，甚至可能对我们的生活产生危害，但这并不是书本的问题，而是我们自己的问题。

使用几种量化研究法，似乎就不够高端，缺点底气。最可悲的是，当问到一位人文研究者为什么要使用质性研究法的时候，回答可能是带有几分怯怯的："因为我不会用量化研究。"

难道质化研究要比量化研究低一等吗？

那些方法和模型看起来再高端，对于相关的理工学科来说，不过是刚入门的水准而已。我们能够用某个软件绘图，理工从业者却能够直接编写绘图软件。人文研究的目的难道就是捡这些理工科最微不足道的东西把自己的同行绕晕吗？在这里并不是要在人文研究中排斥定量研究方法，而是强调定量研究方法决不能在研究中喧宾夺主。方法是为目的而服务的，如果在人文研究中滥用定量研究方法，用方法的花哨掩盖研究本身的苍白，无异于舍本逐末。这样不仅不能凸显出人文学科的核心竞争力，反而会让人文研究沦为理工研究的附庸。

作为人文工作者，切不可为了追逐其他学科中最微末的东西而舍弃了自己学科的精髓——人文关怀。

受动力是人文关怀的核心。

自然科学研究的对象是自然界中的各种现象，人文科学研究的对象是人。在研究工作中，除了逻辑推演，实验也是其中重要的一部分，否则研究便是没有现实根基的针尖上的天使。自然科学的实验的确复杂，但研究人员在实验中大多是操作者、观察者、记录者、分析者的身份。《两个铁球同时落地》一文讲述了伽利略为了验证自由落体而在比萨斜塔上通过实验推翻了亚里士多德的理论。当然，考虑到空气阻力、上升气流、风速等因素，两个铁球是否同时落地有待商榷，但有一点是确定的——伽利略不用亲自从比萨斜塔上跳下去。

然而在人文研究中，梨到底是什么味道的，我们只有自己吃过才知道。关于这一点，亚当·斯密在《道德情操论》中极为精炼地写道：

一个人的各种官能是用来判断他人相同官能的尺度。我用我的视觉来判断你的视觉，我用我的听觉来判断你的听觉，我用我的理智来判断你的理智，我用我的愤恨来判断你的愤恨，我用我的爱来判断你的爱。我没有、也不可能有任何其他的方法来判断它们。①

人文研究的对象是人，人是有生命、有情感、有血肉的。既然人文研究的目标是为了人类福祉，那么研究人员就绝不可能把他人当作铁球一样的试验品，否则就背离了"为了人类福祉"这一基本目标。因此，人文研究在很大程度上有赖于研究人员对自身的打磨，通过对自身的打磨来和其他人产生共通感。

一个人的官能之间为什么能产生通感？不同人的官能和情感之间为什么能共通？受动力是关键。只有承受了世界，我们才能感知世界。只有尝遍人间疾苦，我们才能对其他人的悲欢感同身受。对于人文工作者，由于我们的研究对象是人，如果对人类的情感缺乏共情，从某种意义上讲，就根本不具备从业资质。而产生共情的关键，就在于遍尝人间悲欢后内心强大的承受力、包容力和洞察力。这就要求人文从业者必须要有勇气、决心和毅力走出感性的舒适区去挑战极限，非此难以实现自我突破。

在这里，至关重要的是要体验到那些给人带来痛苦的情感。因为感官的天性是追求快适，无论是否为人文从业者，追求快适，将生命浪费在那些轻快的欢愉上都不难做到。但这样的人在面对他人的痛苦时，可能会闹出"何不食肉糜"的笑话，不仅无助他人解决任何实际问题，还可能激化矛盾。然而，直面生活中的痛苦，还有能力担负起他人的痛苦，是必须要经过反复的历练才能做到的。一个情感、阅历都极为单薄的人，连自己的人生都很难担负，更谈不上担负他人的痛苦。一个内心不够强大的人，可能在历经痛苦后变得愤世嫉俗，这是对生活的一种逃避态度，同样不足以担负起自己的人生。一个合格的人文工作者，必须在饱尝人情冷暖后保有一颗包容而豁达的心。

---

① ［美］亚当·斯密.道德情操论[M].蒋自强等，译.北京：商务印书馆，2015：18.

因此、人文工作者的职业素养一部分在于深知世情凉薄依然内心温暖，了解恶的存在依然坚定向善，历经黑暗依然向往光明，但最为艰难的是能够适度放低自己的心态。

历史上那些伟大的人文工作者，心态都是极为平和的。例如有"万世师表"之称的孔子。在孔子同时期的希腊，教育还是贵族①的特权，孔子已经率先在平民之间推广教育。除此之外，他周游列国，在诸侯纷争的年代推行礼乐仁和的治国理念，虽然被人称为木铎，但屡遭仇敌追杀，最落魄的时候被人嘲笑"如丧家之犬"。无论遭遇何种挫折，孔子从未放弃自己的理念，其心态之平和，意志之坚强令人景仰。

孔子（前551–前479）
中国伟大的思想家、教育家。

孔子周游列国，推行礼乐仁和的治国理念，率先在平民之间推广教育，高度尊重学生的个性，注重因材施教。

孔子虽然没有明确提出"美育"的概念，但美育自始至终都贯穿在他的教育实践中。

以大学教师这个职业而论，很多时候当学生在生活中遇到问题，尤其是感情上的问题向我们求助时，他们需要的是一个有耐心、能够包容他们的倾听者。因此，从这种意义上讲，**受动力是信息时代人文工作者的职业素养和职业尊严的体现**。

那么，如果人文工作者需通过遍尝人间疾苦来拓宽自己的情感领域，那岂不意味着人文工作者必须要把自己的生活弄得一团糟？假如我单身未婚，是不是就意味着我没有资质去当幼儿园老师了？假如我婚姻美满，是不是就不能够去调解离婚诉讼了？

---

① 我们阅读西方历史的时候，可能会看到雅典民主制度下的"公民大会"。雅典的公民不等于今天的公民，他们是事实上的贵族。雅典的"公民大会"是有十几万奴隶打底的奴隶社会金字塔尖上的产物。

答案当然是否定的。① 正因为否定，才凸显出美育的至关重要。因为美育能够有效地提高人的鉴赏力。一个有着较高鉴赏力的人，对世界在感性层面的把握必然是更加全面立体的，甚至能够在很大程度上弥补官能的缺陷。这里最好的例子当属乐圣贝多芬。贝多芬双耳失聪之后依然能够用心灵和其他感官去感知世界，从中获取创作灵感，为后世留下了大量经典杰作。代表其最高成就的《第九交响曲》便是他完全失去听力后的作品。高超的鉴赏力不仅在贝多芬的官能之间产生通感，还让他对世间的疾苦有着深切的同情，因此贝多芬的音乐具有独一无二的直击灵魂的激情与力量。

贝多芬（1770-1827）
德国音乐家，古典音乐集大成者，有"乐圣"之称。贝多芬在双耳失聪后坚持创作，给后人留下了大量直击灵魂的经典之作。其名言为"我要扼住命运的咽喉"。

在鉴赏力提高的过程中，受动力也能够得到有效的提高，使得我们具备和他人的情感相通的能力。当我们具备了足够的受动力，很多情况下，并不需要身临其境，也能够及时洞察到当事人的处境，并对当事人的处境产生一定的共情。提升受动力的关键在于反身而诚。人是类生物，共通感的产生是有生物学依据的。通过最真实的自己，能够抵达任何人。如果不能面对最真实的自己，就无法感知到自己真实的喜怒哀乐。一个连自身真实情感都无法感知、不敢直面的人，怎么能够走进他人的内心世界，洞察到他人的真情实感呢？

因此，美育通过提高人的鉴赏力，使得精神在能动层面使人的人格独立，在受动层面能感受到他人的悲欢；使人在理性层面能够更深入地理解世界，在感性层面能够更丰富地感受世界。这样的人，正如席勒所描述的：

既有丰满的形式，又有丰富的内容；既能从事哲学思考，又能创作艺术；

---

① 事实上，答案并不是完全否定的。在人文研究中有大量的工作者亲身到监狱、精神病院体验生活，更有大量工作者冒着生命危险深入邪教、传销组织、犯罪团伙、黑煤窑、盲山、盲井卧底调查。这些人文工作者用自己的实际行为展现了人文从业者的最高价值和尊严。

既温柔又充满力量。在他们身上，我们看到了想象的青年性和理性的成年性结合成的一种完美的人性。①

新时代的大学生生活在一个物质充裕、思想活跃的社会环境里，他们没有历史包袱，在未经压抑的状态下自由生长。因此，新时代美育的最大意义在于让教育回归到对人的关怀上，使大学生在理性和感性层面协调发展，成长为身心健康、通情达理、全面发展的自由人。美育还能让他们反观自我，在物质高度繁荣的社会中思考自己与他人、与世界的关系，发掘世界和他人除了供索取和利用之外的其他价值，重新认识自己在世间和生活中的价值和位置，用一颗丰盈的内心在有限的条件下把平凡的人生活出精彩。

◎答疑篇

问题： 爱情是神圣的还是世俗的？

（这是我想象中对捷15年前提出的问题的回答。）

捷：姐姐，爱情是神圣的吗？为什么我听说爱情是世俗的呢？

我：你是不是喜欢哪个女生？告诉姐姐，没准姐姐可以帮你牵线的。

捷：有什么用呢，都快要毕业了。

我：哦，那真可惜。你这么优秀，喜欢你的女生肯定不少。

捷：唉，马上毕业了，大家都要为稻粱谋。

我：这样不是挺好的吗？挺羡慕你们工科生，能做点实实在在的发明。

捷：我妈有时在家里念叨，想让找个女朋友。我妈怪我长得矮②。找不到女朋友跟高矮有什么关系，猪八戒长高点也还是那样啊。

我：哪有，你长得不矮，挺好看的啊。

捷：姐姐是打算留在武汉吗？

① [德]席勒.美育书简[M].徐恒醇，译.北京：社会科学文献出版社，2016：52.

② 捷的老家在沿海某省，按照他们家乡的标准，可能一米八五以下的都叫矮。

我：是呢，离家近。

捷：挺好的，毕业了大家都有自己的去处。

我：你是不是走得很远？

捷：离武汉是挺远的。

我：嗯，挺不错的，大展宏图。姐姐一直都为你骄傲。

捷：啊？

我：……

捷：我也挺羡慕姐姐成为大学老师，我爸妈都是老师。

我：姐姐不能跟你爸妈比，没经验，还得慢慢历练。

捷：其实……我从来都没让你骄傲。

我：没事，姐姐已经很高兴了。为稻粱谋没什么不好，我们都一样。

捷：那，姐姐，再见。

我：再见。

再见了，捷。多年后，或许我们都明白了，世俗生活本身就是神圣的。那些在青春岁月里为爱情写诗、流泪的少男少女，终究要成长为为了生活、工作而奔忙、劳碌、卑微又不屈不挠的普通人。可是，这样并不庸俗。每一个全力以赴认真生活的人都是可敬可爱的。那些如诗如歌的青春岁月是生活中闪亮的回忆，但只有脚踏实地奋斗，才能担负起我们沉甸甸的人生。捷，你知道吗？姐姐荒草丛生的青春因为你而得到了拯救。

第二章　美育与其他四育的关系

上一章淡了美育的那么多效用，但真的说起美育的实施来，似乎就有些尴尬了。我们发现，从幼儿园到博士各个阶段，学校都没有开设过一门课程叫作"美育"。在这个问题上，美育跟教育略有些类似。因为从身份上讲，像我这样的大学教师当属教育工作者，但从基础教育到中等教育阶段，学校都没有开设一门叫作"教育"的课。直到大学阶段，才有部分高校专门开设教育学专业。百年大计，教育为本，但提起教育学这个专业，外行人大多有些困惑：教育学教什么呢？教"教育"吗？

从实际处境看，美育比教育更尴尬。毕竟还有教育学这个专业，教师也是令人尊敬的职业。但提起美育来，的确没有一个学科或者专业明确叫作"美育"。虽然《国家中长期教育改革和发展规划纲要》早将德智体美四育并提，但直到今天跟人提起美育，还有人问："美育是教什么的？教画画吗？"

美育当然包括教人们画画，但美育绝不仅仅教人们画画。事实上，音乐、舞蹈、绘画、文学、体育以及其他只要是能够带给人们美感的教育，都可以归入美育。即便是在一些纯理工学科，美育也渗透在其教学实践中。从这个意义上来看，虽然并没有一个专门的学科被称为"美育"，但在教学实践中美育又无处不在。因为，美育首先是关于人类情感的教育。只要是人，必然是有情感的。教育的首要目标是育人，必然要对人的情感有所关怀。在教育实践中，如果脱离了情感关怀，就很难教育出心智健全的人。即便是听起来和"美育"没太大关系的理工从业者，他们除了自己所从事的专业外，首先也是作为一个有情感、有爱好的人而存在的。事实上，对理工从业者的情感与人格完整的重要性有着最深刻认识的就是理工科教育家。在我国率先意识到大学生文化素质的重要性，并在国内高校大力推广素质教育的杨叔子先生，就是中国科学院院士。

之所以没有"美育"这一专门学科的另一个重要原因可能是美育本身的性质决定的。因为美育的目标在于在系科划分日益细化、职业壁垒日益凸显的现代社会，避免人被自己的专业或者职业标签异化，保持人性的完整。如果美育也被贴上专业标签，那么自身也变成了高度分工的社会里的一个片段，也就背离了其最初目的。

如果美育仅仅只是关于情感和完整人格的教育，可能和素质教育就没有太大的区别了，但美育并不完全等同于素质教育。素质更多强调的是人内在的东西，但美则是兼具内容和形式的。以人为例，一个人心灵美肯定是美，外表美同样也是美。那些白发苍苍的老科学家，即使他们脸上布满了皱纹，肩背也不再挺直，我们也仍会发自内心地崇敬他们。他们在我们心头唤起了一种被称为"高尚"的美感。一个青春靓丽的女生，即使我们还不了解她的内在到底如何，但是直观上她会给我们一种美感。这种美感被称为"优美"。一个言谈谦和、举止得体的人，即便不了解其内心如何，他给我们的第一印象总不会是丑的。一个言语傲慢、行为粗鄙的人，无论其内心如何，我们大概也都没有兴趣去了解他了。

除了人，自然界也能唤起我们的美感。巍峨群山、浩瀚星空能让我们心生敬畏而感受到崇高，淡烟流水、残月落花能让我们心情舒缓而感受到优美。因此，美是形式与内容的协调统一、物质与精神的相互依存。素质可以不依附主体之外的物质，但美必须包含物质对象。美育的目的不仅在于修炼人的精神，也在于教人用恰如其分的态度去对待物质。

　　总的看来，虽然没有美育这个专门的学科、专业或者课程，但美育在我们的教学实践中却是无处不在的。美育不仅渗透于各个学科，还浸润在我们生活的方方面面。美育和我们的学习、生活的关系类似《道德经》中"和其光，同其尘，湛兮似或存"。从高校的教学实践来看，美育不仅能丰富受教育者的情感，也能作为德育、智育、体育的辅助，还能充当理论与实践、认识与情感、特性与共性之间的桥梁，是培养身心健康、全面发展的人的有效途径。

　　在撰写本书的过程中，著者发现了一个有趣的现象：如果把人类社会、自然界、人看作是世界的三个基本构成部分的话，那么对应的教育便分别是德育、智育、体育。美育在德智体之间起到的是一个协调统一的作用。如果将德、智、体、美四育的关系绘制成图示（图2-1），看起来便如同一只蝴蝶。在罗马神话里，人类的灵魂女神普赛克（Psyche）的形态之一便是蝴蝶。通过孜孜不倦地学习探索，我们也能让自己灵魂中的这只光明女神蝶破茧而出。

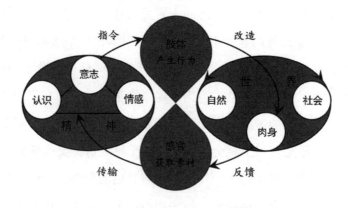

图2-1　德、智、体、美四育的关系

货必须说原文。青春的荒原里有太多新奇的事物，比五光十色的肥皂泡更绚丽。不知不觉间，雷锋的名字已被遗忘。

无论多么叛逆的青春，最终都要和生活和解。当年那些在虚拟世界恣意吐槽的青年，大多数终于在平凡而真实的生活中慢慢沉淀下来，终于意识到自己不是无所不能。生活中的点滴成就无不是脚踏实地、艰苦奋斗的结果，古今中外皆然。

步入不惑之年的我奋斗了近20年，算是在武汉这座城市勉强站稳脚跟。当年那些让我们眼花缭乱、羡慕不已的外国时尚品牌，随着物联网的发展，倒还真成了唾手可得的东西。春节回乡，在我老家那个小城的超市里，国外大品牌和本乡本土的各色特产一起摆放在货架上毫不违和。早就习惯了电子支付的父老乡亲们对这些洋货也没有表现出惊叹和艳羡。

岁月不饶人。人生难免经历一些人情反复、职场浮沉、生病住院或者其他突发情况。就算妆容精致，衣着得体，在上下班拥挤的地铁上，在高铁换乘的间隙里，也偶有血糖偏低眼发黑或者血压升高手冰凉，不得不紧紧扶着座椅或者扶手以免摔倒的时候。

这时候，我只能在心里反复告诉自己：不能倒、不能倒。父母已老，孩子尚幼，我不能倒。

"没事吧？我扶你，来，坐这儿。"

雷锋（1940-1962）
　人的生命是有限的，可是，为人民服务是无限的，我要把有限的生命投入到无限的为人民服务之中去。
　　　　　　　　选自《雷锋日记》

"谢谢！你是？"

"我叫雷锋。"

雷锋在80后心目中形象的变迁，反映其实是这样一个问题：一个人在做好事的时候，配不配享有和他的善行相匹配的幸福？例如，公众的赞誉，或者物质的奖励。

这个问题，用学术话语来表述，叫

1. 美育与德育

◎"德福分裂"是横亘人类历史长河的难题。

◎道德的外在形式为实践法则，最高目的是自由，内容是我们的

◎自由包括内在的自由和外在的自由，二者统一才是至善。

◎美育能统一道德认识和道德情感，使人实现内在的和解。

◎美育能让内在的精神和外在的世界和谐依存，相互促进，

　至善。

◎答疑篇（问题：大学生该不该学做饭？）

　　道德是人的立身之本，这是毋庸置疑的事实。古今中外，德育

的重中之重，对道德的正确理解是德育工作得以开展的前提。因此

本章的第一个问题就是：道德是什么？由于本书探讨的内容是关于

么美育和道德有什么关系？因此又引出另一个问题：美育和德育是什

它们是如何产生这些关系的？

　　在回答这些问题之前，我先说说雷锋的形象在"80后"这一代

变迁。

　　小学时，我们的课外读物中有讲述雷锋故事的《伟大的奉献》

段，我们看过《离开雷锋的日子》这部电影。我至今依然记得，当时

校去电影院观看这部电影时，全场不断响起一阵阵发自肺腑的热烈

我的童年和少年时代，雷锋是当之无愧的精神偶像。

　　时光荏苒，我进入了大学。在迷茫的世纪之交，在原生态的网络

校园这个青春梦幻岛里，各种外来思潮和商品冲击着我们。我开始

看弗洛伊德，似懂非懂地对着达利的画故作沉思①，电视剧必须看美居

---

① 在这里并不是要否认尼采、弗洛伊德、达利等，而是想强调，我们看书或者欣赏艺术
　适当了解这些思想或者作品诞生的历史背景和社会环境。脱离了具体的环境不加分
　要么过目即忘、毫无所得，要么陷入没有理论依据和现实根基的教条主义，造成的结
　未接触真理，便已脱离现实，不仅对身心毫无裨益，还可能危害到我们的生活。

作"德福是否能够统一"。然而，在我刚才讲述的这个关于雷锋的故事里，我们可以看到，当年看似个性飞扬的80后，内心秉承的价值观一度是德福分裂的。这也就意味着当年的我们普遍认为，一个人如果做了善事，就不应该追求与之匹配的物质幸福。

事实上，**"德福分裂"一直是横亘人类历史长河的难题**，也是关系着全人类福祉的最终问题。只有这个问题得到了解答，我们才知道我们对生活、对未来能够抱有什么样的合理期待。孔子、康德、黑格尔、马克思以及古往今来无数先哲们都为解答这个问题前赴后继地努力，只为给我们一个恰如其分的答案：道德和幸福，到底有没有可能两全其美？

人类的历史在不断地发展变化，不同的历史时期，不同的社会背景下，答案是不同的，但问题是恒久的。新时代的我们，对生活和未来该抱有什么样的合理期待呢？

我们都是普通人，寄蜉蝣于天地，渺沧海之一粟。但就算是再平凡的人，也有追求幸福的愿望。在今天，怎样将幸福和善行统一起来也是我们在自己平凡人生中必然面临的问题之一。

中华民族是最重视道德的民族之一。自古至今，道德不仅被认为是人的立身之本，历史上，道德还作为官方乃至民间录用人才的标准之一。以汉朝为例，汉朝以儒学为国家意识形态，是否遵从孝道成为官方考察人才的重要标准。考察孝道的标准之一是为父母守三年之丧。在道德与功利性目标挂钩，且考查方式流于仪式规程的社会背景下，社会道德固然能够在一定程度上得到改善，但也滋生了大量伪善的闹剧。当时甚至出现了为父母守十年、二十年之丧的案例，乃至汉朝末年出现了"举秀才，不知书；举孝廉，父别居"的民谣，可见当时人们对这种伪善风气已经厌恶至极。

事实上，以三年之丧作为孝道的考察标准已经严重违背了孔子所倡导的情感主义。作为儒家伟大的思想家，孔子的道德观和教育观有着浓厚的情感主义色彩。孔子虽然重视礼仪，但更看重的是承载于礼仪中的天伦至情。这一点，在孔子和弟子宰予的一段对话中有着鲜明的体现。

宰我[①]问："三年之丧，期已久矣。君子三年不为礼，礼必坏；三年不为乐，乐必崩。旧谷既没，新谷既升，钻燧改火，期可已矣。"

子曰："食夫稻，衣夫锦，于女安乎？"

宰我曰："安。"

子曰："女安，则为之。夫君子之居丧，食旨不甘，闻乐不乐，居处不安，故不为也。今女安，则为之！"

宰我出，子曰："予之不仁也！子生三年，然后免于父母之怀。夫三年之丧，天下之通丧也。予也有三年之爱于其父母乎？"

从这段对话中我们可以看到，孔子虽然认为宰予"不仁"，但也无可奈何。毕竟，孔子最为看重的是"安心"。在孔子看来，孝道的依据是有三年之爱于父母，真实的孝是源于父母亲子之间的天伦至情，而三年之丧只是情感的外在表现。因此，对宰予的质疑，孔子也只能答道："女安，则为之！"

要特别提到的是，宰予是孔子最不喜欢的一个学生。《论语》中有多次孔子批评宰予的记录。有趣的是，虽然孔子似乎并不喜欢宰予，但并没有将其逐出师门，也没有让其弟子孤立宰予[②]。在"孔门十哲"中，宰予赫然在列，《先进》篇中更夸赞宰予能言善辩。或许在倡导"君子讷于言而敏于行"的孔子看来，学术讨论中的言语冲撞不过是小事。孔子是不搞因言获罪的，也不对学生上纲上线。

说到这里，还是要推荐今天的大学生好好读读《论语》。只要不带着任何先入为主的偏见阅读下来，我们就会发现孔子是一位非常可爱的老人，洞明世事而又一片天真、至性至情、洒脱淋漓、收放自如。在条件尚可的时候，能够把生活过得很精致；在落魄之时，也豁达洒脱、不以为意。孔子的教育实践始终蕴含着深厚的情感。虽然没有明确提出"美育"的概念，但孔子应

---

① 宰我即宰予。

② 孔子曾经让弟子讨伐冉求，因为冉求帮助季氏聚敛私人财富。后来孔子与冉求和解。

当是世界上最早实施并推广美育的教育家。

孔子这种深厚的情感主义道德观在孟子和荀子那里也得到了传承。孟子将儒家的道德抽象概括为仁、义、礼、智四端之心。其中儒家最看重的仁源于人的恻隐之心，恻隐构成了人之为人的最基本依据。

荀子对孔孟的超越在于提出了"性本恶"。荀子认为，人性之所以为恶源于人的欲求本性。在列国纷争、生民涂炭的战国末期，荀子的理论有着坚实的现实依据。人类源于自然欲求的本性引起了生存资源争夺战，人与人之间的纷争，乃至国与国之间的战争都源于此，因此人不仅需要礼乐的引导，还需要刑法的约束。和高扬着理想主义旗帜的孔孟相比，荀子有着务实的精神，因此，韩非和李斯这两大法家思想家都出自荀子门下也就不足为怪了。

"性恶论"的真正超越意义在于，荀子已经深刻认识到单凭感性的好恶是不能作为道德法则依据的。因为人性中固然有善，但恶的存在也是一个客观事实。恻隐之心固然人皆有之，但嫉妒、贪婪、愚昧这些负面的情感同样根植于人性之中。因此，人仅凭情感是无法实现真正的道德自觉的，还需要律法对人类的行为进行约束。

从孔孟到荀子，我们已经能够初步看出道德的某些本质特征，即道德是指导人类实践的普遍法则。那么这些法则的依据是什么呢？目的又是什么呢？

荀子已经部分回答了这个问题，即感性的好恶是不足以作为实践法则的立法依据的，但在任何一个社会，道德法则的存在都是一个客观事实。如果个人情感的好恶不足以作为道德法则的依据，那么现存的这些法则到底从何而来呢？因此，回答道德是什么的第一步，就是要弄清楚现存的这些道德法则的依据到底是什么。对于这个问题，康德的解释是很有说服力的，康德认为：

由于质料上的原则完全不适合用作至上的德性法则（如已经证明的），纯粹理性的形式的实践原则，即那种因我们的准则而可能的一个普遍立法的单纯形式必须据以构成意志的最高的直接规定根据的原则，就是适合在规定意志时用作定言命令即实践法则（这些法则使行动成为义务），并一般地适合既在评判中又在应用于人类意志时用作德性原则的唯一可能的原则。①

这段话读起来可能有些抽象晦涩，但我们应该可以看出，康德和荀子在某些方面的看法还是略有些类似，即：质料上的原则完全不适合用作至上的德性法则。通俗地说，这句话的意思就是个人情感或者某些物质条件是不能作为道德法则依据的。

这个不难理解，因为个人的情感，或者外在的物质条件都具有偶然性。而道德如果作为指导人类实践的法则，则必须至少在某个群体、某个年代具有普遍性。总不能你有你的道德，我有我的道德。如果是这样，道德就起不到普遍的指导作用。对这个问题，康德也说得很明白。每个人都有自己的行事准则，但准则只对个人有效，不能普遍类推。例如，我觉得荤素搭配好，那我自己去食堂打饭的时候就按照荤素搭配的标准来。我不能强迫我的室友、同学也跟我一样。在这里，荤素搭配就属于情感和物质条件，完全取决于我个人的口味、我个人的消费能力以及食堂能够提供哪些菜品这样的偶然因素。因此，荤素搭配就属于我个人的准则，只适用于我个人，而不能够加诸他人。

当然，吃荤吃素只是我个人的事，但如果社会整体都以个人的情感作为道德法则依据，必然导致社会混乱。即使整个社会在情感上达成了一致，也未必就有好的结果。这一点《三体Ⅲ·死神永生》中的程心被全民公选为持剑人就是最好的反例。因此，道德法则作为社会整体的实践指南，不仅要在经验上超越个体的局限，还必须要有理性参与其中。在这里不妨用数学做个类比，道德法则就相当于整个社会的最大公约数，它普遍、必然地适用于每一个社会个体。道德如果作为人类社会实践法则的普遍依据，它是如何超越个体的局限，而能够普遍地适用于不同人群、不同个体呢？

---

① [德]康德.实践理性批判[M].邓晓芒，译；杨祖陶，校.北京：人民出版社，2016：51.

我们都有作为类生物的生物学依据。这也就意味着，正常人的先天生理结构都是类似的，因此，人类的认识能力和情感能力具有某种先天的普遍性。但由于感性因素和环境有着密切的关系，环境是一个完全偶然的物质因素，因此个体的具体感性状况具有偶然性。和情感相比，人的认识能力，也就是人的纯粹理性则是普遍的。在认识领域，纯粹理性为自然立法；在实践领域，纯粹理性为人类的行为立法，因此被称为实践理性。因此，实践理性是道德法则的依据。对此，康德进一步指出：

纯粹理性是实践的，亦即能够独立地、不依赖一切经验性的东西而规定意志——虽然这种阐明是通过一个事实，其中纯粹理性在我们身上证明它实际上是实践的，也就是通过理性借以规定意志去行动的那个德性原理中的自律。①

这也就意味着，实践理性作为指导我们行为的最高道德法则，是要排除掉一切感性经验的，否则便不具备普遍的意义。从这个意义上来看，实践理性的确具备了超越个体经验的普遍性，但这样的道德法则也只剩下一个空洞的形式了。

然而，从实际情况来讲，感性是人的第一性。从人的发展规律看，感性在人身上的出现远远先于理性。襁褓中的婴儿，虽然大脑里还没有任何概念，但已经具备了人类的大部分情感。成年之后，七情六欲均完备，而且人的幸福感绝大多数都是从七情六欲中获得的。如果感性经验完全排除在道德法则之外，人便不能从道德法则中获取幸福。然而，谁不希望自己能过得幸福呢？这就意味着，如果按照康德的观点，实践理性在具体的实践中必然陷入一种二律背反的境地。

事实上，康德也深刻地认识到了这一点。他指出："要么对幸福的欲求必须是德行准则的动因，要么德性准则必须是对幸福起作用的原因。"②然而，如果感性经验被排除在道德法则之外，这二者都是不可能的，人因此陷入了"德

---

① ［德］康德. 实践理性批判［M］. 邓晓芒，译；杨祖陶，校. 北京：人民出版社，2016：52.

② 同上，142..

福分裂"的境地。在康德看来,只有道德而没有与之匹配的感性幸福并非至善。人希望得到和自己的德性相匹配的感性幸福是完全合理且应当的。道德和幸福怎样两全其美是康德最关注的问题之一,对此他提出的解决方案是必须悬设上帝①存在和灵魂不朽,这样人类在世俗生活中的善行才能在天国里获得回报。也就是说,如果我们在世俗生活里恪守善行,便有希望在天国里成为人生赢家。

从常识和实际情况看,这种道德法则在现实生活中似乎没有太大的可操作性。马克思一针见血地指出,在现实世界面前,康德的绝对命令是软弱无力的。"实际上,每一个阶级,甚至每一个行业,都各有各的道德,并且,只要它能破坏这种道德而不受惩罚,它就加以破坏。"②

但康德的最大贡献不仅在于指出道德法则必须有超越个体经验的普遍性,还在于指出道德必须是一种自律,而不是他律。

其实,自律和他律的区别,我们每个人都深有体会。比如我们在大学里读书,首要的道德就是好好学习。好好学习当从上好每一节课,做好每一次作业开始,但从实际情况看,大学生逃课、不交作业并不罕见。为什么会产生这些现象呢?原因之一就在于这些道德法则对部分大学生来说不是自律而是他律,是强加在他们身上、限制他们自由的清规戒律,而不是发自内心的情感认同和生活习惯。

在实践中,情感的力量是巨大的,排除了感性因素的道德法则,从一开始就不具备太大的可实施性。只有当情感和法则达成统一,道德才能够由他律变成自律,才能在现实世界中获得强大的原动力。

我们知道,道德当以人类的实践理性作为普遍依据,但不能排除个体的感性经验。那么,为什么要有道德呢?

---

① 康德哲学里的"上帝"是某个最高的本源的善,是一个哲学概念,不同于基督教中的上帝。

② [德] 马克思. 马克思恩格斯选集(第四卷)[M]. 中共中央马克思恩格斯列宁斯大林著作编译局,编译. 北京:人民出版社,2012:247.

康德认为，只有德福一致才是至善，为了实现至善，则必须悬设上帝存在和灵魂不朽，这样人类才能对与自己德行相匹配的幸福抱有合理的期待——在天国得享永福。

道德是为人设立的，人不是为道德设立的。任何一个健全的社会，道德的设立都是为了人类的福祉，而不是谁突发奇想设计出一堆条条框框来限制人的自由。因此，道德的最高目的是为了人类的自由。

道德的意义就在于既能够尊重个体的特质，又能够维系普遍的法则。每个人都在法则的基准上能够自由发展个性，个体的自由和群体的自由互为前提。

因此，道德的外在表现形式为指导人们实践的普遍法则，最高目标是自由。那么，道德的内容是什么呢？

现代社会和古代凿井而饮、耕田而食的农耕社会有着本质区别，各行各业、人与人之间都处于一种基于高度分工的高度协作关系。每个人都身在错综复杂的社会关系中，因此，在现代社会，道德是每一个人的事。但我们同时也会发现，虽然道德普遍地关系到每一个人，并且渗透到我们生活的方方面面，但我们似乎很难找到一本明文书写的道德规则。从这种意义上来看，道德的内容就是我们的全部生活。

现在，我们可以对道德做一个总结：**道德的外在形式为实践法则，最高目的是自由，内容是我们的生活**。

说到这里，我想大家最感兴趣的可能还是自由。既然道德的形式是法则，内容是生活，那么这些法则是怎样在生活中让我们获得自由的呢？自由不是不依存任何物质条件的必然之物吗？那为什么又要假借包含感性经验（即生活）的道德才能让我们获得自由呢？

没错，自由的确是不依附任何外在物质条件的，但是有一样除外——我们自己。

人是物质和精神的统一体。我们都是有精神的，我们同样也有肉体。道德既然是指导人们实践的普遍法则，那么就必然和我们的肉体相关。在现实世界中，只有我们的肉体才具有实践能力。因此，道德的最大意义与其说是约束我们的思想，倒不如说是约束我们的行为。我们都知道，人的情感是很难被约束的，而认识几乎无法约束。关于情感的难以约束，我想每个基层教师都深有体会。例如，一个学生没交作业，我可以命令他把作业做十遍，但我能命令他爱上做作业吗？事实上，学生爱上做作业是有可能的。但即便是可能，也是因为学生在做作业的过程中自己发现了学习的乐趣，绝不是因为我的命令。因此，最好的教育是自我教育。至于认识的无法约束，更显而易见，我们能强迫任何人承认1+1=3或者3-1=0吗？"指鹿为马"的代价世人皆知，还留下千古笑柄。

人是精神和物质的统一体，精神是主观的、内在的，肉体是客观的、外在的。**自由包括内在的自由和外在的自由，二者统一才是至善。**这一点黑格尔说得很清楚："只要客观世界与精神的内在需要符合一致，精神也就实现了自己的自由。"①

那么道德如何让我们获得自由呢？

事实上，法则和情感的分裂是德育工作中的最大难题之一。我们在很多时候感受不到道德带给我们自由的最大原因就是我们关于道德法则的知识和对道德法则的情感并没有在精神中达成统一。关于道德法则的知识是可以习得的，但是对于道德法则的情感却难以被简单粗暴的命令。一旦法则和情感产生分裂，人们只知道必须这样做，却从感情上抗拒这样去做。在这种情况下，道德法则对人来说就是外来的、强加的、不明就里的束缚。我们遵守法则只是出于对惩罚等后果的恐惧，而无法感受到法则带给我们的自由。

法则和情感分裂在人身上产生的后果就是要么法则压制情感，成为冷漠的机器人；要么情感压倒法则，成为放任自流的野蛮人；要么在法则和情感

---

① [德]黑格尔.黑格尔历史哲学[M].潘高峰，译.北京：九州出版社，2011：78.

之间游离不知所措，成为人格分裂、随波逐流的悲剧的人。

以大学生感兴趣的恋爱为例。现在的在校大学生已是"00后"了，法律上已经是成年人，可以谈恋爱，只要不是抱着游戏人生的态度，只要恋爱的双方都能够用成年人的态度对待感情，一场认真的恋爱对人对己都是历练。有时候，一场失败的恋爱可能会让人收获更多。今天的"00后"大学生生在繁荣的新时代，物质上基本没有太多的稀缺感。由于尚未走出校园，所以在校大学生中的大多数也没有经历过除了考试成绩不好之外的其他失败。因此，一场失败的恋爱是一个难得的接受挫折教育的机会。

此外，人与人之间的相处是一门艺术，亲子、同学、朋友、室友、同事、恋人、夫妻之间都是如此。我们从幼儿园到大学，学到的不仅有知识，还有人与人之间的相处之道。夫妻作为一生陪伴最久、同甘共苦的人，其中的相处之道绝不是天生就会的。现代社会信息、交通高度发达，人均寿命延长，受教育程度普遍提高，思想空前活跃，各种诱惑无处不在。在这样的年代里，如何好好维持一段认真且持久的关系绝非易事。如果没有恋爱的经历作为历练，匆匆走进婚姻的殿堂，到头来闹得一地鸡毛，甚至反目成仇，那是对人生极不负责任。

在这里要特别声明，一场认真的恋爱对大学生的人生是一个不错的历练，但绝不要因为想历练而故意恋爱。关系一旦颠倒，就是游戏人生了。打个不太恰当的比喻，为什么很多人做了多套四六级模拟卷，依然考不过呢？原因之一是他们把模拟试卷当成模拟试卷做。只有用做真题的态度做模拟卷，才能真正提高成绩。恋爱同理，我们只有认真地对待恋爱，才能从中有所收获。当然，现在有另一种说法，大学生正当青春，就算不以结婚为目的，谈一场浪漫的恋爱难道就错了？这个说法也不无道理。

说了这么多，我想大学生在恋爱中面临的最大困惑莫过于恋爱中双方该做些什么？

只要在恋爱中本着高度的自律，不影响学业，不影响正常的饮食作息，恋爱本身是完全不和我们作为学生的道德产生任何冲突的。因为好好学习、提高专业能力、学习待人处事才是作为学生应该遵守的道德。在我从教十几年带过的学生中，小情侣共同努力，一起考上研究生，读到博士，找到好的工作，步入婚姻殿堂的不在少数。**只要情感和法则达成统一，人便能与自己和解，内在的自由由此实现。**在这种情况下，道德不仅不是外加的束缚，还能够产生强大的原动力，催人奋进，实现人生价值的跨越。

新时代的大学生不用背负几百年前的封建包袱，恋爱中具备基本的生理、心理知识，保持身心健康，在具体问题上像成年人一样好好商量，相互尊重即可。如果能够携手走进婚姻当然是好事，如果发现彼此不适合，沟通磨合无效后好好分手，各奔前程，不纠缠不打扰，也是对人对己高度负责的态度。

对恋爱问题的困惑可能只涉及大学生这个群体，但对某些法则的困惑却涉及整个社会。我们当前处于百年未有之大发展，各方面的建设取得了巨大成就，但仍有某些封建落后的思想和新时代价值观难以达成普遍共识。我们决不能把"传统的"等同"封建落后"。事实上，只要我们认真阅读一些传统经典，就会发现其中闪耀着超越时空的思想光芒。这种光芒源于对人性的深切关怀，对世间苦难的悲悯之心和对人内心真情实感的高度尊重。认真读过《论语》的人，就会发现孔子绝不是个迂腐僵化的道学先生。认真读过《近思录》的人，就会发现朱熹是个能直面自身不足、反躬自省的人，而且对孤儿寡妇抱着深切的同情。认真读过《红楼梦》的人，能深深感受到，网络宫斗小说学得来曹雪芹的遣词造句，却学不来他的一片悲悯之心。封建思想是腐儒市侩对传统文化的误读或者解构，是彻头彻尾的糟粕，绝不能跟源远流长、博大精深的中华传统文化相提并论。

封建思想和现代社会的价值冲突之一是对"孝"的理解。这些现象在电视剧和生活中都有生动的反映，例如《欢乐颂》中的樊胜美，《都挺好》中的苏明玉，网络上的"扶弟魔"①，还有那些被原生家庭无限索取和压榨的女性。原生家庭在索取和压榨时的心安理得、被压榨女性的无可奈何，大都源于孝亲思想在无形中的压迫。

在这里我想唤起她们的精神自觉。正是因为她们对孝道的误解导致了其自身的不幸。这种情况就是典型的道德法则与道德情感没有达成统一。因为法则和情感的分裂，导致那些被压榨和迫害的女性无所适从。事实上，读过《论语》便知道，儒家所强调的孝并不是无条件的绝对服从，而是发自内心的天伦至情和灵活的权责对等，先有慈父才有孝子，小受大走完全可以心安理得。因此，在新时代核心价值观的指导下重读经典，彻底摒弃封建糟粕，对于复兴传统文化、弘扬传统美德至关重要。

以上案例可以看出，情感和法则一旦发生分裂，便可能发生不幸；如果情感和法则达成统一，人便能在精神中实现自我和解，内在的自由由此实现。那么，怎样让情感和法则实现统一呢？席勒指出：

心灵由感觉到思维的转变要经过一个中间状态。在这一心境中，感性和理性同时起作用，正是由于它们相互扬弃了它们规定的力量，并通过它们的对立产生一种否定，在这一中间心境中，精神既不受物质的强制，也不受精神的强制，并以两种方式活动，所以完全可以称作自由心境。如果我们称感性规定性的状态为物质状态，称理性规定性的状态为逻辑和道德状态，那么我们就必须把这种现实的和能动的可规定性的状态称为审美状态。②

从这段话中我们可以看到，审美是让情感和法则实现统一的关键。

审美即鉴赏，它是客体偶然在主体的精神中产生的某种非功利的情感的

---

① 亲人之间的合理帮扶不仅是应该的，也是义务。我们决不能把兄弟姐妹之间出于天伦至情的相互帮扶妖魔化。这里的"扶弟魔"是指，将自己的婚姻看作交易，将配偶看作娘家的提款机，对配偶提出远超其实际经济能力的无理要求的情况。例如，要求配偶将名下的房产转到娘家，或者要求配偶为自己的弟弟买婚房之类。其实"扶弟魔"也是受害者，她们的不幸在于不懂得反抗娘家的无理索取，并将这种不幸转嫁到他人身上。所以哀其不幸，怒其不争。

② [德]席勒.美育书简[M].徐恒醇，译.北京：社会科学文献出版社，2016：145-146.

一个过程。当这种情感为愉悦的时候，鉴赏所产生的结果便为美。但鉴赏所产生的结果并不仅仅为美，还包括平平无奇、丑等多种情况。无论鉴赏的结果如何，主客统一、无目的、非功利是鉴赏行为中必须包含的三个要素。

道德作为实践的法则，必然包含主体和客体，但和审美不同，道德是有目的的，道德的目的是自由。真正的自由是内在的精神自由和外在的肉体自由的统一，从这种意义上来看，道德也是功利的。

由于我们是通过精神对肉体发出指令，因此，情感和法则在精神上的和解是实现自由的第一步。这就要求我们对法则有正确的理解，对行为有最大的包容。由于鉴赏所特有的非功利性，因此具有较高鉴赏素养的人往往具有对世界保持一定距离静观的能力。这种能力让人不把世界当作是仅供索取与掠夺的对象，人在这种状态能够一定程度上脱离感性冲动的支配，获得部分自由。例如，我们看到教室里有个漂亮的女生，如果受到感性冲动的支配，可能就会整天为她能不能当我女朋友而苦恼。在这种情况下，她的美不仅没有给我带来快乐和自由，反而给我带来了烦恼。但如果我摆脱了感性冲动的支配，或许我能够从她身上发现更多的东西，也并不会为她能不能做我女朋友这些得失计较而苦恼了。如果我能够做到这一点，或许这个女生会发现我是唯一不用色眯眯的眼光打量她的人，对我产生某些兴趣也说不准。苏霍姆林斯基说："一个男青年在受本能的支配把一个姑娘作为异性来相爱之前，在把这个姑娘作为女人来追求之前，他首先应该把她作为人来爱她。"[1]新时代的中国，这个道理对女青年同样适用。从某种意义上讲，我们可以认为这是道德之外的东西，对道德既无贡献，也无损害。[2]但恋爱和婚姻必须指向某个特

---

① [苏]苏霍姆林斯基.公民的诞生[M].黄之瑞等，译.北京：教育科学出版社，2002：50.

② 恋爱中只要双方成年且达成共识，来自本能中的自然欲望是不在道德管辖范围内的。但在婚姻关系中，自然欲望乃至其他物质欲望则必须包含在道德管辖的范围内。例如，婚姻关系中一方或双方患有不孕不育、遗传性疾病、背负巨额债务、有暴力倾向或不良恶习，以及其他影响到夫妻双方正常生活的因素且在婚前隐瞒的，不仅是极不道德的行为，情节严重的还涉及诈骗，属于违法犯罪行为。

定的对象，婚姻关系作为人与人之间最重要的关系之一，不仅必须是道德的，而且还有法律作为强制保障。因此，人的自然属性固然要被正视、尊重，但维系一段认真的恋爱、婚姻关系最重要的还是自然之外的社会性依据，即性格、观念等。

这不仅适用于爱情，也适用于人与人之间的一切相处之道。在我们把一个人当成自己的爱人、哥们或闺蜜的时候，我们首先要把对方当成一个人，要恪守人与人之间的相互尊重、扶持的底线。由于别人待见我们，我们错把别人对我们的重视当成了自己的能耐，在一段关系中忘乎所以却丝毫没有意识到是别人在谦让、担待我们，这种自私自大的心态是一切友情、爱情乃至工作关系中的大敌。

因此，当我们能够逐步克服自己的感性冲动，具备静观世界的能力时，我们会发现这个世界原来是这样丰富多彩，而这个美丽的世界说不定也正在对着我们微笑。

当然，不受感性冲动的支配只是一种自发的自由状态，也就是自由而不自知。只有当我知道我是自由的，但我并不认为自由是理所应当的，我认识到自由的宝贵而珍惜自由，这才是自觉的自由。这种状态必须要理性参与到其中来。有了理性的参与，我们才对法则有着深刻的认识，才能够让法则和情感达成统一，实现真正的精神上的自由。

法则来自理性的普遍立法，但法则的普遍性如果仅仅以人类先天认识能力为依据，那么就只剩下一个空洞的形式了，无法对我们丰富多彩的生活起到切实的指导作用。因此，法则的普遍性不仅来自人类的先天认识能力，还来自思维对错综复杂的社会现象的无限包容能力。思维的包容力在于能够突破我们现有的认识范围，从有利的物质条件中独立出来，直面那些我们不熟悉，甚至很抗拒的现象，其中最典型的就是衰老。这方面的负面案例在娱乐圈屡见不鲜。其实人在各个年龄段都有那个年龄段特有的魅力，然而相当一部分演员，尤其是女明星，却痴迷"白瘦幼"审美。

只有经过充分打磨的思维，才能够充分地感知这个世界，才能逐步具有包容一切现实的能力。

通过鉴赏的非功利性，人得以摆脱感性的支配；通过对思维的打磨，理性得以绝对地包容一切现实，在这种状态下，人既不受到感性的支配又不受到理性的支配，法则和情感在精神中得以实现统一，内在的自由因此实现。美育是关于鉴赏力的教育，因此**美育能够统一道德认识和道德情感，使人实现内在的和解**。

但仅仅实现内在的自由还不能算是完整的自由。任何一个头脑清楚的人都知道，想象中的发大财和现实中的发大财之间的天差地别。

从这个例子中我们可以看到，精神如果没有落实到现实中，就是空谈。在发财这个问题上，我的认识和情感高度统一，算是实现了内在的自由。但是精神没有变成现实，是不是有一点不完美？

自由是生命中极为宝贵的东西，并不是唾手可得的廉价品。如果我们感到不自由，并不等于我们不道德，只是说明我们还要继续磨砺自己的身心，人生不就是一个不断修炼的过程吗？

我们再来看内在的自由和外在的自由的统一。情感和认识在精神上达成统一，就说明人已经实现了内在的自由，但是内在的自由转化为外在的自由，则需要通过行为来实现。精神必须要通过具体的行为才能转化为客观事实，这个过程就叫作实践。精神能否转化为客观事实的关键在于我们的行动能力，行动能力的关键在于我们对肉体的磨砺。

电影《攀登者》中的那些登山队员，他们对成功登顶抱着极大的热情，又做了很多相关的认识上的功课，但仅凭这些就能保证登顶吗？显然不够。没有经过艰苦的体能训练，无论精神多么顽强，也不可能给登山提供切实的物质保障。人是物质和精神的统一体，肉体就是我们的物质属性，是将精神转化为客观现实最强有力的物质保障。只有强健的身体，才有能力将主观精神里的构想转化为客观现实，实现内在自由和外在自由的统一。

在这里，我用精神和世界相互转化的示意图（图2-2），希望能够直观地展示主观精神是如何转化成客观世界，客观世界又是如何反馈主观精神的。

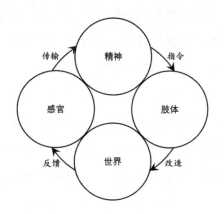

图 2-2 精神和世界相互转化

这个示意图看起来是一个封闭的系统，但其中蕴含的精神与世界的相互转化是无限循环的。精神并不是一个封闭的框架，而是具有一定结构，又能不断更新重塑的忒修斯之船。从图中可以看出，精神和世界相互转化的两个关键连接点分别是感官和肢体。感官负责感知世界，从中收集经验素材，并将其传输给精神；精神对经验素材进行分析后对肢体发出指令，肢体接受精神发出的指令产生具体的行为，行为对世界进行改造并产生一定的结果。而这些结果被感官感知后再次作为经验素材被传输给精神，精神对素材进行分析后再次给肢体发出指令，以此类推，无限循环。

实现内在的自由在于认识与情感的统一，这主要是精神与感官的工作，而实现外在的自由要依靠肉体。当然，现代社会里，肉体还包括我们身体器官的延伸，例如各种工具、仪器等。而自由是不依存任何物质条件的绝对、必然的存在。从整个人类的视角来看的确如此，但就具体的人而言，人的精神可以从绝大部分物质条件中独立出来，但唯独不能摆脱自己的肉体依存。在当前的科技条件下，人如果没有了肉体依存就没有了生命。一个人连生命都没有了，还谈何自由呢？

　　因此，要想将精神转化为现实，对身体的磨砺是至关重要的。受动是通往自由的必经之路，无论是精神还是肉体都是如此，但追求快适是感官的天性。因此，要磨砺自身，就必须经历一些逆境。通过逆境强迫人摆脱对有利物质条件的依附，这样，精神得到了锻炼，肉体也得到了磨砺。这也就是为什么在教育中适度的惩罚是必需的。我们的确应该磨砺自己的身体，但是也要量力而为。我们不能无视人与人之间体质差异这个客观事实。实践所涉及的行为固然是身体的事，但实践什么归根到底还是精神决定的。因此，还是苏格拉底那句话："人哪，认识你自己。"人贵有自知之明。认清自己的能力再去行动，在行动中提升自己的能力。对于行动的结果，能享受最好的，也能坦然接受最差的。这是肉体和精神的双重磨砺。对此，《诗经》早有生动的描述：

卫风·淇奥

瞻彼淇奥，绿竹猗猗。

有匪君子，如切如磋，如琢如磨。

瑟兮僩兮，赫兮咺兮。有匪君子，终不可谖兮。

瞻彼淇奥，绿竹青青。

有匪君子，充耳琇莹，会弁如星。

瑟兮僩兮，赫兮咺兮。有匪君子，终不可谖兮。

瞻彼淇奥，绿竹如箦。

有匪君子，如金如锡，如圭如璧。

宽兮绰兮，猗重较兮。善戏谑兮，不为虐兮。

　　这首诗形象地描写了一位内在和外在都经历了磨砺的理想中的人的形象。诗歌第一节讲述的是人品的打磨，第二节讲述的是着装和衣品，第三节讲述的是气度与言行。"切磋"的意思是制作玉雕时加工轮廓，"琢磨"是雕琢细节。一位理想中的"君子"，学识和人格都是在受动中反复磨砺后才有所得。"相由心生""诚于中形于外"，经过反复打磨的人格，外在的显现也温润精粹，庄重得体。当然，大家可能也比较在意衣品这个问题，其实只要我们注重在人品和学识上磨砺自己，衣品也会随之提高。审美趣味是我们内在修养的外在显现，一个审美趣味提高了的人，衣品肯定不会太差，也肯定不会为了买衣服、饰品而非理性消费。"充耳琇莹，会弁如星"，这个细节描写说明美不排斥物质上的精致。人完全不用为了凸显精神上的高风亮节而故意穿得破破烂烂。席勒说："美证明了道德自由和感性依存完全可以并存，还证明了人为了表现出精神并不需要抛弃物质。"①但我们同样不能忽视了"善戏谑兮，不为虐兮"。美是精神和物质的统一，如果徒有好的衣品，却没有磨砺人品，言行傲慢、心胸狭窄，那就不是"君子"了，而是《魏风·葛屦》中的"好人"。人们对他评价也不是"如金如锡，如圭如璧"，而是"维是褊心，是以为刺"。我们要记住，在买衣服这个问题上，是衣服衬人，不是人衬衣服。

再来回答大家刚才提出的那个问题，即发财和道德之间的问题。美是物质和精神的统一，心里想发财和实际发财是不一样的。当我们心里想发财，实际上没有发财的时候，这就是精神没有转化为客观事实，是不是就有点不道德呢？其实这个问题不用思辨，通过常识就能回答。当然不是，而且和道德也没太大关系。但这个问题的确是客观存在的。因为精神和世界一旦脱节，虽然无所谓道德不道德，但肯定让我们觉得有那么一点不完满，甚至苦恼。所以美育的任务就在于帮助我们从这种苦恼中解脱出来。

认识和情感在精神世界中达成高度统一的人肯定是有着清醒的自我认识的。他知道自己能做什么，不能做什么，可以往哪些方向去努力，具体该怎么做。比如我是一个家境普通的大学生，我不愿意踏实学习却想着一夜暴富。这是不是浮躁？但假如我不去想一夜暴富，我好好学习、踏实做人、找个兼职，积累一些社会经验；毕业后找个合适的工作，在工作岗位上踏实做事，

---

① [德]席勒.美育书简[M].徐恒醇，译.北京：社会科学文献出版社，2016：187.

好好积累，不追求超前消费，五年内争取攒够首付买个小户型。实现这个小目标后再视具体情况进一步发展。这是不是就是我们通过自己的努力可以切实做到的？因此，首先从思想上知道自己能够做什么，再脚踏实地地一步步去实现这个目标，是不是就在一定程度上实现了德福一致？这个简单的道理《红楼梦》中刘姥姥早就告诉了我们："端多大碗吃多少饭。"这不是妄自菲薄，而是清醒的自我认识。只要能做到这一点，在实现小目标的过程中精神和肉体都得到了磨砺，能力也随之提高，将来瓷碗换金碗也不是不可能。我们万不可鄙视这些从生活中获得的宝贵智慧，英国哲学家怀特海明确指出：

那些没有受过教育却聪明智慧的女性，她们见多识广，把这个世界看得很明白，当她们步入中年的时候，成了这个社会中最具智慧和文化修养的群体，这是因为她们避免了遭受这些呆滞思想的侵蚀。[①]

从《红楼梦》中刘姥姥的故事到著名英国哲学家、过程哲学创始人怀特海的这番极具洞察力的论述，可以看出，古今中外有着杰出智慧的人对生活和真理的理解有着高度的类似。这也给任何一个时代的读书人提了一个醒：未经内化、不能解释生活的知识就是僵死的教条，不仅无用，而且有害。造成的危害之一就是让人们远未碰触真理，却已脱离现实。新时代的大学生不仅是未来社会的中坚力量，也将成为自己家庭的顶梁柱，如果教育让他们成为一群脱离实际的空谈家，对他们的生活、家庭乃至整个社会都是有弊无利的。

综上，**美育通过提高人的鉴赏力和受动力，能够让情感和法则在精神上统一，让思想和世界和谐依存、相互促进，使人臻于至善。**

---

① ［英］怀特海.教育的目的［M］.庄莲平，王立中译.上海：文汇出版社，2012：2.

◎ 答疑篇

问题： 大学生该不该学做饭？

（这个问题是学生提出的真实问题。此外亲戚、朋友也都讨论过。解答有整合。）

学生（女）：老师，女生要学做饭吗？

我：（不假思索）当然要啊，不然吃什么？

全体女生：（声色俱厉）老师，你封建思想！重男轻女！

我：（彻底懵了，冷汗直流，赶紧先道歉平息民愤）错了错了老师错了……弱弱地问一下，我怎么封建了？

全体女生：（异口同声）凭什么就该女生做饭，男生就不该做饭吗？

我：（原来如此！）冤枉啊！我真的冤枉！是你们问的女生要不要学做饭啊！你们没有问男生要不要学做饭啊！

全体同学：……（女生语气缓和）那，老师，男生要不要学做饭呢？

我：（义正词严）当然要啊！不然吃什么！

全体同学：（声色俱厉）那到底该男生做饭还是女生做饭？！

我：（糟了，全得罪了……不管了，今天豁出去了，必须要把这个道理说清楚！敲桌子，声色俱厉）只要是个人都要学做饭！不然吃什么？！

学生：……

我：（掏心窝子地说）你们现在可以吃食堂，还有爸妈做饭。可是你们能保证毕业后的工作单位一定有食堂？顿顿下馆子叫外卖不便宜，刚参加工作你们不打算给自己存点钱吗？就算将来叫爸妈给你们做饭，爸妈年纪大了做不动了怎么办？哦，找个会做饭的爱人。谁能保证会做饭的人能看上不会做饭的人呢？何况，难道没结婚就一口饭都吃不上啦？做不做饭是自个儿的事，跟结不结婚没啥关系。

求人不如求己，自己动手丰衣足食。现在趁着放假学学做饭，给爸妈帮帮忙打个下手，还能增进家庭感情。将来想吃啥做啥，不求人也能吃好吃饱还能存点钱，这样不好吗？而且做饭也有乐趣。将来下班了累了休息，不累就自己网上找个菜谱，学着自做自吃，也是生活中的小情调。技多不压身，多个本事就等于生活中多个选择，也就多个生活方式，给自己的生活添些新花样不好吗？

学生：(似有所悟) 听起来倒也不差。

我：将来谈恋爱或者成了家，也不是说就一定要谁做饭。假如一方出差在外，难道另一方就混日子了？只有小两口可以混，有孩子了难道带着孩子一起混？那是不是对生活太不负责了？

所以只要是人，做饭、洗衣、打扫这些生活必需的技能都是要有的。不然怎么办？不可能让爸妈给我们当一辈子免费保姆吧？如果是双职工家庭，工作本来就很累了，夫妻之间更是要相互体贴扶持，不是谁就该伺候谁。

如果有一方是全职煮妇或者煮夫，那更要尊重并珍惜对方的付出。找的是爱人，不是免费的家政工。家政工做得了事，给得了家庭成员关爱和体贴吗？所以相互扶持体谅比什么都重要。

学生：(陷入沉思) ……

我：跟你们说这些可能早了点，但有个道理你们现在该明白：只要是人，都得掌握一些必需的生活技能。爸妈不在跟前的时候，要学会照顾自己，你们说是不是？

学生：也是。求人不如求己。

我：所以趁着寒暑假在家，有空自己学着做做饭。其实做饭挺有意思，做出了好吃的超有成就感。

学生：有道理，放假了回去就试试。

2. 美育与体育

◎体育赛事是让和平年代的人们感受到崇高的重要方式，审美能够让我们共享拼搏精神和运动尊严。

◎体育让个体得以突破肉身的限制，将认识和经验普及到类，提高类整体的身体素质和行为能力。

◎美育契合了体育的特征和目的，将美育渗透体育中能使人身心协调发展。

◎美育不仅能让运动员发挥自己的最佳状态，也是通往体育道德的必经之路。

◎美育渗透体育运动中，是实现德福一致最直接的途径。

◎答疑篇（问题：被人打了要不要打回去？）

人是物质和精神的统一体，肉体是人的物质属性，思想情感则是人的精神属性。美育的目标具体到人的身上就是让人的肉体和精神协调发展。精神层面，明智的思想告诉我们在能力范围内哪些可为，哪些不可为；肉体层面，强健的身体将主观的构想转化为客观的现实。在这个过程中精神和肉体相互促进。因此，美育不仅和体育有关，也和智育有关。如果我们将"德福一致"视为至善的话，实现至善的关键在于我们的肉体具备将内在的构想转化为外在的现实的能力。在具体的实践中，美育使我们的肉体在受动中得到磨炼，从而具备强大的行动力。从这种意义上，美育对人的身体素质能起到有效的提升作用。

只要我们看过年度体育大片《夺冠》，应该对三代女排的故事有着深刻的印象。从改革开放之初到新时代前夕，女排三代人经历了国内外环境的巨大变化，从高峰到谷底的起起落落，用坚持不懈的拼搏精神，捍卫了民族精神和体育尊严。虽然郎平的名字在今天听起来如雷贯耳，但20世纪80年代初那一代女排的故事和经历对于新时代的大学生来说可能是陌生的。当时的教练袁伟民极度严苛的训练以及女排夺冠后国内观看赛事的人们涌上街头狂欢庆祝行为可能让今天生活在新时代的孩子们感到略有些难以理解。

中国女排在大阪女排世界杯夺冠的那一年在20世纪80年代初，颁奖仪式上缓缓升起的国旗中，除了正中间那面鲜艳的五星红旗，还有一面是苏联的旗帜。那个年代，世界还没有走出冷战的阴影。赛场上进行的就是没有硝烟的战争。运动员们在赛场上流汗拼搏，不仅是为了体育精神，还有肩上担负的沉甸甸的国家实力和国家荣誉。不仅是中国，所有国家都是这样。郎平青年时代的偶像，在片中惊鸿一现的美国运动员海曼，便因为心脏病突发倒在了赛场上。那是一个运动员如同战士在战场上拼搏、如同外交家在国家之间奔走的年代。前人栽树后人乘凉，如果没有那些体育前辈的奉献，今天的我们又怎么能够在世界级的比赛中轻松自如地观看体育赛事并享受体育竞赛带给我们的快乐？新时代的我们能够不带得失之心去观看体育竞赛是一种幸运，这种幸运来自几代人艰苦奋斗建设而成的强大国家实力作为底气。我们应该珍惜，而不能将其视为理所当然。

掷铁饼者（米隆）

《掷铁饼者》是古希腊雕塑家米隆的杰作。雕塑中的运动员体型修长匀称、健美有力，动作蓄势待发。铁饼仿佛下一秒就能从运动员手中飞出。

雕塑是用时间表达空间的艺术。艺术家截取处于不断生灭流变中的空间中最美的一个片段，将其凝固在无限的时间中，让我们享有这个片刻的永恒。

冷战时期，高强度的训练对运动员造成的身体摧残和人格异化是不容忽视的问题。即便是在当代，少数NBA球星和国际足球巨星退役不久便将巨额财产挥霍一空，身无所长造成求职艰难，不得不靠领取救济为生；我国曾经的金牌获得者Z某退役后屡次创业失败，不愿意踏实就业，靠街头卖艺吸引关注等现象也唤起人们对于竞技体育的反思。和平年代体育精神更重要的意义在于避免《光荣与梦想》[①]中西亚共和国那些运动员的故事在今天的世界上演。怎样提升人的身体素质，实现人的全面发展是社会主义新时代体育事业的重任。今天，体育的意义不仅仅在于锻炼身体与增进健康，正如苏霍姆林斯基所说："它（体育）涉及像培养道德尊严、建立纯洁与高尚的感情和相互关系，具有生活目的、确定道德与审美的准则以及对周围世界做出评价与自我评价这样一些人的个性方面的复杂问题。"[②]

体育和美育的联系最初应该是来自感性直观，而不是逻辑思辨。力与美的结合是一切体育运动带给我们最直接的印象，无论是古希腊的雕塑，还是今天的各项体育赛事莫不如此。人之所以需要体育，不仅是因为体育给人带来力量，还因为体育让人享受到美。

在我们观看体育赛事时，有一个非常有趣的现象，即，我们并没有亲身参与到这些体育比赛中去，但我们却跟场上的运动员一样激动，甚至比他们更激动。当我们支持的运动员或者球队获胜时，虽然获得荣誉的并不是我们，有些情况下甚至和我们没有关系，但我们同样会欢欣鼓舞、激动万分。这种情况和追星类似，但也不同。追星行为中涉及的美感以优美为主，但享受运动时涉及的美感除了有优美，还有崇高。**体育运动是和平年代让人感受到崇高的重要方式之一。审美能够让我们共享拼搏精神和运动尊严。**

在新时代，社会高度繁荣，优美感在我们的生活中并不稀缺。对于当代大学生来说，能够给他们带来优美的东西在生活中几乎随处可见，但在青春岁月里，人们需要的不仅是优美，还有崇高。如果青春中只有优美，便会让人在寻愁觅恨中变得封闭、疲软、萎靡不振。如果只有崇高，便会让人好大

---

① 刘慈欣中篇科幻小说。为了在世界上消除战争，国际社会推出"和平视窗"的计划，期望战争能以另一种较为无害的、尊重生命的方式进行，而奥运会则被选择为战争的替代物。西亚共和国是一个因为战争长期被封锁和制裁的国家，这个长期处于贫困和饥饿中的国家，成为"和平视窗"的第一个试验品。

② [苏]苏霍姆林斯基.公民的诞生[M].黄之瑞等，译.北京：教育科学出版社，2002：99.

喜功、意气用事，不能踏实地面对自己的学业和生活。让崇高和优美在生活中恰到好处地结合，使人有着丰富的感情、崇高的理想信念、坚定的意志、对于当代大学生形成健康的精神世界至关重要。新时代的大学生没有历史包袱，是有着天然真挚爱国心的一代人，但从他们普遍的生活阅历来看，由于生活圈子相对狭窄，因此较难超出个人经验切身感受到个体和国家之间的紧密联系。崇高的爱国情感如果不能落实到具体生活中，爱国主义可能变成空泛的概念。如果大学生生活中顺风顺水，可能会产生自己无所不能的错觉，看不到身后的国家、集体和家庭的力量。

　　体育赛事是能够直接在个体与国家之间产生联系的事件之一。它带给人崇高感最直接的体现是在各项国际赛事上升起的国旗。当我们喜爱的运动员登上国际大赛的领奖台，在国歌声中看着五星红旗冉冉升起的时候，我们对运动员的个人情感和崇高的爱国主义情怀实现了高度统一。运动员通过他们的拼搏，将个体荣誉和国家荣誉统一起来。我们也通过对具体运动员的热爱，将个人的情感上升到对国家的热爱。要特别提到的是2016年的里约奥运会，我们可能对那些因为战乱等原因以个人身份参赛的运动员①记忆犹新。在某些价值观鼓吹个人至上的年代里，那些真正因为国家受到制裁而不得不以个人身份参赛的运动员在登上领奖台的时候却痛哭流涕。他们实现了个人的荣誉，却无缘代表他们为之奋战的国家。在奥林匹克赛场上，没有了国家的个人荣誉是不完美的。

　　体育运动不仅能够让我们感受到崇高，还能让我们感受到拼搏的快乐和运动的尊严。在《攀登者》这部电影中，登山运动员的每一次遇险和努力，都牵动着观众的心。当看到中国登山队成功登顶珠峰的那一刻，作为观众的

---

① 即独立奥林匹克运动员，指那些因为政治或者战乱等无法代表国家或地区参赛，只能以个人名义参加奥运会的运动员。独立奥林匹克运动员如果获奖，在颁奖仪式中使用国际奥委会会旗和会歌。独立奥林匹克运动员并非源于2016年的里约奥运会，之所以以里约奥运会为例，因为里约奥运是离我们最近的一届奥运会。里约奥运会上，科威特独立奥林匹克运动员阿尔德·汉特在射击项目中获得飞碟多项决赛金牌。

我们也应该能够切身感受到身为中国人的荣誉和尊严。因为我们深知，这些运动员的登顶代表的不仅是他们自己，还有国家以及身为中国人的我们每一个人。从这种意义上讲，当我们作为观众时，审美能够让我们共享运动员的拼搏精神和运动尊严。

本质上，体育首先是关于人身体的教育。因此，在体育中仅作为观众是远远不够的。真正的体育是要求我们每一个人都能参与其中，享受到锻炼身体的快乐和提升技能、磨砺意志的成就感。此外，体育锻炼还能够增进人与人之间的交流和互动，增强协作精神。审美中所涉及的受动力不仅能够在最大范围内让人的感官和世界接触，从而让人感知敏锐，还能通过磨炼人的身体，使人反应敏捷。在体育运动中，受动力能够让人根据临场的实际情况做出最快、最有利的临场反应。以乒乓球为例，球场上，我们在击球时，每一次挥拍都是临场应变。在这种情况下，敏锐的感知力能够让我们迅速做出判断，敏捷的行动力则让我们具有根据判断做出实际行为的能力。经常进行体育锻炼的人，身体素质和反应能力都优于常人，在体育运动之外的生活中也能帮我们规避生活中的一些险境。著名跳水运动员郭晶晶婚后和其夫霍启刚一起过马路时，霍启刚没有注意到一辆大货车正冲过来。郭晶晶常年锻炼，反应极为敏捷，迅速将其夫拽到了路边，两人躲过一劫。因此，无论是在运动场上，还是在生活中，体育锻炼给我们的生活带来意想不到的益处。

但体育并不仅仅是关于身体素质的教育，敏锐的感知、敏捷的反应固然是重要的，但认识能力在体育运动中同样起着重要的作用。无论是乒乓球这样以单人、双人竞技为主的项目，还是在足球、篮球、排球这样的团队比赛中，战略和战术都起到了重要的作用。以足球为例，在一个优秀的球队中，每个运动员个人的风格技能与整个团队的阵型战术应该是相得益彰的。球队中前锋、后卫、中场、守门员的分工与协作都要能够将个体的最大优势发挥出来，同时服务于团体的风格特征。极端突出的个人风格如果不能好好地把握，未必对团队整体有利。例如个人风格极为鲜明的球王马拉多纳在担任教练时，其统领的阿根廷球队便在世界杯赛场上被德国队碾压。从这个案例我们可以看到，冲锋陷阵和统帅三军是有本质区别的，一名优秀的球员未必能成为一名优秀的教练。而多次在世界杯等大赛上取得优异成绩的德国队之所以也被部分球迷指摘，原因之一就是团队能力一流，但有鲜明个人风格的球员似乎并不多[①]。因此，体育赛事绝对不是凭借一腔热血到赛场上去恣意放飞的蛮干，而是体力、智力、意志、美以及其他各种因素的综合较量。

我们再来看马拉多纳的案例。作为球员，马拉多纳是极为成功的，但作为教练，马拉多纳的成就则不尽如人意。事实上，不仅是在足球运动中，在其他体育项目中也如此，一名成功的运动员不等同一名成功的教练员。运动员侧重的是实战能力，而教练员则侧重突破自身肉体的限制，实现知识、技能、经验的传递，还需要能够鼓舞士气，知人善任。因此，从教练员的视角来看，体育不仅和体能有关，还和智能、情感有着高度的关联。

"四两拨千斤"这句话我们都知道。如果体育运动只是蛮干，那么一个人有四两的力气就只能拿四两的东西；一旦与智力联系起来，四两的力气便能发挥千斤的作用。最直观的例子就是撑竿跳了。但"四两"和"千斤"在这里只是比喻，真正的意思是只有经过专业的训练，才能将一个人肉身内的最大潜能激发出来。而专业教练的指导，在必然的层面上，就是四两和千斤这个杠杆上的支点。其实，这个道理不仅适用于体育，各行各业都是如此。那么，就体育而言，教练员或者体育老师是如何实现四两拨千斤的呢？

不知大家是否觉察，在体育运动、科学研究以及我们生活的众多领域，都存在着知行分裂这个极为普遍的现象。体育运动中尤其如此。以足球为例，赛场上奋勇拼搏、年轻气壮的球员和场外满头白发的教练员是球赛中的两道风景。这些领域之所以会有"知行分裂"的现象[②]，是因为人的认识能力与行

---

① 事实上，德国队几乎都是优秀球员。众多优秀球员之间配合协调，交相辉映，因此不能特别突出哪一个人的特点。原因在于团体太过优秀，而并非个人没有风格。

② 这里的"知"与"行"指认识能力和行为能力，不是心学概念。

为能力的发展本身处于一种二律背反的境地。

如果我们把"行"理解为人的行为能力的话，这一能力便取决于具体的人。而每个人的身体素质是不同的，因此行是一个带有很大偶然性的因素。我们在上一节中也提到过，知道在自身的能力范围内，哪些事可为，哪些事不可为是一种人生智慧。如果一个人双腿残疾，我们能够强迫他破一百米冲刺的世界纪录吗？或者他给自己定一个破一百米冲刺世界纪录的目标，我们觉得这算是明智的吗？就算是一个双腿健全的人，一个年近五十的人能跑得过一个大小伙子吗？即使是在同一个人身上，体能也会随着年龄的改变而改变。以著名短跑运动员欧文斯为例，60岁之后的欧文斯能够跑得过巅峰状态的欧文斯吗？

但"知"作为人的认识能力，却是不受年龄限制的。一个自我惕厉的人，其认识能力往往是随着年龄的增长而增长的。以诺贝尔奖为例，诺奖得主的平均年龄接近60岁，其中文学奖的获奖平均年龄达到了65岁，超过了我国的法定退休年龄。因此，当一个人体能处于巅峰的时候，其认识能力未必处于巅峰；而一个人认识能力到达一定的高度时，其体能可能有所衰减。如果是在自然科学研究领域，由于研究的对象是自然界，因此体能的衰退并不会给研究造成太大的障碍，但如果是在人文研究的领域或者是在我们的生活中，体能的衰退必然会对研究和生活产生实际的影响。因此，**体育的重大意义之一在于，个体得以突破肉身的限制，将个体的认识和经验普及到类，以提高类整体的身体素质和行为能力**。这一过程包含着对运动自身的规律、人的发展规律、每个个体特质的深刻认识。我们应该充分认识到从事体育工作的人四肢固然发达，头脑也绝不简单。在抗击新冠疫情战役中做出杰出贡献的钟南山院士生于体育世家，并且年轻时还参加过全运会。英国著名球星贝克汉姆不仅在体坛获得诸多荣誉，退役后和妻子维多利亚经营时尚品牌，打造商业帝国，还有各种荣誉加身。虽然身在名利场，贝克汉姆和维多利亚夫妻二人婚姻稳定，儿女成群，将人生经营至此，难道不是一种高级的智慧吗？

　　此外，在体育运动中，关于体育的认识涉及运动本身的规律，是某种必然之物，但对于参与运动的个体而言，临场考察的不仅是知识、技术、体能，还包括情感、意志等多方面的能力。有些运动员平时训练成绩很好，但临场时受心理因素影响并不能发挥自己的最高水平。而情感、意志等因素并不是认识层面的因素，带有很大的偶然性，因此很难通过课堂教学或者技术训练的方式实现通传。此外，每个人的身体特征各异。从这种意义上来看，体育运动是共性与个性、偶然与必然、法则的一致性与自然的多样性的统一。怎样让必然的、统一的认识和偶然的、多样的情感、意志、个人身体特征等因素在运动中统一协调起来是体育的重要任务。在这种情况下，既能维系法则的统一性，又能保持自然的多样性的美育无疑是最有效的手段。很多优秀的运动员在体育赛事中打动观众的不仅是高超的技术，还有直观的美感。其中最有代表性的运动员之一是俄罗斯体操运动员霍尔金娜。霍尔金娜身形修长苗条[①]，在普通人看来，无疑是赏心悦目的。对于体操选手来说，高挑的身段并不是一个有利的身体条件，但霍尔金娜凭借个人的天分和努力打破了身体条件的限制，不仅取得了优异的成绩，还大幅度延长了体操运动员的职业生涯。霍尔金娜在体操上的成就不仅在于技术上的多个突破，还在于她的每一场比赛都能给人以美的享受，将力与美的融合表现得淋漓尽致。体操在她这里不仅是竞技，也是艺术。霍尔金娜也因为突出的个性和卓越的成就而被评为世纪之交最优秀的运动员之一。

　　我们再来探讨"四两拨千斤"这个问题。在体育运动中涉及的"知"是共性层面的，其中的知识或者技巧可以通过课堂教学、集中培训等方式实现规模化的普及，但"行"更多地涉及个性层面。其中个体的身体素质、情感能力、意志力方面的资质具有很大的偶然性，较难用统一教学培训的方式普及。其实不仅是在体育教学中，任何有着丰富基层教学经验的教师必然有着

---

　　① 霍尔金娜身高一米六四，在体操运动员中，这样的身高算是高挑了。

这样的切身感受：一个班级即使所有的课程都由相同的老师教学，学生的学习效果也是各不相同。因此，教师的教学提供的是必然层面的保障，影响学生学习效果的，还有诸多偶然性的因素。在这种情况下，采用个性化的教学及培训方式才能最大程度地发掘学生的潜质。在体育训练中，鉴赏是在运动中降低心理压力的最有效方式之一。情感能力来自人的感性本性，可以在受动中培养坚韧不拔的精神。至于人的体能，同样可以通过受动的方式有效提高。由于鉴赏和受动作为人的情感能力，都和美育有关。因此，从某种意义上说，在偶然性因素这个杠杆上，美就是"四两"和"千斤"之间的支点。

上文中我们曾经提到，部分运动员在训练中的成绩极为优秀，但临场比赛时往往不能发挥出自己的最佳实力，其中部分原因来自临场时的压力和紧张感，还有对于比赛成果的过度关注。当然，实事求是地说，一个负责任的参赛选手不可能不在意比赛结果，但凡事过犹不及，一旦对结果过度关注，必然会产生巨大的精神压力，以及对可能发生的失误的恐惧。在这种状态下，人自然不可能像在训练中一样，没有得失计较反而能够全身心地投入到过程中去。而鉴赏则是消除这种精神压力的有效途径。因为鉴赏本身带有非功利性，因此通过美这条道路，运动员能够在比赛中看到更多积极的东西，从而将更多注意力放到比赛本身上来。其中的突出代表是日本花样滑冰运动员羽生结弦。央视对他临场表演的解说语为："幸得识卿桃花面，从此阡陌多暖春""翩若惊鸿，婉若游龙"。羽生结弦就是一位典型的参赛型选手，他的临场表演与音乐节奏完全融为一体，仿佛在冰上起舞，让人能够真切地感受到他是在享受比赛。在羽生结弦的表演中，无论是柔若无骨的贝尔曼旋转，还是轻盈灵动的四周跳，都生动地演绎了什么叫作"你必须用尽全力，才能看起来毫不费力"。

此外，人的情感能力在体育运动中也是非常重要的。为什么同一支球队，在主场比赛和客场比赛中的发挥完全不一样？很大程度上就是受到比赛氛围的影响。在有利的氛围中，我们固然能够正常发挥实力，如果氛围对我

恩施大峡谷绝壁上的松树

扎根悬崖峭壁，历经风刀霜剑，才能成就奇观。（拍摄于2016年）

们不利，又该如何呢？从实际情况看，任何人都不能保证比赛的氛围一定是对我们自己有利的，因此，受动力是帮助我们战胜不利氛围影响的最佳途径。因为受动本身便是通过逆境，实现肉体和精神的双重磨砺，增加对世界的感知力、应变力的同时培养坚忍不拔的性格。在这方面最典型的例子是2016年里约奥运会女排半决赛中国对阵荷兰的那一战。当时的赛场氛围对中国女排极为不利，观众席上对中国女排几乎是一片倒彩。[①] 在这种情况下，中国女排顶住压力，丝毫没有受到不良环境气氛的影响，以坚忍不拔的意志和顽强的拼搏精神战胜了荷兰队，成功打入决赛，并最终在决赛中夺得金牌。因此，受动绝对不是逆来顺受，而是通过让人摆脱对有利物质条件的依附，将人的身体和精神的独立性最大程度地发掘出来。我们在第一章讨论过，受动是通向自由的必经之路。经受住了受动的磨砺，精神和肉体自然能顶住一切压力。在体育赛场上，不仅不会受观众倒彩的影响，还能用自己的拼搏折服观众，告诉世界：我才是当之无愧的冠军！

因此，体育虽然以锻炼身体、增进健康为主，但还是涉及认识能力、情感能力等各方面的综合能力，我们决不能将体育简单地理解为力量的比拼。对体育的理解一旦走进这个误区，便有可能造成苏霍姆林斯基指出的这些不良后果："如果少年期单调粗野的动作占了优势，即在这些动作中取得成功的唯一条件就是巨大的体力，这不仅会给人的体格发展，而且给人的智力、情感和美感的发展打上烙印：他不仅笨拙、迟钝，而且还不能理解思想与感情

---

① 喝倒彩的原因是因为当时场上的观众由于文化或者政治等因素对中国存在某些极为愚昧的偏见，并非是中国队在比赛中有过失。

上的一些细腻的东西。"①这对于培养身心协调发展的新时代公民极为不利。在体育教学中，知识和技巧这些必然性因素可以通过认识普及到类；个人身体特点、情感能力等偶然性因素可以通过美将个体的潜能最大程度开发出来，在保持个人特色的前提下，实现全民体质和素质的提升。**美育本身是促进物质和精神和谐依存的教育，将美育渗透体育中，契合了体育的特征和目的，使人身心协调发展，还能促进体育道德。**

在竞技运动的历史上，个别运动员虽然在赛场上取得了荣誉，却由于过度训练或者将全部精力投入到运动场上而忽视了生活的其他方面，造成了身体伤残、个人素质低下、观念迷失等后果。但要说明的是，造成这些不良后果并不是体育运动本身的问题，其中有些是特定历史年代造成，有些是运动员自身性格的问题。如果将夺得奖牌和荣誉视为体育运动的唯一目标，那么运动员自身必将沦为夺牌的工具。在这种情况下人格的异化甚至身体的伤残几乎是不可避免的。因此，任何一个时代，体育道德建设都是体育事业的重要组成部分之一。

新时代的体育当以提升公民身体素质为首要目标。即使是竞技体育，也要坚持以人为本。上文中已经讨论过人的体能与认识能力发展规律的二律背反。当人的体能状态处于巅峰时，智能则可能刚刚开始成熟。当人的智能开始到达一定的高度，体能便有所衰退。运动员虽然体能优于普通人，但也无法逃脱体能和智能发展的二律背反这个规律。事实上，职业运动员的运动生涯是短暂的。当其他职业的从业者事业刚起步，运动员可能已经面临着退役。如果运动员在职业生涯期间，将全部的时间和精力都投入到训练中，必将对文化知识学习、婚恋、就业这些人生中必然会面临的问题造成一些影响。此外，从运动生涯期间的万人瞩目、荣誉傍身，到退役后回归普通人的平淡生活，运动员心理上要承受的落差可能也比其他职业要大。因此，在职业生涯

---

① [苏]苏霍姆林斯基.公民的诞生[M].黄之瑞等，译.北京：教育科学出版社，2002：115.

期间除了训练外，学习文化知识、保持和社会各方面的正常接触、做好心理调整对运动员都是有利的。虽然在竞技运动中必然要经历艰苦的训练，但绝不能让过度训练摧残运动员的健康、割裂运动员的性格。正如席勒所说：

> 不论世界作为一个整体由这种人的能力的分隔培养中获得了多么大的好处，但仍然不能否认，接受这种培养的个体在这种以世界为目的的灾难中仍要蒙受痛苦。[①]

通过体育训练虽然培养了强壮的身体，但是只有通过自由而匀称的运动才能培养肢体的美。同样，个别精神能力的紧张活动可以培养特殊人才，但是只有精神能力的协调提高才能造就幸福和完美的人。

就体育训练中的美育而言，虽然运动员能够给观众带来崇高和振奋，但运动员本身可能更需要优美和融合作为紧张训练的调剂。席勒在《美育书简》中提到的融合性的美类似于优美。它以优美为外在的表征，但本质特点是让人从认识和情感的冲动中松弛下来。这种松弛并不是萎靡不振，而是不受欲望的干扰。例如上文中提到过，部分运动员在训练中能取得优异的成绩，但在临场发挥时往往出现失误，其原因之一就是受到了理性冲动或者感性冲动的干扰。理性的冲动让人在精神上过度亢奋，感性的冲动则让人过度关注比赛的物质结果。而融合性的美能够让人在理性和感性的层面都放松下来，排除那些非必要的冲动，以舒缓、宁静的状态投入到比赛中。在这种情况下，人处于审美的状态，两种冲动相互扬弃，人同时保有了理性和感性的力量，却不受到理性和感性的支配。审美状态中的人已经支配了源于自身的偶然性因素，剩下的就是训练中所获得的必然性因素在起作用了。从这种意义上来看，**美育不仅能让运动员在赛场上发挥自己的最佳状态，也是通往体育道德的必经之路。**

运动员所能支配的只是源于自身的偶然性因素，但不道德的裁判对于

---

① [德]席勒.美育书简[M].徐恒醇，译.北京：社会科学文献出版社，2016：58.

运动员而言却是外在的偶然因素，是运动员自身无法支配也无法改变的。不道德的裁判在赛场上的存在是客观事实。美育并不是万能的，但只要人还保留着对美的向往和热爱，这些不良现象总归会少一些。很多时候运动员即便不能折服裁判，也能折服观众。最好的例子是俄罗斯体操运动员涅莫夫。在2004年雅典奥运会单杠决赛中，涅莫夫做出了一套近乎完美的动作，但最后得分仅为9.725分。裁判的不公引起了全场观众的抗议。迫于压力，裁判不得不将分数改判为9.762分，但仍然不能平息观众的不满。持续的抗议使得比赛被迫中断，在这种情况下，涅莫夫显示出了非凡的胸襟。他回到赛场，向观众挥臂表示感激，同时做出恳请保持安静的手势。观众们折服于涅莫夫的气度，骚动平息下来，比赛得以继续进行。在这场比赛中，涅莫夫虽然错失了奖牌，却赢得了世界。

正如席勒所说：

力量的王国只能通过自然去驯服自然的方式，使社会仅仅成为可能。伦理的王国只能通过使个人的意志服从公共意志的方式，使社会（在道德上）成为必要。只有审美的王国才能使社会成为现实，因为它通过个体的本性去实现整体的意志。需求使人进入社会，理性在他的心中树立起社交的原则，而只有美能赋予他合群的性格。只有审美的趣味能够给社会带来和谐，因为它把和谐建立在个人心中。①

运动的目的在于让身心得到锻炼。有些运动过度沉迷可能对身心造成不利影响。在这里不妨说说我个人的例子。我也是个电竞爱好者，但我每天坚持用各种方式锻炼身体。大学期间我几乎每天出门夜跑。大二，每天晚上跑八百米，到了大三，每天晚上就跑两千米。新时代的大学生青出于蓝而胜于蓝，希望大家能够放下手机，走出寝室和教室，走向操场，跑起来、跳起来、动起来。

---

① [德] 席勒. 美育书简 [M]. 徐恒醇，译. 北京：社会科学文献出版社，2016：209.

其实，经常从事体育运动的好处绝不止于锻炼身体，增进健康。对于普通人来说，**体育是实现德福一致最简单、最直接的途径**。道德是指在生活中指导我们实践的一些原则，这些原则的最终目的是实现我们的自由。人得以实现自由的重要环节在于能够将内在的精神转化为外在的现实，而强健的身体是将精神转化为现实的关键。但内在的精神在转化为外在现实的过程中会遇到很多偶然的、外在的、不可控的因素，因此精神是否能转化为现实不能完全取决于主体自身。但我们的肉体例外。体育运动的最基本目标是锻炼身体、增进健康。这也就意味着体育运动以我们的肉身为基本目标。人是物质和精神的统一体，其中肉体是我们的物质属性。肉体对于精神来说具有客观属性，但这种客观是内在的客观，而不是外在的客观，因为精神是包含在肉身之中的。作为物质事物，肉身同样受偶然性因素的影响，但和肉身之外的其他物质相比，我们的肉体又具有某种必然的属性。因此，如果把德福一致视为物质和精神的统一，那么最容易和我们的精神统一起来的物质依存难道不正是我们的肉身吗？

爱美之心人皆有之。身体是革命的本钱。只要是人，都想要健康，想要变美。而从事体育锻炼是让我们变得健康、美丽的最直接，也是最简易的途径。通过锻炼，我们可以让自己的肉身得到锻炼。只要能够坚持下来，经常从事锻炼的肉体大都比疏懒成性的肉体更加健康也更加匀称，而且通过体育锻炼获得的美是对身心都有益处的。在精神层面，它能够磨砺我们的意志。一个常年运动的人，意志力肯定不会差。在身体层面，通过锻炼而获得的美是苗壮、自然、生气勃勃的。整容同样也能让人变美。只要经济上能够承担，且能够选择安全可靠的整容机构，整容这一行为本身无可厚非。但和整容相比，体育锻炼不仅成本低，而且对我们的身心健康有利而无害，无疑更适合多数。

对于大学生这个群体，体育既能益智，还能让人振奋，从而将其精神能动性充分发挥出来。比如八百米测验。精神能动性的真实体现就是我们能够克服肉体的惰性，让精神无条件地对肉体发布命令："我必须跑八百米，因为这能提高我的身体素质，能让我体型匀称。"在这里，我们的精神就可以认定为是实践理性。如果在八百米测验这件事情上能够让实践理性做我们的主人，我们就通过每天的锻炼，成功地将内在的构想转化成了外在的事实，实现了自由，也就实现了道德。如果我们通过持之以恒的锻炼在测试中考了好成绩，而且还塑身成功，这就是实现了德福一致。

在本节的末尾，真心给包括大学生在内的所有人提个建议：如果条件允许，让我们一起放下手机，离开电脑，暂时不去想繁忙的工作、学业和生活中那些让人烦恼的事，走出寝室、教室、小家庭，走向操场或者广场，跑起来、跳起来、舞起来、动起来吧！

希望大家都能健康、美丽、幸福！

◎答疑篇

问题：被人打了要不要打回去？

（这是生活和网络中经常讨论的一个问题。作为一个武功低微，但略有点实战经验的人，每次看到网上一片打回去的呼声时，我都感到哭笑不得。这些人是不是都以为自个儿或者自家娃是武林至尊，打遍天下无敌手？没听说过武功再高，也怕菜刀吗？不考虑实际情况的武斗就是毫无意义的蛮干，解决不了任何问题还有可能把微不足道的矛盾扩大化。学生在课堂上也提过这个问题，亲戚、朋友、同事也都讨论过这个问题。解答有整合。）

学生：老师，被人打了要不要打回去？

我：（惊呆）……

学生：（期待中）……

我：（身为人师，职责为先。谁能保证这些孩子们某一天不会遇到寻衅滋事的人？和教书育人、授业解惑的天职比起来，强装淑女还真是百无一用的扭捏作态）你是不是被谁打了？告诉老师，老师找你们辅导员一起跟打人的学生谈谈。

学生：没有，就想问问。这问题挺实际的。

我：嗯，的确。打架没什么好玩的。现实生活中的打架跟武侠片里的打架完全不是一回事。拳头打在身上是很疼的，而且法治社会，没有谁愿意被打。到时候打赢了赔钱，打输了进医院，没什么意思的。

学生：可是你总是要我们好好锻炼身体。强身健体不就是为了遇到流氓混混的时候能给他们一个教训吗？

我：嗯，还可以见义勇为，伸张正义，路见不平一声吼，对吧？

学生：（热血沸腾，正义感爆棚）对啊对啊！

我：（内心非常感动）想法很好！可是孩子们，你们打过架吗？

全班同学：没有……

我：（算了，豁出去这张老脸了。为了孩子们的安全，我还得拿自己年少气盛时的经历说教一番）孩子们，说出去你们别笑，我是跟人打过架的……

全班学生：（全体惊愕）啊！

我：你们知道会打架和不会打架之间的区别吗？

全班学生：（兴致勃勃）不知道，老师说说。

我：会打架的人知道自己打不过的时候就不打，但只要一出手，就必定能把对方拿下。不会打架的人不分情况乱出手，惹麻烦不嫌事大，最后稀里糊涂摊上官司赔钱进医院，你们自己说划算不划算？

学生：不划算。

我：所以动手之前先要想想，为什么打架？是不是对方寻衅滋事？如果是，有没有暴力之外的解决手段？比如说先说几句好话，赔个不是。该让的时候就得让，退一步海阔天空。人生在世，谁去跟个混混置气呢？那是不是太贬低自个儿了，你们觉得呢？

学生：有点道理，之前看网上有个帖子，叫作《不跟垃圾人一般见识》，说得好像就是这个理。

我：没错啊，那些闹事的人本身就没责任感，不顾家人老小。要是想着爸妈担心，他们能寻衅滋事吗？所以这种人就是光棍心态。但我们不能啊。我们有爸妈，有朋友闺蜜，没准还有男／女朋友。我们的每一个举动，影响的都不仅是自个儿。万一跟人斗气斗殴，哪里挂彩了，爸妈、朋友、闺蜜心疼不？

学生：我不惹事，可要是别人惹我怎么办？

我：你们有没有武功？

学生：……

我：有武功，那可以试试打回去。我们读书是为了做文明人，但文明人也不是任人欺负的软柿子，该出手时就出手。但也要注意，一招制敌，点到即止。我们的目的不是打人，而是给对方一个教训，免得他今后再寻衅滋事。但还是要说一句，实战和俱乐部里面的训练是完全不一样的。遇到没练过武功但野路子狠的，也不好说。所以，最好的办法还是少去是非之地，不惹是非之人。晚上出门要结伴而行，遇到打劫的破财挡灾。女生如非必要，最好不要在外面逗留到深夜，结伴都不保险。其实在这个问题上，男生也一样。现代社会，男孩子出门也要注意安全。

全班学生：哈哈哈！

我：你们现在年轻气盛，戒之在斗。出门在外一定不要跟人为一两句话的口角争闲气。那种事一点意思都没有。该息事宁人就息事宁人，这不是怂，古训说得好，"宰相肚里能撑船"。遇到闹事的，一笑置之走人的，那是高人。非要争强斗狠的，那就是俗汉了。

学生：（好奇）老师，说了这么多，你有没有被人打过？

我：年轻时候的事就不说了。但是你们想想，只要是打架，你能保证一定就是你打别人？别人就不能打你？只要动起手来，双方气头上，拳头哪里认人？所以我才觉得打架没意思啊。现代社会，除非是在战场上保家卫国，或者在生活中见义勇为，否则一切问题还是用文明手段解决为上策。

　　学生：再讨论一下见义勇为的事。你一会说要见义勇为，一会又说不见义勇为，到底要不要见义勇为？

　　我：我的意思是，做任何事情都要根据实际情况量力而行。好比你不会游泳，看见有人落水了你跟着跳下去有意义吗？这时候就应该赶紧打电话报警求助，然后大声呼救，再看看周围有没有长木棍、树枝之类的东西，能给落水的人搭把手的。

　　再好比你是个身体单薄的女生，看到路边有一群混混寻衅滋事，你要自己亲身去劝架吗？其实遇到这个情况，哪怕你是个身强力壮的男生又如何呢？你一个人打得过一群人？所以还是先找个安全的地方保护好自己，然后报警或者找保安。只要能做到这一点，其实也算是见义勇为啊。

　　还是苏格拉底那句话"认识你自己"。认清你所处的实际情况，然后量力而为。如果我们尽力了但没起到什么作用也没必要自责。所以老师的建议是：先保护好自己，在不给自己造成伤害的情况下尽可能地降低他人的损失就算是尽心尽力了。我可是希望咱们在座的各位都要好好的。

　　学生：老师您放心，我们知道保护自己的。

　　我：（弱弱地）还有啊，我说的打架是小时候的事。老师现在年纪大了，爬几级楼梯都气喘吁吁的，所以你们可别欺负我年老体弱哈。

　　光顾着说打架的事了，还是要记住咱都是文明人。之所以读这么些年书，不就是为了遇事能好好解决吗？我们锻炼身体、学习知识是为了提高自己的身体素质，把自己的知识和体能都花在有意义的事情上。万一遇到什么事情，有保护好自己的能力，但咱可不能欺负别人，记住了吗？

　　全班学生：记住啦！（发自内心地）老师，今后爬楼梯我们帮你拿东西哈。这些出力的事交给我们年轻人尽可以放心，哈哈哈！

　　我：（又感动又怅然若失，孩子们是说我老了吗）好的好的，太感谢啦！（推心置腹）对你们，老师真没什么不放心的。

3. 美育与智育

◎美赋予了人灵魂，让人从自然界中独立出来。

◎美是科学研究和艺术创作的原动力。

◎美的国度不可能排除丑，但一定要排除技术对人文的侵蚀。

◎在科学研究和艺术创作中，想象和逻辑要严守各自的边界。

◎答疑篇（问题：为什么没有快乐教育？）

木兰花慢

（宋）辛弃疾

可怜今夕月，向何处，去悠悠？

是别有人间，那边才见，光影东头？

是天外。空汗漫，但长风浩浩送中秋？

飞镜无根谁系？姮娥不嫁谁留？

谓经海底问无由，恍惚使人愁。

怕万里长鲸，纵横触破，玉殿琼楼。

虾蟆故堪浴水，问云何玉兔解沉浮？

若道都齐无恙，云何渐渐如钩？

古往今来，月亮激发了人们多少想象，又寄托了人们多少情思。思念故土时，李白写下"举头望明月，低头思故乡"；怀念亲人时，苏轼写下"但愿人长久，千里共婵娟"。莱茵河畔的茅屋里，月光从贝多芬的手指间涌出，让盲女仿佛看到了海面上的粼粼波光。凡·高的画中，万象巡天，星河翻腾，月亮是宇宙旋涡边的一盏暖灯，给画家无处安放的喷薄奔涌的激情洒下几许宁静的微光。

说到这里，大家可能疑惑："我们不是要讨论美和智育的关系吗？怎么先说起诗来了？"提到智育，大家首先都会想到科学研究，但文艺创作难道不是智育吗？真正优秀的文艺作品要能够直指人心，既能给众生以欢乐，又能担负起众生的血泪。所以文艺创作当然和智育有关。科学和艺术从来都不是泾渭分明、互不相关的领域，而是有着千丝万缕的联系。人类历史上很多优秀的科学家都有着卓越的艺术天分，很多艺术家也同样能够从事科学研究，主持技术工程。这一现象在科学和职业精密划分之前尤为常见。例如：达·芬奇不仅是画家，也是科学家和工程师。苏轼不仅是文学家，也主持过苏堤这样的水利工程项目。《梦溪笔谈》不仅是科学著作，也是清新、简练的散文佳作。康德不仅是德国古典哲学创始人，还提出过星云说这样的天文理论。正如席勒所说："在精神力量的那种美的觉醒中，感性和精神还没有严格地区别而成相互敌对又界限分明的不同领域。诗还没有去机取巧，思辨还没有堕落为吹毛求疵。它们必要时可以互换其职，因为两者都只是以其自身的方式推崇真理。"[①]无论是屈原的《天问》，还是张若虚的《春江花月夜》，都用诗歌的优美语言和浪漫想象提出了关于宇宙起源、人生意义等充满了科学和哲思的问题。无论是高斯的正十七边星，还是爱因斯坦的质能方程，都用简约和谐的科学语言直观地表达了自然规律中蕴含的至美。

正十七边星

高斯在大学期间用尺规绘制正十七边形的故事我们都知道。正十七边形外观接近一个正圆，绘制过程中出现的正十七边星更能直观地展现其结构的精巧、匀称、优美。

我们再来看开头的那首《木兰花慢》。王国维评价其词句，"可怜今夕月，向何处，去悠悠？是别有人间，那边才见，光景东头"，认为"词人想象，直悟月轮绕地之理，与科学家密合，可谓神悟"的结论。在我国当代，率先大力推广诗教，提倡中华诗词进校园的杨叔子先生也是中国科学院院士。

事实上，看久了月亮不仅会成为诗人，也会成为科学家。人类为什么要登月，又为什么要探索宇宙？最初始的原因不就是被那日月盈仄、斗转星移

---

① [德] 席勒. 美育书简 [M]. 徐恒醇，译. 北京：社会科学文献出版社，2016：52.

的浩瀚苍穹所吸引吗？当我们的先祖在一片洪荒里仰望星空时，美的幼芽便悄然从原始的欲望中生长、超脱出来。世界对人类的意义不再是仅仅用来满足物质生存。人类开始具有了静观的能力，这种能力让人从自然界中独立出来。**在美面前，人摆脱了动物性本能的支配，具有了享受逻辑思维和细腻情感的能力，使得科学研究和艺术创作成为可能。从这种意义上来看，美赋予了人类灵魂。**

如果我说的这些还不够让人信服，让我们看看那些怀抱中的幼儿。他们的头脑里尚未形成概念，可是却对这个世界有着多少好奇啊。太阳、月亮、星星、蓝天、白云、红花、绿草、蝴蝶、小鸟……身边的万事万物在他们眼里都充满了奇趣。待到蹒跚学步时，他们又能提出很多让大人们都不知该如何解答的问题。

"为什么每天都有娃娃？为什么今天没有昨天的娃娃？"当孩子还不会说"我"的时候，他们便已经洞察到了时间的流逝。在人类尚未被贪欲侵扰的幼年时期，他们关注到了多少被身心疲惫的成年人所漠视的东西。[①] 看到一朵美丽的鲜花，孩子们会露出开心的笑容；看到肮脏丑恶的事物，孩子们会背转身去。这难道不是美赋予人灵魂的最好证明吗？

美给人的灵魂注入了好奇心和想象力。因为有了这两样东西，人类得以有了超出生存基本需要之外的高级欲求。人类不仅能够从物质欲望中获得享受，还能够从精神本身获得享受。物质欲求是人作为生物的基本属性，精神欲求则是人从自然界中独立出来的证明。在自然界的所有生物中，唯有人是物质和精神的统一。物质属性，是我们和大地的联系；精神属性，让我们能够飞向遥远的星空。正如席勒所说的："当人只是感觉到自然的时候，他是自然的奴隶；一旦他思考自然的时候，人就成了自然的立法者了。自然原来是

---

① 这里只是讲述一个客观事实，绝不是指责成年人。事实上，如果没有成年人身心疲惫的付出，就没有人能够给孩子们撑起不被贪欲侵扰的、无忧无虑的童年。

作为一种力量支配着人，现在在人的眼前却成了一个对象。"① 能够让我们把自然从物质欲望里推开，作为一个对象来静观的正是美。

还是用月亮做例子吧。当一个孩童看到月亮的阴晴圆缺时，他考虑到的是它的效用还是它的美和神奇呢？"月下飞天镜，云生结海楼。"因为月亮那遥不可及的万里清辉，它在人们心中唤起了无尽的想象力；"江畔何人初见月，江月何年初照人？"因为月亮亘古不变的阴晴圆缺，它在人们心中激发了强烈的好奇心。前者让我们有了艺术，后者让我们有了科学，但无论是科学还是艺术，它们最初的出发点都是美。因此，从这个意义上讲，**美是科学研究和艺术创作的原动力**。今天人类文明所取得的物质和精神成就，都是在通往美这个自由国度的路上所收获的馈赠。

大家可能有疑问："如果是人类文明的发展就是向美这个自由国度迈进，那为什么我们身边的丑恶现象并不少见呢？疾病、死亡、犯罪，还有很多不文明的社会现象。难道美的国度里面也包含这些吗？"

我们在讲美育的时候提到过，如果把美育视同为关于鉴赏力教育的话，怎样去对待鉴赏的结果便是美育中最重要的一部分。鉴赏的结果可能仅仅为美吗？无论是从辩证法还是从常识来看，都是不可能的。事实上，美是生活中的惊喜，正因为稀缺所以才宝贵。而丑，作为美的对立面，虽然未必很常见，但也必定是存在的。因此，教人们怎样去面对丑也是美育中极为重要的一部分。从某种意义上讲，懂得怎样去恰如其分地对待丑可能比知道怎样享受美更重要，因为宇宙浩瀚。

自然科学只负责探索规律，发现原理，不负责对这些规律或者原理做出善恶美丑的评价。也就是说，发现规律、探索原理是自然科学的事，对这些规律做出评价，决定该如何应用，则是人文科学的事。二者的界限一旦混淆，很有可能在现实世界中酿成恶果。对于人类来说，审美判断是人类自由的证

---

① ［德］席勒．美育书简 [M]．徐恒醇，译．北京：社会科学文献出版社，2016：185.

明。在美这个自由国度里，用技术手段入侵人文目标是对自由这个人类为之奋斗的最终目标的彻底背离。因此，**美的国度不可能排除丑，但一定要排除技术对人文的侵蚀。**

但这和科学的目标丝毫不会产生矛盾，也丝毫不会改变美是激发人们从事科学研究的原动力这一事实。实际上，技术是科学在现实世界中的应用，而美则是科学研究的原动力。美与科学、艺术、技术之间是一个金字塔式的关系（图2-3）。

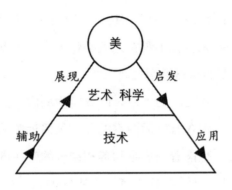

图 2-3 美与科学、艺术、技术的关系

从图中，我们可以直观地看到，美与科学、艺术、技术之间是一个从上到下的关系。巅峰上的美是人类文明的灵魂。美就像光，开启人类的智慧，带领人类走出鸿蒙中的长夜。关于这一点，古今中外在对那些开启民智的最杰出人物的描述中都有着极为形象的表达。中国人认为"天不生仲尼，万古如长夜"，西方人则说"上帝创造了牛顿，然后世界有了光明"。

当然，美是完全不排斥技术作为艺术创作的辅助手段的。在当代的艺术创作中便应用到了很多科技手段，给人耳目一新的审美体验。例如2021年春晚的虚拟歌手洛天依便给很多小朋友带来了惊喜。其实何止是小朋友，我这个大人也看得津津有味。我个人认为这一类型的节目带给人们的全新视听体验是不分年龄的，但我们应该认识到，技术手段是用来辅助表现美的，但到底美不美却取决于人的自主判断。如果一个小朋友觉得洛天依不美，我们能够通过给他打针、吃药、电击等技术手段来改变他的激素分泌、脑电波频率，让他觉得洛天依美吗？讲到这里，大家是不是感觉像是误入了恐怖片？这已经不是美不美的问题了，而是对人类自由底线的粗暴践踏，违反了一切人道主义的基本原则。这个毫不优美的恐怖故事恰好也给审美判断是人类自由的底线做出了一个最好的消极证明。因此，美并不排斥技术，技术还可以作为美的有效辅助手段，但美的判断必须取决于审美主体，没有任何个人或者团体有权采用任何技术手段去强制人们做出完全符合某个特定标准的审美判断。① 从人类文明的整体来看，如果用技术手段去评价美或者判断美，岂不是将人类文明的金字塔本末倒置了吗？人类必将失去作为万物之灵最本质的东西，而科学和技术必然也会逐渐消亡。

关于美、科学、技术之间的关系，以数学为例做一分析：一般认为数学是抽象的，因此是距离包含着鲜活内容的美的最遥远领域之一，但即便是在纯粹抽象思辨的领域，也能看到思维和美相结合的鲜活事例，高斯的正十七边星就是最好的证明。即便是对几何一无所知的人，也必定惊叹折服于正十七边星的优美、和谐、匀称、精巧。当然，在绘制正十七边星的过程中，高斯也必须遵循数理逻辑的规则，但灵感在其中起到的牵引作用是不可忽视的。

人的思想和情感是相互影响的，但过去人们认为，在科学研究领域，思想和情感是有先后之分的。当逻辑起作用的时候，情感是空白的；当情感享受到思维的喜悦时，逻辑已经结束。对此，就连美育之父席勒都认为，思维和感觉只有在审美的时候才能和谐共处，而在认识真理时，则必须抛弃感性世界。席勒并不否认思想也会触动内在的感觉，逻辑和道德的统一会变成感

---

① 在这里之所以没有提到权力手段，是因为权力手段是不可能改变人们的审美判断的。我们可以为了恭维、奉承或者打发别人，言不由衷地随便夸赞几句，但谁也改变不了我们内心认为这个人很丑的真实判断。而技术手段却能够改变人的真实想法与感受，因此，权力机构一旦掌握了科技，或者科研部门一旦拥有了权力，对技术的具体应用就要慎之又慎，否则就有可能造成人道主义灾难。

性上和谐的情感，但他认为，在这种情况下，是活动着的精神触动了受动状态中的情感，因此是思想在先，感觉在后。对此，席勒明确提出："在我们享受认识的快乐时，我们不难区分从活动到受动的推移，并且清醒地意识到，后者开始时前者就结束了。"[1]

在科学研究的领域，情感和逻辑并不是秩序井然、先后互斥的。即使是在纯粹数理研究领域，直觉和逻辑也是互相牵引的。直觉，也就是人们经常提到的灵感，在研究中有时能起到至关重要的作用。不知大家有没有过几次灵感爆发的经历？即当我们面临某个问题的时候，哪怕是纯粹的数学问题，有时大脑尚未思考，直觉就已经牵引着我们直指答案，而且这些答案事后往往被证明是正确的。著名数学家拉马努金就是最好实例。当然，我们最熟悉的直觉牵引着科学研究的案例可能还是"贪吃蛇"苯分子结构的故事。在苯的分子结构被发现之前，人们已经知道了苯分子的分子式为 C_6H_6，但碳原子和氢原子是以何种方式结合却依旧是个谜。当时的众多化学家都被这个问题困扰。德国化学家凯库勒在研究时，有一晚梦到一条首尾衔接的蛇，因此受到了启发，提出碳原子可能以碳链的形式首尾连接起来成环，从而得出了苯环的结构，后来人们通过实验证明了这一结构的正确。在这些案例里，我们怎么能够说真理是完全排斥感觉的呢？

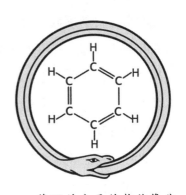

苯环的分子结构就像北欧神话中的首尾衔接的"尘世巨蟒"。

但由于直觉如何在科学研究中起作用目前还是个谜，而且直觉本身有着难以通传、无法捕捉的特点，因此往往被我们忽视。白居易的一首朦胧诗很形象地描述了直觉的特征：

---

[1]　[德]席勒.美育书简[M].徐恒醇，译.北京：社会科学文献出版社，2016：186.

> 花非花，雾非雾。夜半来，天明去。
> 来如春梦了无痕，去似朝云无觅处。

这样看，直觉是不是很美？事实上，直觉本来便包含在鉴赏中，是审美力的重要构成部分，因此美育是提升人的直觉最直接有效的方式。让直觉更加敏锐，从而使人更具洞察力，是美育的基本目标之一。因此，美育对促进人的智育发展有着巨大的帮助。

从受动的层面看，美育还能够通过扩大感官跟世界的接触面，让感官从那些被人们司空见惯的普遍现象中捕捉到背后蕴含的法则与真理。例如，启发牛顿发现万有引力定律的，只是一个普通的苹果。从一个苹果的落地到宇宙间最普遍的法则，我们是不是能够深切地感到"一花一世界，一叶一乾坤"绝对不是夸大其词？

在自然科学领域，我们大都是从规律和原理的角度来认识和改造世界。但人非草木，都是有情感和血肉的。疾病、死亡、自然灾害、犯罪以及不文明社会现象，在人文主义的角度我们可以认为它们是丑恶的。正是因为人们热爱美，所以才会排斥和抗拒这些丑恶现象，因此人类发展出了医疗、法律、道德来对抗和制约这些丑恶现象。鉴赏不仅能在受动层面让感官最大限度地接触世界，还能够从能动层面让精神对世界保持最大的独立性。只有当精神能够从物质依存中独立出来，人才不只是被动地感受世界，才能够和世界保持一定的距离去静观。当人只是被动地感受世界时，世界对人来说是一片毫无规律的混沌；当人能够保持距离去静观世界的时候，人才具有了思考世界的能力。这时候，世界对人来说变成了对象。当人的思维成熟到了一定的程度，得以通过自己的先天认识能力去解释自然时，人开始为自然立法。当人类从自然界纷繁复杂的现象背后发现了某些必然的规律时，自然在人这里便从一片混沌的偶然变成了必然。人们了解了寒来暑往、季节更替，便有了春耕夏播、秋收冬藏。正如黑格尔所说，自由是对必然的认识。当人类认识了必然的自然规律并善加利用时，便战胜了自然，获得了某种程度上的自由。

　　如果说春耕夏播、秋收冬藏还和人类的物质欲求有一定关系，那么人类九天揽月、五洋捉鳖的梦想则是完全超出了基本生存需要之外的高级欲求了。这种高级欲求在艺术领域诞生了无数的神话传说、文艺作品，在科技领域则让我们领受到了现代科技所带来的一切便利。比如手机，从触摸屏、芯片这些硬件到各种 App 软件，一部小小的手机浓缩了几千年人类文明的精华。如果没有北斗导航，我们的手机便没有定位功能；如果不懂得材料物理，就没有今天的高性能触摸屏；如果没有光电科技，就做不出好的芯片……不一而足。而这些科学技术是一夜之间爆发的吗？显然不是。如果没有我们的先祖仰望星空，记录日月盈仄、斗转星移，就不会有今天的天文学；如果没有古人丈量土地、结绳记事，也就不会有今天的几何与代数；如果没有古代的炼丹师、炼金术士用各种方法尝试在元素间进行转换，也就不会有今天的物理化学。而当人类的先祖在洪荒大陆上仰望星空时，他们会想到几千年后的今天会有一种叫作"手机"的事物吗？他们这样做固然是出于生存的需求，可也未尝不是出于对苍茫天地间的日月星辰、风雨雷电等自然现象所产生的惊奇。在美唤醒了人的灵魂，让人具有了思考自然的能力后，人开始寻找隐藏在看似偶然的自然现象后的某种必然规律，在孜孜求索的道路上诞生了自然科学。我们今天所能享有的一切文明成果都是人类在通往美这个自由国度的路上收获的馈赠。

　　美是艺术的原动力，一切艺术作品给人最直观的感受就是美。艺术的本质是审美显现，是感官从自然界中取材，然后用想象力安排后的产物。艺术最本质的表现形式是时间和空间。雕塑、绘画是空间的艺术，音乐是时间的艺术，而舞蹈、戏剧、小说、诗歌则既是时间的艺术也是空间的艺术。从表现形式来看，雕塑、绘画、戏剧、舞蹈、音乐给人带来的是直接的感官享受，而诗歌、小说则需要人用想象力去欣赏。例如王维的作品被誉为"诗中有画，画中有诗"。诗歌和画作是不同的艺术表现形式，诗歌是文字的艺术，绘画则是图像的艺术。如果想要从文字中生成图像，就必须借助人的想象力。特别是中国的格律诗词。中国的格律诗词不仅是文字的艺术，还是声音和视觉的艺术。从形式上看，中国古典诗词构成了形式规整的矩阵，有着天然和谐的建筑美；从音韵来看，中国格律诗词平仄交错，音韵铿锵，吟诵起来有天然的乐感；而诗词中所蕴含的意境，更是回味悠长。以王维的诗句为例："明月松间照，清泉石上流。"用词简练，画面疏朗，境界高远；"大漠孤烟直，长河落日圆。"同样用词简练，画面辽阔，以大漠长河为背景，抽去了细节，只保留能给人以最鲜明印象的孤烟和落日，整体意象和印象画派的作品神似，更显洗练。诗人的神来之笔由此可见。如果缺乏对生活的感知力和崇高的审美修养，又怎能如此形象地表达出这样苍莽辽远的意境呢？从这些诗句可以看出，真正的佳作遣词都极为质朴，绝无浮华的辞藻堆砌。诗中有物，便包含了形象，触发了读者的情感，诗句便在读者这里获得了生命，这恰好符合席勒对美所作出的"活的形象"这一定义。我们也可以看出，美是超越时空界限的，古今中外最卓越的艺术家对美的表达虽然各有千秋，但关于美最本质的理解却有着高度的相似之处。

现在，我们大概都能认同科学和艺术是美的两个"女儿"，美在人心中唤起的惊奇和想象是她们的原动力。但要注意，虽然科学和艺术同出一源，但绝不意味着她们之间能够完全对等。科学以真理为目的，艺术却以美为目的。真理是某种绝对之物，不以人的主观意志为转移，美却是随着审美主体的不同而不同，一千个人心中可以有一千个哈姆雷特。在科学研究中，虽然需要灵感的牵引，但必须以客观事物为起点，在研究中遵循逻辑的原则。而艺术创作虽然取材于现实，并且在创作过程中还可能使用到某些科技手段，但在创作中恰如其分地放飞想象力是至关重要的。

科学研究如果不以客观事物为起点，研究必然陷入针尖上的天使这样的逻辑游戏。整个研究必将变成没有现实依据的空中楼阁。即便是弦理论、超弦理论这样看似和现实世界没有太大关系的理论研究，同样也是试图解释我们所处的这个宇宙的基本构成，并且也是需要实验来验证的，否则只能认定为一种假设。在科学研究的过程中，更不能以想象力代替逻辑，否则必然导致某些意想不到的不良后果。以鲁迅先生早年在日本学医期间的故事为例。鲁迅先生有一次在画手臂血管的时候，将一条血管移了位置。任课教师藤野先生将他叫到研究室，告诉他，虽然这样画看起来好看一些，但解剖图不是美术，必须按照实物来画。从这个事例中我们可以看到，在自然科学领域，我们是不能按照自己的审美标准来改变现实的。当然，在鲁迅先生的这个故事中，他是记得那条血管的真实位置的，但万一有人真的在科学研究中混淆了真实和艺术的边界，便有可能在实践中造成灾难。

艺术则不然，艺术虽然取材于现实，但真正的魅力在于艺术家的想象。艺术源于现实但高于现实。在以优美和谐而著称的古典艺术作品中，达·芬奇的蒙娜丽莎虽然是真人肖像画，但他捕捉到了一位少妇早春二月般一丝飘忽的微笑，开启了艺术史上的新时代。米开朗琪罗的雕塑和绘画虽然从形象上和真人无异，但现实世界中哪个人有米开朗琪罗作品中的人物那呼之欲出的力量和凝重的深沉呢？再看李白的诗句："明月出天山，苍茫云海间。长风几万里，吹度玉门关。"难道我们一定要用现代科学去论证地球上的风是吹不动太空中的月亮吗？我们从诗中看到的是苍茫辽阔的气象和大好的河山。如果艺术只是对生活的拙劣模仿，这个世界该有多么无趣啊。如果再让逻辑入侵到艺术领域，世界该变得多么刻板。生活本来已经疲惫，只有在艺术的世界里我们用不着循规蹈矩，可以自由地放飞想象，让身心得到放松，这难道不是美对我们的最好馈赠吗？

但要注意的是，艺术不可代入现实。我们之所以能够在艺术的世界里尽情放飞自我，是因为艺术是审美的产物，它跟真理、道德都没有直接关系，因此既不会危害真理也不会危害道德。我们在审美中的放飞自我只是精神的放飞，因此不会对现实世界产生任何危害。好比说我在自己家里听音乐、看电影，只要我没有噪音扰民，无论我有多么如痴如醉、似傻如狂，这种行为都局限在我自己的绝对私人领域，既没有打扰到其他人，也没有对社会产生任何危害，因此是合理的。但这种放飞自我的行为一旦进入现实世界，就可能造成危害。我们不能在上班或者上课的时间听音乐、看电影，这样耽误了我们的工作和学习。即使我们在自己寝室里听音乐、看电视，如果别的同学都休息了，我们却如痴如醉，跟着剧情一会哈哈大笑，一会痛哭流涕，这样必然打扰到其他同学的正常起居作息。这些行为都是艺术欣赏入侵现实带来的危害。艺术创作同理。这就是行为艺术为什么会受到质疑的重要原因之一。举个例子：欧洲的某些素食者为了抗议人们食用肉类，装扮成屠宰场里动物在大街上抗议，美其名曰"行为艺术"。当然，如果不是在上下班高峰期，没有妨碍交通还好，但如果赶上上下班高峰期，遇到这样一群人在路上一堵，我想谁都不想要这样的艺术，再者这到底能不能算艺术？在我看来，一旦对现实造成了危害，那就不能算是艺术了，因为这违背了艺术给人美的享受、让人放松身心这一原初目的。

因此，**在科学研究和艺术创作中，想象和逻辑要严守各自的边界**。想象力既能作为科学又能作为艺术的原动力，但在科学研究领域，虽然直觉能够牵引逻辑，但整个研究都必须严守逻辑的流程，不能让想象力代替逻辑立法。而在艺术创作领域，想象力既是原动力，也有立法权。但要注意，艺术创作并不排斥逻辑，优秀的艺术作品不仅充满了丰富的想象力，也有着巧妙的逻辑结构。例如《百年孤独》《解忧杂货店》这样的小说作品，虽然想象力在其中起到了重要的作用，但作品本身结构精妙，前者是大环扣小环的结构，后者是多个平行空间相交的结构，故事情节在逻辑上都是完全自洽的。凡·高的《星夜》里，汹涌的情感似乎要从画面中激荡出来，但构图有着巧妙的均衡协调感，并不是杂乱无章。逻辑均衡了激情，因此不是精神病人疯狂的手舞足蹈，而是艺术家戴着镣铐起舞。

路漫漫其修远兮，吾将上下而求索。希望大家终其一生都不要在探索的路上停滞不前，切勿让大学阶段成为我们学习的终点。事实上，在我们漫长的人生路上，大学阶段的学习只不过是一个新的起点。我们在校期间习得的一切知识、理论都是为能够切实指导我们的工作和生活做准备的。纸上得来终觉浅，绝知此事要躬行。人生这本包罗万象的书里还有很多的惊奇和美等着我们去探索、发现。愿大家都能用自己的聪明才智活出自己的美好人生。

◎ 答疑篇

问题： 为什么没有快乐教育？

（这是学生在课堂上提出的真实问题。解答中包含了随堂讨论和我课后的思考。）

学生：您说科学和艺术都是美的"女儿"，为什么我学习的时候感觉不到美啊？（发自内心地）很多时候不仅不美还很枯燥。做高数、背单词，脑袋都要炸裂了，一点都不美啊。这是为什么呢？不是有快乐教育吗？

我：学习为什么痛苦我待会跟你说。你说的快乐教育是什么？教育学里似乎没有这个概念。你是从小说里还是从网上看到的？能举个例子吗？

学生：嗯，在美国一家幼儿园，有个小孩有剪纸的特长。这个幼儿园的老师发现了她这个特长，就特地给这个孩子请了老师教她剪纸。我觉得这应该算是吧。学校特别照顾小孩子。这种教育应该挺快乐的。

我：我不知道这是不是真的，不过挺有趣的，就当是真的吧。那我们一起讨论一下。

首先，这个幼儿园有多少个孩子？是只有这个孩子有特长，还是所有的孩子都有特长？

学生：应该是所有的孩子都有特长吧。我们小时候都上过特长班，美国应该也差不多。

我：既然每个孩子都有特长，幼儿园是不是应该给每个孩子都请一位特长老师？为什么只给这个孩子请老师呢？大家都有特长，那你们希望学校为你们中的哪一个特地请一位特长培训老师呢？

学生：（异口同声）要请就都请！要么就都不请！

我：对啊，如果幼儿园因为这个孩子有剪纸特长而专门给她请一位老师，那么对其他孩子公平吗？教育的公平体现在哪里呢？再者，下课了你们是希望能休息一下还是我特地再给你们辅导一小时？

学生：（强烈抗议）不行！食堂里好吃的菜都被抢光了！

我：所以你们觉得这种教育快乐吗？

学生：不！快！乐！

我：再说说学习为什么有时候很痛苦。之前讲过美带给人自由，受动是通往自由的必经之路。

学生：记得。我们现在起早上自习比以前强多了。

我：不错！你们起早的时候克服的是肉体的痛苦，通过这种磨砺，你们的肉体变强了。而学习磨砺的是我们的精神，精神不经过打磨，怎么能够扩大它的深度和广度呢？所以，如果大家在学习中感受到了痛苦，说明我们已经触及了自认识薄弱地带，并且正在打磨我们的思维，这是个好事啊。

学生：听您说是挺轻松，可是背起单词来实在头疼啊！

我：知道，老师也是从学生过来的。你们现在正在经历的老师都经历过。但你们赶上了好时代，现代科技这么发达，如果能好好利用，真的能给学习很大的帮助。在这里可以教你们一点小诀窍。如果单词记不住，就试着把它跟你们的现实生活关联起来。

举个例子。20世纪80—90年代初的英语课本，都是白纸黑字，连配图都没有，单词只能死记硬背。好比 hamburger 这个单词吧，我们只知道它的意思是一种叫作"汉堡包"的食物，但这种食物长什么样，吃起来什么味道完全不知道，而且想都想不出来。在这种情况下，我就算靠死记硬背记住了 hamburger 的拼写和读音，你们说说看，这个词是我的吗？

学生：不是。说不出来哪里不对劲，但好像真的不是。

我：说得对，这种情况下这个词当然不是我的。它是属于书本的。之所以不是我的是因为它根本就不存在于我的生活中，除了考试之外再没有别的用途。

但是你们现在赶上了好时代。现在你们拿个手机什么查不到？出门转一圈什么买不到？事物都存在于你们的生活中。单词也一样，看到课本上出现的某个单词，联想一下它在你们生活中的位置。不知道就上网查，图片、读音，只要你们愿意，没有查不到的。

学生：说得对。今后试试看。

我：所以在学习中要做有心人。你们现在坐享了现代科技的很多便利，但是你知道你们跟我以前比起来，现在吃亏在什么地方吗？

学生：没想过呢，老师说说。

我：你们现在诱惑太多。我读书的时候，没有这么多的物质诱惑，所以坐在教室里一心一意地背单词也是乐趣。即使那个单词不在我的生活中，我也能把它牢牢记住。不像现在，很多东西在我的生活中都懒得记。有时候我自己拿个手机想查点资料，一不小心就点开这个游戏、那个视频，然后就把查资料的事忘了。

所以啊，你们这些"00后"的大学生，怎样在一个物质高度发达的年代，克服诱惑，专注于那些在学习中看起来枯燥的事情，才是认识能力面临的真正挑战。要知道，跟走出肉体的舒适区比起来，走出精神的舒适区更不容易。

学生：可是为什么非要走出舒适区啊？快快乐乐地学习不行吗？

我：在学习工作中，可以快快乐乐地入门，但是想要做到精深，不吃点苦是不可能的。要是学习那么容易，那不是人人都考满分了？要是这样的话，满分还值钱吗？

学生：老师，你不要把生活说得这样残酷！满分都不值钱了，那我们这些考不了满分的怎么办啊！（泪在飞）

我：老师错了，不哭不哭……生活不容易，可是也没那么残酷。人是多面的，可能我英语不好，可是数学棒。可能我不善言辞，但是生活能力强，做事勤快。每个人肯定都有自己不擅长的地方，但也肯定有自己擅长的事。不擅长的达标就行，擅长的事就好好努力。如果是做自己擅长的事，哪怕吃点苦，大家也愿意吧。

学生：嗯，愿意！

我：（敲桌子，语重心长）艰苦是工作和学习尊严的真正体现。

当我们在学习或者工作中感到痛苦时，我们应该感到庆幸，只有在这个时候我们才触及了学习或者工作中的实质问题以及自身认识或者情感能力的真实短板。痛苦是必然的。

当然，劳动无贵贱。但无论在哪个行业，无论在工作中还是生活中，能够真正做好的都是极少数。

学习中的痛苦意味着我们正在拓宽自己的认识边界，实现认识和情感能力的真正提升。工作中的痛苦意味着我们正在突破自己的职业壁垒，实现从学生或者外行到职业人的身份蜕变。不然古人为什么说隔行如隔山呢？如果每一工作任何人都能做好，随随便便都能做好，那么我们的职业价值与尊严又从哪里体现呢？

这里要说说效率，这就涉及一个"你只是看起来勤奋"的现象。我们知道很多人在学习或者工作中从早忙到晚，但是学习效果一般，工作成效一般，就连生活都是一地鸡毛。那么，辛苦、勤奋错了吗？人不该吃苦耐劳吗？

人的确应该吃苦耐劳，但是有时候我们的勤奋却用错了地方。当我们去自习时，我们不过是把自己已经会做的题目重复再做一百遍，却不愿意碰触那些我们真正不会做的难题。而且，当我们反复做这些自己已经会做的题目时，我们有尝试从题目中总结规律吗？能够将规律应用于同类别的题型吗？甚至从中总结出某些学习规律，以提高我们的学习效率吗？如果不能的话，这样的努力只能给我们的认识画地为牢，有什么意义呢？考试可能只考我们做的那些题目吗？更何况，做题是为了习得知识，提高能力，以解决我们生活中的实际问题。生活中的任何一个情景是可能重复的吗？

其实我们只不过是用肉体的辛劳掩盖精神上的好逸恶劳。何况，在自习室里把自己已经会做的题目重复一百遍在肉体上会有多辛苦？苦得过工厂里的工人、农田里的农民吗？而我们的精神肯定是轻松的，因为做我们已经会做的题目不用动脑子啊！而我们又放不下身段向其他人请教那些我们真正不会做的难题，情感层面并没有实现自我突破。

归根到底，我们还是选了一条最轻松的路。

如果是这样，我建议大家还是回寝室好好睡一觉吧！给自己省些字纸，给寝室、学校、家庭省点水电费。睡醒了，打起精神，直面那些让我们觉得最痛苦的难题，如此才能够实现认识的提升和能力的飞跃。

4. 美育与劳动

◎中华民族是勤劳、勇敢、善良的民族，劳动情怀植根于每个中国人心中。

◎劳动是将内在的自由转化为客观现实的唯一途径，因此劳动创造美。

◎世界同样对精神有所反馈，人因而得以拓宽认识和情感的深度与广度。

◎宋代诗歌中的劳动情怀值得今天的人们学习。

◎知识分子切勿养成好逸恶劳、轻视体力劳动者的毛病。

◎劳动最美丽。

◎答疑篇（问题：为什么别人正在劳动时不要在一旁参禅？）

中华民族是勤劳、勇敢、善良的民族。这句话可能每个中国人都从小听到大，熟悉到让我们不以为然。这是因为我们都是中国人，劳动情怀植根于我们每个人心里。劳动对每个中国人而言都是天经地义的事，以至于我们早就习以为常。其实，只要和其他文化做个对比，差距一目了然。在我们的神话传说里，有女娲补天、后羿射日、神农尝百草、后稷事农耕、燧人取火、大禹治水等。当奥林匹斯山上的诸神在饮酒作乐、杀伐征战，还有在各种浪漫的恋情中挥霍着永恒的青春时，中华民族的神灵和先祖辗转于高山荒漠，躬耕于田间地头。他们不嗜杀、不纵欲、不掠夺，为天下苍生的衣食饱暖而奔忙。

如果说神话终不可考，那么民间传说或许更能反映出中国人对劳动的深厚情感和高度尊重。埃及的金字塔只留下了法老的名字，雅典卫城只记住了总工程师菲狄亚斯，那开凿、搬运石块的奴隶都湮没在了历史的洪流中。同样位列世界八大奇迹的万里长城留给中国人的却是孟姜女的传说。孟姜女的真实身份早已无从考证，但有一点是肯定的，她和其夫范喜良都是普通的劳动人民。巍峨的万里长城，不仅让人记住了秦始皇的丰功伟业，也将一对普通劳动夫妇的汗水和血泪深深撰刻在每一块长城的砖石里。这难道不是中国人尊重情感、尊重劳动的最好证明吗？

在社会主义新时代，每个中国人的社会分工不同，但身份都只有一个，那就是劳动人民。劳动情怀赋予了中国人自强不息的精神。灾难当头，中国人不祈求上帝，而是靠智慧和勤劳改变命运。这在上古神话和当代艺术作品里都有着生动的展现。同样是上古洪水，希伯来人和希腊人只能等待神的拯救；只有中国人，靠着先祖大禹和众多百姓一起疏浚河道，引流入海，最后成功渡过难关。在当代科幻作品里，一旦人类面临灾难，国外大片的剧情要么是等待外星人拯救，要么只有极少数人能够登上挪亚方舟或者雪国列车，成为灾难中的极少数幸存者。只有中国人带着地球一起流浪太空。这难道不是劳动改变命运的认识植根于中华文明基因中的最好证明？如果说自由是不依附于任何客观事物的绝对存在，那么中国人在灾难面前展现出的不靠天、不靠地、不靠外星人的自强不息的精神便是中华民族追求自由、热爱自由的最好证明。康德提出实践理性，黑格尔提出绝对精神，但只有中国人在行动中真正贯彻了它们。

之前讲过内在自由和外在自由，所谓道德是内在自由和外在自由的统一。内在自由是指我们精神的自由，也就是我们对于法则的认识和情感之间的统一；外在自由是指我们的行为自由，也就是我们能够将我们的想法落实到行动中，通过行动将其转化为客观事实。一旦内在自由转化成为外在自由，我们便拥有了和精神自由相匹配的感性幸福，也就是实现了"德福一致"。这就要求我们首先要在精神上和自己实现和解，然后有足够的行动力将想法转化成行为，通过行为将思想变成客观事实。这个过程便是劳动。劳动是唯一的，也是最直接的改变世界的手段。那么劳动是如何改变世界的？我们可以从下面这个图示（图2-4）直观地看出来。

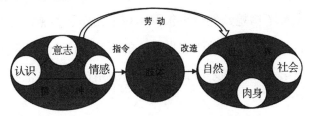

图 2-4　劳动是如何改变世界的

为什么说劳动是改变世界的唯一手段呢？原因很简单，因为客观世界是物质的，而我们的想法是精神的。我们只有通过肢体（包括工具、器械等肢体的延伸物）的行动，才能够对客观世界产生实质的影响。这种影响，就是人类对客观世界的改造。

那么，为什么"改造"只是劳动的一个环节？改造世界固然要靠我们的肢体，但我们的肢体为什么会产生改造世界的行为呢？如果没有精神给我们的肢体发出指令，肢体能够产生行为吗？比如植物人。他们只保留了某些本能性的神经反射和进行物质及能量的代谢能力，其认识能力和情感能力基本上已经完全丧失。在这种状态下，人的肢体就算完好无损，能够自主产生行为吗？能够改造世界吗？因此，如果没有在精神中产生想法并对肢体发出行动指令，就算肢体完好无损，也是无法产生行动的，更谈不上去改造世界。

　　精神发出的指令一部分是来自生理所产生的需要。例如饿了，我们的肚子会咕咕叫，脑袋里自然会产生我要吃饭的想法，身体会随之做出相应的行为——直奔食堂而去。但另一部分指令则并不是来自直接的生理需要，而是来自高级欲求，最典型的例子就是科学研究和艺术创作。还是拿我们身边最熟悉的手机举例吧：手机肯定不是自然产生的，是典型的人造物。那么是先有手机这个实物，还是先有手机这个概念，或者说构想？这就涉及物质和思维谁是第一性的问题了。按照唯物主义观点，世界肯定是物质的，这是毋庸置疑的。在自然界，先有物质再有相应的概念更是不证自明的事实。但在人类世界，尤其是在科学和艺术领域，观念却走在实体之前。任何的艺术作品、发明创造都是先有了构想，然后再根据构想去创作、实施，这样才能把我们的构想转化为客观现实。劳动改造世界说的不就是这个过程吗？这与唯物主义所主张的物质第一性毫不矛盾，因为我们的精神也是要依托我们的肉身而存在。

　　在这个过程中，由精神产生合理的构想是第一步。其中，由人类高级欲求而产生构想本身也构成了劳动中的一种，也就是我们所说的脑力劳动。比如一部手机，它的设计便是由我们的大脑产生的构想，这个构想不是直接来自我们的生理需要，而是涉及我们对自己大脑的综合精神能力的应用。例如，这个设计的外观美不美？这考察到我们的审美力。这个设计性能如何？这考察到我们的技术水平。我们都知道，技术是科学的实际应用，因此又关系到我们的研发能力。在一个手机成为实体之前，工程师、技术人员已经在大脑里、图纸上、软件中对它进行了无数次的设计、修正，最后才拿出最佳的设计方案，从这种意义上讲，脑力劳动是极为辛苦的，并且是人类特有的能力。一个手机的设计尚且如此，何况核弹、卫星、高铁、航母呢。

　　但我们不能因此轻视体力劳动。如果没有体力劳动，脑力劳动所产生的构想就只停留在构想了。我们知道，科学家设计出核弹，跟实际做出一个核弹是截然不同的。只有具备了核弹制造所需要的一切原材料、工艺、技术、有经验的技术工人，才能真正造出一个核弹来。大家对电影《美国队长》中主人公美国队长那个盾牌还有印象吧，它看起来并不复杂，但为什么不能量产呢？因为制造这个盾牌所需要的稀有元素整个地球的储备加起来也只够做一个。当然，《美国队长》只是科幻故事，真实的故事是苏联解体后的瓦良格号航母。不知道大家对《那年那兔那些事》里面的黑海造船厂厂长马卡洛夫的那段话还有没有印象：

"马卡洛夫同志，这艘船还能建成吗？"

"我需要毛熊（即苏联）、党中央、国家计划委员会、军事工业委员会和9个国防工业部、600个相关专业、8000家配套厂家，总而言之需要一个伟大的祖国，但这个伟大的祖国已不存在了！"

向所有的劳动人民致敬！

与科学研究和艺术创作比起来，人文研究提出的理论构想似乎要虚一点。人文理论不像科学研究，能够做出一个发明；也不像艺术创作，能够拿出一个作品。人文研究的成果本身就是各种理论构想。那么我们要这些理论做什么呢？以大学生的学习为例，我们为什么要学习马克思主义哲学？马克思主义哲学的价值到底在哪里？在我看来，马克思主义哲学的伟大之处就是对劳动和劳动人民的高度尊重。在有着浓厚的形而上倾向和精英论调的西方思想史中，马克思是第一位把自己置身于和劳动人民同等地位，并为劳动人民的解放而终生奔忙的哲学家。

至于社会主义的产生和发展，更是经历了从理论到实践的漫漫长路。历史上巴黎公社只存在了70多天，苏联存在了70多年，我们的祖国——中华人民共和国自诞生之日起，更是一路经风历雨才得以迈进新时代。开国领袖毛泽东为了中国的革命事业牺牲了六位亲人。坐享新时代幸福生活的我们应该明白，社会主义不

苏联解体后，尚未建成的瓦良格号航母被迫停工，被长时间遗弃在尼古拉耶夫市的岸边，风吹雨淋，几成废铁。

是纸面上的空谈、口头上的文章，而是无数革命先烈用鲜血和生命换来的。从这些例子可以看出，一个社会科学理论从提出到成为现实，中间经历的时间、花费的代价远远超过自然科学。因此新时代的大学生，尤其是文科生，切勿养成浮夸空谈的恶习。人文科学的尊严不在于堆砌浮华文字、卖弄几句空洞文章，而在于是否能够真正担负得起众生的心灵。至少要有能力把自己的生活过好。假如读书空读出了一身酸腐气，却没有真正的人文关怀，又怎能算是合格的文科生呢？总之，文科也好，理科也罢，书本中的知识和理论是用来解释生活、指导实践的。如果仅仅是用来显摆炫耀，那便是自误而误人。在这里要引用爱因斯坦的一句话："A little knowledge is a dangerous thing .（一知半解，误人不浅。）"读书学习一不可教条主义，二不可一知半解，教条主义加上一知半解对生活造成的危害远远甚于无知。因为无知尚未脱离常识，而一知半解的教条主义则是远未触及真理，便已脱离常识，用古人的话就叫作"读腐了书"。读书读成了腐儒不仅在生活中不知所措，心灵也无所归依，还有比这更大的危害吗？

因此，脑子要活起来，身体要动起来。既要动脑又要动手，这样才算得上是真正意义上的劳动。这样的劳动就算不能改变世界，至少也能改变我们自己的生活。当我们有能力改变自己的生活时，其实我们已经改变了世界，因为我们自己不就是世界的构成部分之一吗？如果我们能够通过脑力劳动让我们的精神趋于和谐，通过体力劳动将精神转化为客观世界，这个时候我们既实现了内在的自由，又实现了外在的自由。这种状态下的劳动，用马克思的话说，就是"按照美的规律来构造"。**劳动是将内在的自由转化为客观现实的唯一途径，因此劳动创造美**。正因为如此，我们的性格气质、审美取向都可以从我们的劳动方式、劳动过程和劳动成果中直观出来。按照马克思的话说，这就叫作"从劳动中直观自身"。因此，给大家一个建议，如果想要交朋友，不要看他/她说了什么，而要看他/她做了什么。他/她的行为就是对他/她性格气质的最好诠释。

　　所以，劳动是肢体通过行动将主观精神改造为客观世界的过程，即精神发出指令，肢体产生行动，行为改造世界。但是，如果精神和世界的互动仅仅是精神将内在的构想通过肢体转化为外在的现实，那岂不意味着人与世界的关系是单边的改造了？也就是人能够改造世界，世界却无法反馈于人。如果是这样的话，那么岂不是否定了物质的第一性？其实，无论从唯物主义世界观还是从常识来看，世界对人都是有影响的。我们头脑中的各种概念，最初都来自感官对世界的取材。我们可以看身边的一些实例，一个盲人能够通过视觉以外的渠道了解颜色的概念，但对色彩本身是无法产生直接的感性认识的。一个聋人能够通过听觉之外的渠道了解音乐的概念，但对声音本身也无法感同身受。最明显的实例还是那些怀抱中的婴儿，虽然他们头脑中尚未产生概念，但已经能够欣赏音乐和色彩。一听到悦耳的音乐，孩子便凝神倾听；一看到美丽的图画、可爱的小动物，孩子们就好奇地打量。对此，席勒指出，感性经验是走在概念之前的。正是因为世界触动了人的感官，精神才获取了丰富的素材，知性因而能够从中抽象出各种概念来。虽然人的先天认识能力具有某种特定的形式和范畴，例如时间和空间，但如果缺少了感性的素材，思维便只剩下一个空洞的形式。当然，思维是有活性的，同样承受了世界，只有人才能从中抽象出概念来。石头、泥土这些无生命的物质，就算承受了世界也毫无感觉。动物虽然有感觉，但受本能的驱使，无法产生概念，更谈不上思辨。因此，感官收集素材，思维从中抽象概念，产生法则，是世界对精神的反馈，这个过程可以称为学习，具体环节可以从下面这个图示（图2-5）直观地展现出来。

　　正是因为世界对精神有所反馈，人类才能够拓宽自己认识的深度和广度。 世界对精神的反馈也就是精神的受动过程。我们在前文中已经讨论过，认识到美是受动与自由的统一，是美育之父席勒对康德的重大超越。正是在受动中，人承受了世界，而世界带给人的物质条件并不总是有利的。例如，一个寒冷的冬天，大早上我们要去赶早自习。这个时候，世界加诸我们身上的物质条件就不那么有利。正是通过这种不利条件，我们才能够磨砺自己的肉体和意志，从而得以摆脱对有利物质条件的依赖，实现真正的自由。

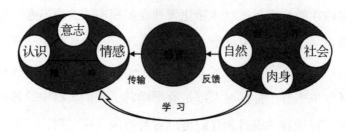

图 2-5　学习的过程

除此之外，世界对人的反馈也能够起到检验我们劳动成效的作用。"实践是检验真理的唯一标准。"那么实践是如何检验真理的？想知道梨是什么味道，总得自己尝一口。伽利略的比萨斜塔实验是很好的例子。伽利略通过实验推翻了亚里士多德的自由落体理论。在伽利略之前，亚里士多德的理论人们深信不疑了1800多年。因此，精神对世界单方面的立法如果没有经过实践的检验是站不住脚的。伽利略通过实验证明了两个不同重量的铁球是同时落地的。实验的结果便是客观事实，成为世界的一部分。这一客观事实反馈到人们的精神中，使得人们看到了亚里士多德的自由落体理论的缺陷，从而推翻了旧有的认识，获得了新的认识，人的认识边界因此得以拓宽。人类的情感同理，这也是鼓励包括大学生在内的年轻人认真谈个恋爱的原因。无论成功与否，都是历练。没有经历过情侣之间的共同学习、奋斗、同甘共苦，人的情感边界不可能被拓宽，对恋爱、婚姻的本质就不可能有一个直观的感受和恰如其分的认识，也就不一定懂得相互扶持、珍惜和体谅。不知道现在离婚率居高不下与太多人没有过恋爱的历练就匆匆步入婚姻有没有一定的关系。

但我们也要深刻地认识到，无论是自然科学还是人文科学领域，研究一旦涉及人，就要慎之又慎。因为一切研究服务于人，因此当以人为目的，而不能把人当作手段。伽利略在比萨斜塔实验中使用的是铁球，他不用自己从高塔上跳下去。

接下来，我们来看一首诗。

四时田园杂兴

（宋）范成大

昼出耘田夜绩麻，村庄儿女各当家。

童孙未解供耕织，也傍桑阴学种瓜。

中华民族是勤劳、善良的民族。当欧洲的经院哲学家在计算一个针尖上能站立多少个天使时，我们的文人士大夫则以渔樵耕读为雅。水边的渔民、山上的樵夫、田里的农民和手捧书卷的学子在一起，画面毫不违和。诸葛亮在《出师表》中称"臣本布衣，躬耕于南阳"。我们能想象古希腊的哲学家、中世纪的贵族下地躬耕吗？他们要么沉醉于形而上的思辨，要么投身于攻城略地的杀伐掠夺，唯独不愿意做的就是从事生产劳动。"白发渔樵江渚上，惯看秋月春风。一壶浊酒喜相逢，古今多少事，都付笑谈中。"能从普通的劳动中看出风雅，看出美的，才是真正的名士。唯大英雄方本色，是真名士自风流。

作为一名基层教师，我也想说说我童年的经历。我父母都是基层教师，20世纪80年代初，我出生在母亲工作的偏僻农村。稍大一点，我随父母搬迁到父亲任教的县级师范学校。现在想来，那所师范像极了《立春》中的那所学校。时至今日，母亲说起全家刚到县城团聚的时候，都还记得年幼的我初次踏上光洁的水泥地面高兴得跑来跑去一整天，到夜里都兴奋得睡不着的情景。

师范学校位于城乡交界处，我家背后就是农村。门口的一条狭窄巷子，每到日暮时分便能看到农民伯伯牵着耕牛劳作归来。在今天，每每回想童年的这一场景，脑海里便浮现出王维的《渭川田家》：

斜光照墟落，穷巷牛羊归。

野老念牧童，倚杖候荆扉。

一千多年前的景象也大概如此吧。夕照中的小村落，炊烟袅袅升起，狭窄的小巷里，牛羊先后归家，只不过赶牛的换作了牧童。还有那顾念着孙子、拄着拐杖、靠在门口盼望的老爷爷。天伦之情，跃然眼前。

王维的诗歌以诗中有画而著称，当代的孩子们读到这几句诗时，应该也能够领会到诗句中电影画面般的优美田园风光，但其中的天伦至情，恐怕很难感同身受了。

在这里要说一下一度流行于网络的作诗程序。电脑的确能拼凑出平仄甚至意思都通畅的诗句，但诗歌中蕴含的深厚情感却是无法伪造的。正如刘慈欣科幻作品《诗云》中那个来自超级文明的外星生命"李白"，在穷尽了太阳系的物质作为诗歌创作和存贮物质，用超级程序创作出包含着全部可能的诗词的星云，却换来一场痛哭淋漓。他创作了所有可能的诗，却得不到它们，因为那些诗歌中并没有蕴含着他的真实情感。

诗歌的价值不在于卖弄一些精致文字，而在于引起读者的共情。

在这里，我要自我吹嘘几句。某次女儿放学回家，背诵起老师布置的一首诗：

> 绿遍山原白满川，子规声里雨如烟。
> 乡村四月闲人少，才了蚕桑又插田。

小孩忘了诗歌出自何处，便要我到唐诗三百首里面查询。我并没有读过这首诗，下意识地脱口而出，"这该是首宋诗。"查阅之后，果然是宋诗。小孩和她爸顿时对我极为崇拜，两眼冒星地看着我："你是怎么听出来的？"我答道："唐诗贵气。"

我说唐诗贵气并不是要贬低宋诗，我个人倒是极为推崇宋代的田园诗词。和唐诗相比，**宋代诗歌中的劳动情怀值得今天的人们学习。**

唐诗的贵气一部分是"九天阊阖开宫殿，万国衣冠拜冕旒"的时代气象蕴染的自然结果，一部分则是唐朝诗人大多都是士大夫阶层，他们或有政治情怀，或有军旅情怀。像李白这样时运不济的，也能寄情大好河山；像杜甫这样潦倒落魄的，在困顿中所想的也是"但有故人供禄米，微躯此外更何求"，但他们都不从事耕作，没有太多的农桑情怀。

描写劳动的诗句倒不是没有，无论是李白的"炉火照天地，红星乱紫烟。赧郎明月夜，歌曲动寒川"还是刘禹锡的"山上层层桃李花，云间烟火是人家。银钏金钗来负水，长刀短笠去烧畬"，都是对劳动的生动描写，但这些诗句都是用士大夫的眼光描写劳动，和真实的劳动还是隔了一层。在唐朝著名诗人中，唯独亲自从事过耕作的是孟浩然。"开轩面场圃，把酒话桑麻"虽然是酒桌谈笑，但对饮的人应该是多少知道或亲身参与过一些农桑之事的。

当然，唐朝的诗人们并不鄙视劳动，不然狂傲如李白也不会视孟浩然为偶像，还特地为他写出了"高山安可仰，徒此揖清芬"这种在今天看起来都略微有点"卑微"的诗句。

置身事外描写劳动与亲力亲为参与劳动是有本质区别的。其中重要的原因是古代以耕作为代表的真实的劳动是极为艰苦的，似乎也缺乏一点诗意。与"十步杀一人，千里不留行"的快意恩仇相比，田间地头的耕作是琐屑、枯燥、艰苦、漫长的。就算是写出"二月卖新丝，五月粜新谷""四海无闲田，农夫犹饿死""谁知盘中餐，粒粒皆辛苦"这样悲天悯人诗句的士大夫，让他们放下身段去亲身劳作，似乎也是不可能的。

读到这里，读者大概要引用《孟子·滕文公上》中孟子和许子的对话来反驳我。① 我也要强调，我并不是要否认社会分工的重要性，何况体力劳动和

---

① 《孟子·滕文公上》节选：陈相见孟子，道许行之言曰："滕君，则诚贤君也。虽然，未闻道也。贤者与民并耕而食，饔飧而治。今也滕有仓廪府库，则是厉民而以自养也。恶得贤！"孟子曰："许子必种粟而后食乎？"曰："然。""许子必织布而后衣乎？"曰："否，许子衣褐。""许子冠乎？"曰："冠。"曰："奚冠？"曰："冠素。"曰："自织之与？"曰："否，以粟易之。"曰："许子奚为不自织？"曰："害于耕。"曰："许子以釜甑爨，以铁耕乎？"曰："然。""自为之与？"曰："否，以粟易之。""以粟易械器者，不为厉陶冶；陶冶亦以其械器易粟者，岂为厉农夫哉！且许子何不为陶冶，舍皆取诸其宫中而用之；何为纷纷然与百工交易，何许子之不惮烦！"曰："百工之事，固不可耕且为也。然则治天下独可耕且为与？有大人之事，有小人之事。且一人之身，而百工之所为备。如必自为而后用之，是率天下而路也！"

脑力劳动二者也没有什么贵贱之分。我更无意脱离时代背景对古人的生活方式吹毛求疵，但是，我不赞成到了杜甫那般穷困潦倒的境地，还将谋生的希望寄托于"但有故人供禄米"。

以苏轼为代表的宋朝文人对劳动这个问题的处理远远超越了唐朝士大夫。苏轼是殿试第二名，当之无愧的超级学霸。那种春风得意马蹄疾的快意绝对不是今天省市城镇里高考成绩出来后放个红榜所能比的。

然而苏轼的仕途是极为坎坷的，先后经历了乌台诗案、新旧党争，怀着一心为民赤子心的苏轼在官场几度沉浮，屡次被贬，困顿之时甚至连养家糊口的基本俸禄都没有。"拣尽寒枝不肯栖"是他内心寂寞、迷茫的真实写照。

但官场的失意却给他的生活开辟了一个新天地。在黄州，为了解决一家人的衣食温饱，他放下士大夫的身段，走向田间地头，和当地老农一起开荒种地，亲自躬耕。生活的窘迫并没有磨灭他对生活的热爱。为解口腹之欲，他亲自下厨做菜，用廉价的肥猪肉开发出了流传至今的美味——东坡肉。他还为东坡肉的做法创作歌谣指导其他人，"慢着火，少着水，火候足时它自美"。在流放海南时，他戴斗笠在街市闲逛，被当地的妇孺嘲笑，就连狗都冲他狂吠。他跟着一起呵呵大笑，不以为忤。这并不是被生活折磨导致的情感麻木，而是真正的豁达，不然，他怎么能在生活的喧闹中隔墙捕捉到"笑渐不闻声渐悄，多情却被无情恼"的微妙瞬间？

苏轼一生官场沉浮、身不由己，乃至于写下"长恨此身非我有"这样无可奈何的感叹。这句词无论老幼听来都能引发同感，只不过少年人大概是因为年少轻狂对分内责任和义务的抵触，中年人则是对人在江湖身不由己的感同身受。但苏轼在被动的一生中把精神的能动性发挥得淋漓尽致，在人间烟火中活出了仙气，在不断的妥协中将生活过成了诗，受动和自由在他的身上实现了完美的统一。引用席勒的话：

正因为美同时是这两者（我们的状态和我们的作为），所以它为我们成功地证明了：受动丝毫不排斥能动，物质丝毫不排斥形式，有限丝毫不排斥无限，所以人的道德自由绝不会被他的必然物质依存性所消除。①

在席勒之前七百年，苏轼已经用他一生的实际行动为这句话提供了最好的感性素材。

马克思说："哲学家们只是用不同的方式解释世界，而问题在于改变世界。"劳动是改变世界最直接的方式。劳动有为生计奔忙、不得已而为之的消极劳动，也有把劳动作为一种生活方式的积极劳动，而最好的劳动方式无疑是按照美的规律创造。在马克思之前八百年，苏轼用自己的一生践行了"按照美的规律创造"，他把肥腻的五花肉变成了东坡肉，把西湖变成了西子湖，为黄州留下了文赤壁，为杭州留下了三潭印月和苏堤。苏轼按照美的规律创造并为后人留下了丰厚的物质和精神财富，将劳动变成了诗，变成了美。苏轼的一生，淋漓尽致地展现了劳动的美。

作为一名普通大学老师，我想说的是知识分子切不可有孤高自负、好高骛远、自认为怀才不遇的心态。当我们自认为怀才不遇的时候，不妨扪心自问，我们除了多读几本书之外，到底有哪些实实在在的才华？能够用这些才华为自己、为他人、为社会做些什么？难道读几本书便成了我们高出其他人的天然的资本吗？读书究竟是为了在别人面前生搬硬套几个概念、几句名言、几条理论来卖弄才识，还是为了充实内心、指导生活、帮助他人、奉献社会？当我们觉得自己怀才不遇时，扪心自问我们比苏轼如何？抛开金榜第二的光环，他既能吟诗作赋，又能主持苏堤这样的建筑工程项目，还能下地种田、开发菜谱，是个综合全能型人才。最难得的，是他始终能在逆境中保持达观的生活态度。既然我们读了这么多书，那么首先学学苏轼，用书里的知识调整好自己心态吧。

知识分子切勿养成好逸恶劳、轻视体力劳动者的毛病。当我们觉得他们中的一部分粗鄙、莽撞，或者过于算计的时候，不要忘了菲茨杰拉德的话：

---

① [德]席勒.美育书简[M].徐恒醇，译.北京：社会科学文献出版社，2016：186–187.

"当你想批评人时，记住，并不是世界上所有人都和你有一样的条件。"

给大家推荐李子柒的系列视频。劳动所承载的传统文化、尊严和美在她这里展现得淋漓尽致。虽然李子柒长发飘飘的形象有些争议，但只要我们看看她那双手，便知道那是真正的劳动人民的手，劳动人民长满老茧的手是最美的。正如马克思提出的："生产劳动同智育和体育相结合，它不仅是提高社会生产的一种方法，而且是造就全面发展的人的唯一方法。"① 就新时代的具体情况来看，在教育中渗透美育，有助于培养新时代公民深厚的劳动情怀，让劳动成为他们的内在需求和生活方式，成长为全面发展的社会主义事业建设者。

还记得我在本章开头提到的那只光明女神蝶吗？只有劳动才能将主观精神转化为客观世界，因此也只有劳动能够让我们精神中的这只光明女神蝶（Psyche）破茧而出。我希望新时代每个大学生都能够通过劳动打造自己的精彩人生。**劳动最美丽！**

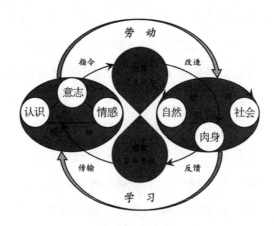

图 2-6　五育的关系

---

① [德] 马克思. 马克思恩格斯选集（第二卷）[M]. 中共中央马克思恩格斯列宁斯大林著作编译局，编译. 北京：人民出版社，2013：230.

◎答疑篇

问题：为什么别人正在劳动时不要在一旁参禅？

（这是学生在课堂上提出的真实问题。解答中包含了随堂讨论和我的课后思考。）

学生：老师，您总是说欲求，听起来有点……

我：有点啥？

学生：也没啥，就是不大好听。

我：我知道了。还有更不好听的呢。欲望你觉得好听吗？要说人类文明发展是欲望推动的，你们怎么看？

学生：啊？

我：怎么，欲望是个坏东西吗？

学生：想想看吧，也不能说坏，但听起来总有点那个……

我：哪个？

学生：……

我：其实啊，这话也不是我说的。人类文明是欲望推动的。原话是黑格尔说的。因为我们都是人，只要是人就有需要，有情感，之所以要奋斗，最直接的动力不就要满足自己一些物质和情感上的需要吗？

学生：老师，说得没错。可是我们难道不应该为国家、为社会奋斗吗？奋斗难道就是为了满足自己的私欲？您这样说太狭隘了。

我：（非常感动，真的是一群好孩子）大家说得没错。听你们这么说老师很高兴。我们的确应该为国家、为社会奋斗。不过再想想，我们是不是社会的一分子？既然我们是社会的一分子，那么人为自己奋斗是没错的吧。能够把自己照顾好，不给社会增加负担，不就是为社会做贡献吗？在这个基础上，如果还有余力，就可以考虑怎么给别人一点帮助。要是自个儿都照顾不了，怎么帮别人，又拿什么来奉献社会呢？打个不恰当的比喻，假如我们自个儿都不会游泳，还敢下水救人吗？

　　学生：就算不能下水救人，递根棍子搭把手总是可以的，还可以报警、呼救啊。

　　我：（欣慰至极）大家说得对！我刚才还没想到呢。大家脑子比我灵活多啦。我有很多地方也要跟你们学习。就拿为自己奋斗还是为国家奋斗来说，我觉得这两者是不矛盾的，因为我们和国家是统一的。

　　学生：说的也是。我们也希望把生活过好点，争取不拖国家后腿。

　　我：至于黑格尔那句话，我举个例子。好比说天气热了，你们想干什么？

　　学生：吹电扇，有个空调更好啦。

　　我：对，我也想吹空调。那空调是本来就有的吗？

　　学生：那肯定不是啊，人发明的嘛。

　　我：对啊，人为什么要发明空调呢？

　　学生：因为天气热，想凉快。

　　我：对啊。感到天气热，是不是我们身体的自然反应？

　　学生：是。

　　我：那想要凉快一点，是不是我们身体的需要？

　　学生：对的。

　　我：所以大家想想，之所以发明出空调，就是为了让大家大热天凉快点。这是不是咱们身体的需要？既然是身体的需要，是不是一种欲望？

　　学生：是的，的确是欲望。

　　我：那这个欲望是坏事吗？

　　学生：不是，是大大的好事！武汉的夏天要是没空调，太可怕了。

　　我：对啊，所以说空调之父开利满足我们想要凉快的这个欲望是功在当代利在千秋的事啊。

　　再说说生活中的事。你们想不想生活在一个干净整洁的环境中？

　　学生：当然想啊！我们还评十佳寝室、优秀寝室呢。老师有空来我们寝室玩。

我：好啊。所以，为了让寝室干净，你们是不是要打扫卫生？想要一个好的生活环境，也是我们的欲望。因为有了这个欲望，我们才有了打扫寝室的动力，所以这个欲望是不是好事情？

学生：是的。

我：好，大家再想想。假如你们正在打扫寝室的时候，一个人，假设是个像我这样文艺青年，他看见你们在打扫卫生，一脸不屑，还给你们背起诗来：

菩提本无树，明镜亦非台。本来无一物，何处惹尘埃。

他还说：你们之所以打扫，是因为心中不清净，所以眼里有尘埃。如果物我两忘，万法皆空，哪里还有什么尘埃呢？

学生：还有这样的人？

我：所以说，有时候有点踏踏实实的欲望是不是还好些？只要知道自己想要什么，然后踏踏实实地奋斗，是个挺好的事。就怕眼高手低，志大才疏，别人劳动，他还在一边冷嘲热讽。到时候别人过得比他好，他又各种嫉妒。你们想跟这种人打交道吗？你们自己将来想变成这种人吗？

学生：坚决不要！还是踏踏实实做事来得实在。打扫个寝室，做点家务也是应该的。但我做事，别人在一旁说三道四，而且还搞得高人一等的样子，就真的很烦了。

我：没错。人怎么样，看他怎么做事就一目了然。交朋友也好，谈恋爱也好，性格疏懒自私、好空谈千万碰不得。

学生：老师，您说的有道理。（好奇）老师在家都做些什么呢？

我：有什么做什么啊。做饭、拖地、洗衣服。家务事夫妻相互帮扶。你忙的时候我就多做点，我忙的时候你就多做点。夫妻之间，别总想着在这些小事上多占对方一点便宜。我对小孩的要求也是这样。总得要有点生活能力，哪怕煮碗面，煎根火腿肠都行，要能自己弄点吃的，顿顿叫外卖怎么行呢。还有打扫、清洗这些事也要学会做。将来自己生活，总不能把家里弄得跟垃圾堆一样吧。

学生：是啊！老师说的是大实话。将来毕业了找工作，父母不一定在身边，自己一个人也得把生活过好，而且找对象谁想找个懒的伺候啊。

我：可不是嘛。还有，千万别对禅宗有什么误解。禅宗讲究"一日不作，一日不食"，开启了出家人劳动的先河，而且禅宗讲究明心见性，修炼自己。所以如果把禅宗的偈语拿到别人跟前卖弄斯文，逃避劳动，那倒真的是不知所谓了。

学生：嗯，我们都是劳动人民。劳动最光荣！

我：对，我也是这样想的。劳动最美丽！

第三章　生活中的美育

我们在前两章已经讨论过，美育的最大效用在于在系科、职业划分日趋精密的当代，保持人性的完整，避免人被自己的专业或者职业贴上标签。因此，如果美育也被贴上专业的标签，那么自身便也成了高度分工的社会里的一个片段。因此，从实施方法来说，美育更多的是渗透到我们的课程和生活中，以润物细无声的方式浸润、熏陶我们的身心。

事实上，我们上学只是接受教育的一个阶段。学无止境。现代社会，各种信息技术更新换代的速度如此之快，如果我们的知识巅峰停留在了自己的最高学历这张纸上，那么就会导致跟不上时代。虽然不必盲目跟风，但对于那些涉及拓宽自身认识与情感边界的自我更新，则不可止步不前。因此，跟习得具体的知识相比，获取学习的能力是我们在校期间更重要的事。学习的能力使得我们能够在自己的一生中不断保持自我更新，这一点对于脑力劳动者尤为重要。

最好的教育是自我教育，对美育而言尤为如此。因为美育本身便是保持人性的完整，使人能够妥善把握物质和精神关系的教育。事实上，当我们尚在学校期间，我们绝大部分精力集中在认识层面，实践经验相对欠缺，且处于一种接受、理解知识的被动状态。只有当我们走进社会后，切实地担负起了自己的生活，需要主动地运用知识处理问题时，才能够切身感受到妥善处理物质和精神的关系在我们具体生活中的重要性。人是有欲求的，而实际经济能力往往是有限的。欲望本身是好的，能够催人奋进，推动社会发展，但如果一个人的欲望过多，又不愿意去提高自己能力，并付出相应的努力时，人便会陷入烦恼中。除此之外，还有人际关系的烦恼、工作中的烦恼等，而这些烦恼只有当我们毕业走入社会后才更能感同身受。美育能够在很大程度上帮助我们化解这些烦恼，但如果人缺少学习能力，便很难进行自我教育。因此，我的建议是，大学期间，除了习得具体的知识和技能外，培养自己思维的综合、分析、判断能力是很重要的。卷子上面的题目都不可能重复，何况千变万化的生活呢？人生中的任何一个情境都是不可重现、无法复制的。卷子做错了不过扣几分，而且还有补考、重修。生活中如果出错，则要付出切实的代价。当然，试错也是学习的一部分，但问题不在于试错，而在于有过能改。提高自己的思维能力，对于分析我们生活中的各种情境，并妥善处理是很有帮助的。

由于美育的内容是我们的人性与生活本身，因此，校园中的美育仅是美育的一部分，美育更多地要依靠我们在生活中进行自我教育。值得注意的是，美育并不等同于艺术教育，但艺术教育是实现美育的重要手段，因为一个人的鉴赏力，往往能够从他/她所偏好的艺术作品风格中展现出来。在这里，我想以影视作品、文艺作品、绘画雕塑为例，和大家共同探讨生活中的美育。

由于我并非艺术专业出身，因此在理论上不可能深入讨论，只是作为一个普通人，从自己感性直观层面谈谈我对文艺作品的看法。毕竟绝大多数人在艺术上都是我这样的外行，但并不是外行就不需要艺术。如果艺术教育把艺术教育成了艺术从业者的专属，那倒是艺术教育最大的失败了。美育同理，如果美育把人们教育成了一群对各种美学理论倒背如流，却看不到身边花开花落、云卷云舒、四季更替、万物生长的学究，那么这种美育便扼杀了美本身。人们看书、看画、听音乐图什么？不就图个好看，图个放松吗？以我为例，我读《百年孤独》时并不懂什么叫"魔幻现实主义"，但发自内心地觉得写得真好；看凡·高的《星夜》时也不了解西方美术史，但发自内心地感受到画面中涌动着的无处安放的激情；至于音乐，更是一窍不通，但我想包括我在内的相当一部分人在听贝多芬的《命运交响曲》时都能够感受到乐曲中那扼住命运咽喉、直击灵魂的力量。我想，真正的美育并不是把每个人都教育成美学理论家，而是让人们即使不懂美学理论，也能从自己的平凡生活中发现美、活出美来。

我想，如果有一天，人们既能听古典音乐，也能听流行歌曲；既能看抖音，又能看凡·高；既能读古典名著，也能读流行网文；提起笔能写作，放下笔能劳动；既知道怎样把自己的生活过好，有余力时也能想着帮助一下他人；活得踏实，活得自得其乐；平时能够温柔地对待生活，但当我们的祖国受到侵犯或者遇到生活中的不良社会现象时，也能够坚定地和侵犯我们祖国的敌人以及身边的黑恶势力作斗争，那么就可以认为美育在咱们的生活中有了一点成效吧。

听到这里，大家是不是想说，你还是搭梯子上天吧，梯子得扶稳了，千万别掉下来砸到人。大家少安毋躁，我所说的是一个崇高的理想，即使不能企及，但必定尽平生之力奔赴之。就像夜空中那颗最亮的星，我们能把它摘下来吗？不能吧。但那颗星照耀着我们，指引着我们，不仅为我们指明了方向，也让我们的灵魂从自然界的一片混沌中升腾起来，发现了美，发现了世界在供我们满足物质欲望之外的其他效用，所以人才成为了人。其实学习也一样。我们都知道，要想考试及格，则必须以满分的标准要求自己。如果一个人考了满分，他事实上的知识储备远远超过这个满分。至于在生活中，"你必须全力奔跑，才能留在原地。"因此，美育为什么不能设定一个高的目标呢？因为美本来就是高天上的那颗星啊。

1. 影视作品及其衍生文化

◎人文研究并不排斥定量研究方法，但不能本末倒置。

◎研究背景介绍。

◎提出研究预设。

◎实施研究。

◎分析结果。

◎提出对策。

这是我在撰写本书之前做的一个研究。和本书前面的章节不同的是，这部分使用了大量的量化研究方法，当然，也包括质化研究。读者或许觉得奇怪，我不是一直强调受动是人文研究的核心素养，不能为标新立异而故意使用一些非必要的定量研究方法吗？在这里我要澄清一下，我的主张是，**人文研究并不排斥定量研究方法，但不能本末倒置**。也就是方法必须服务于人文研究中的"人是目的"这一目标。如果为了炫耀技术而使用非必要的方法，研究者可能就要问一下自己的研究诚意了。

量化研究的主要功能在于提高效率，节约人力物力成本，是研究的辅助手段，而不是研究的目的。当然，如果是针对某个群体的特征侧写，模型建构，的确可以把模型作为最终的研究成果。但问题不在于拿出一个模型，而在于怎样去解释这个模型，解释模型最终还是质性研究的工作。并且，定量研究更适合描述一个群体的状况，对于个体，则往往不能抓住问题的关键。因为变量是固定的、有限的，特定的人却是变化的、成长的。一个人的考试成绩可以定量，但一个人的兴趣爱好、社会关系、成长经历、爱恨情仇则是很难甚至无法定量的。人和电脑里的数据、实验室里的矿石、解剖台上的一块肉是不一样的，不仅有生命，还有情感、爱憎。因此在人文研究中一定要倾注足够的人文关怀，对研究对象要有着高度的尊重。如果站在上帝视角俯视自己的研究对象，除了自我满足式的自娱自乐我们能指望得出什么样的研究结果呢？

审美判断既无关真理，也无关道德，所以它才是人类的绝对自由，但科学研究不是审美，它跟真理有关。真理是某种绝对的东西，不能你说是这样，我说是那样。这一点在自然科学的领域尤为明显。因此，在真理和道德的领域，是必须要证明的。所以我在这里拿出一个定量研究并非是因为虚荣或者纠结概念，而是为了证明我并非是因为对定量研究的无知才反复强调质化研究的重要性的。

现在我就把这个研究按照原样呈现出来，其中观点有诸多不成熟或者有失偏颇之处也原样呈现，这样或许能够更好地印证做出一个模型或者数据并不是太难，但怎样解释这些模型、数据，并根据结果提出恰如其分的对策才是研究的目的和难点。

（1）研究背景

十九大报告中，习近平总书记指出，"没有高度的文化自信，没有文化的繁荣兴盛，就没有中华民族的伟大复兴。"繁荣社会主义文艺，推动文化事业的发展是推动社会主义文化繁荣的重要任务。

影视作品是当代社会流行文化的重要构成部分。影视作品形式直观、内容通俗、传播迅速、价值多元、受众面广，有着一定的社会影响力。大学生是一个年轻的群体，掌握着较为先进的知识技术，感情充沛、想象丰富，是各种流行文化的重要参与群体。由于他们处在一个自我意识有待完善、知识与价值体系正在建构的阶段，因此流行文化极有可能影响到他们价值观的形成。当代大学生还是网络一代，又被称为"数码原居民"。对于他们中很多人，网络是物理世界之外的另一个维度，万物皆媒的新媒体环境使得这个维度更显真实。因此在新媒体环境下，影视作品对当代大学生价值观的影响很可能被进一步放大。

作为社会主义事业未来的建设者和推动社会主义文化繁荣未来的主力军，

大学生的价值观在很大程度上反映出未来中国主流文化的价值走向。本研究旨在分析新媒体环境下影视作品对当代大学生价值观的影响，并根据结果提出对策，对大学生进行积极引导，培养他们在包括影视作品在内的流行文化的冲击下保持独立思考、做出正确价值判断的能力，成长为既有人类命运共同体的大格局，又能坚守社会主义核心价值观的公民。

（2）提出预设

在长期的教学实践中，研究人员通过观察发现影视作品是绝大多数大学生了解英美文化的主要渠道，因此作出了"观看英美影视作品是当代大学生重要的娱乐方式，并可能对当代大学生的价值观存在着一定影响"这一预设。

提出预设后，研究人员在任课班级抽取了理、工、文、管四类学生进行简短的前期访谈，含理工类男生4人，理工类女生3人，文管类男生4人，文管类女生6人，男女比为1∶1.125。前期访谈采用的是非结构访谈形式，尽量最大限度避免访谈话题对受访对象产生某种特定导向，以求较为客观地了解受访对象的课外娱乐方式。访谈结果如下：

理工类男生："（TB01）我们的主要娱乐形式是打篮球，或者踢足球，因为课程比较忙，休闲娱乐时间有限，基本没有太多的时间追剧。""（TB02）我是学校声乐队的，所以平时有空就和同学一起去K歌，但最多的还是跟同学一起去聚餐，有空也看书，周末看电影，平时学校组织的娱乐有限，所以就用手机看看电影。""（TB03）用手机打游戏或者看电影，如果是新电影就去电影院看，还跟同学聚餐或者出去逛逛。""（TB04）用手机打游戏，打篮球，周末去做志愿者，再就是和同学聚餐。"

理工类女生："（TG01）周末去看看电影，平时就追剧。""（TG02）主要用手机追剧，因为床在上铺，用电脑追剧不方便。""（TG03）其实没考试的话也不太忙，我也想出去活动，想学瑜伽，但学校的瑜伽老师只有一个人，有时候没法占位，我自己掏钱报了个瑜伽培训班，一周就一次课，不练瑜伽的时候就追追剧。"

文管类男生："（AB01）我是校足球队的，有空就踢球，平时喜欢看看网络视频，主要看体育运动。""（AB02）主要是在寝室看视频，电影、电视、网络直播都看，总的说看影视节目最多。""（AB03）我平时有空都在图书馆看书，最近在写一本书，打算出版。""（AB04）我平时喜欢打篮球、骑行、爬山、看美剧、看书。"

文管类女生："（AG01）平时有空看剧，再就和人聚餐吃饭，周末会去电影院看电影，我还喜欢练琴，自己在校外报了个培训班，可惜一周就一次。""（AG02）平时比较无聊的，主要是看剧，周末会出去逛一下，看看电影，再就是找人一起吃饭。""（AG03）主要就是看剧吧，现在大二了，很多同学还不是太熟，学校的娱乐活动不多，如果有的话一般是部门组织，强制参加也没意思。""（AG04），喜欢打球啊，羽毛球和台球，不过也不是经常打，没事就去图书馆，生活很规律的。""（AG05）平时就在寝室里看剧吧，出去得少，周末会出去逛街，平时没什么户外活动，不过我有个同学经常去健身房，是她自己在外面报的培训班。""（AG06）平时看看视频吧，比较喜欢看网络直播，也看剧。"

前期访谈结果显示，在9位女生中，有8位女生提到平时会追剧、看剧；8位男生中，有4位男生提到自己平时会看电影、看剧。由此可以得出结论：观看影视作品是访谈对象的主要娱乐形式，女生比男更偏爱观看影视作品。该结论印证了前期预设中"观看英美影视作品是当代大学生重要娱乐行为"这一部分，但将影视作品的范围从"英美影视作品"扩大到了"影视作品"。

（3）研究实施

A.研究方法选择

在前期访谈的基础上，研究选择定性与定量相结合的研究方法，进一步探讨影视作品对大学生价值观的具体影响。研究前期采用结构访谈法，根据预设设计访谈提纲，在提纲范围内进行访谈，以求能够确切、深入地了解影视作品对当代大学生价值观的影响。然而，由于质化研究的结果往往带有较大主观性，抽样也具有一定的片面性，因此本研究采用问卷调查法加以补充。研究人员在质化研究结果的基础上设计调查问卷，对问卷的各项指标进行有效性分析，并根据分析结果进行修订后，在更大范围内抽取对象展开调查。研究后期拟将问卷调查数据回收并进行统计分析后与结构访谈的结果进行分析比对并加以整合，从而得出较为客观公允并具有一定代表性的研究结果。

B.结构性访谈

a.访谈提纲设置与访谈实施

访谈提纲围绕四个问题展开：

问题一：观看影视作品的时长；

问题二：观看影视作品的设备；

问题三：偏爱影视作品的产地；

问题四：影视作品带来的影响。

研究人员采用就近抽样的方式，在任教的 W 高校通过网络面向学生发送访谈提纲，在半年内收到138位同学的回复。其中包含理工类男生39人、理工类女生19人、文管类男生21人、文管类女生59人，男女比例为1:1.3。研究人员将其整合、增删后，得到有效回馈6024字。

b.访谈结果分析

受访同学中，除去未提及观看影视作品时长的15人，有35人提到自己经常观看影视作品，占总人数的25.36%；35人提到自己会观看影视作品，也占总人数的25.36%；不常看影视作品的人数和偶尔观看影视作品的人数均为23人，占总人数的16.67%；仅有7人不看影视作品，占总人数的5.07%。这一数据反映出观看影视作品是当代大学生的一种重要娱乐方式，该结果基本与前期预设相符。

在设备的选择上，除去未提及观影设备的7人，有84位同学首选手机，占总人数的60.87%；24位同学选择 PC，占总人数的17.39；9位同学选择笔记本电脑或者 iPad，占总人数6.52%；另有14位同学选择电视或者电影院，占总人数10.14%。这一结果反映出以手机为代表的各类新媒体终端是绝大多数受访对象的首选观影设备。

在偏爱的影视作品产地的回答中，有多位同学提及不止一个国家或地区的影视作品。经统计，提到国产影视作品的有63人次，占总人数的45.65%。提及美国影视作品的有59人次，占总人数的42.75%。提到日韩影视作品的有36人次，占总人数的26.09%。提到欧洲影视作品的有22人次，总人数的15.94%。另有提到印度、泰国等亚洲国家和港澳台地区的影视作品17人次，占总人数的12.32%。由此可见，国产影视作品最受访谈对象喜爱，英美影视作品次之，日韩影视作品排在第三位。

影视作品对受访对象的影响是研究的重点，研究人员将所有相关回馈整理后，发现有39位同学认为影视作品对他们"没有影响"或者"没有太大的影响"，其他同学均提到了影视作品对他们在某一方面或者某几个方面的影响。进一步分析后，研究人员将影视作品对受访对象的主要影响划分为四个层面，分别是娱乐层面、情感层面、认识层面、价值层面，每个层面代表性的观点如下：

第一，娱乐层面的影响。有8位受访对象认为，观看影视作品对他们是纯粹的消遣。影视作品对他们的影响仅仅是学习之余打发时间，且随时能被其他娱乐形式替代，因此没有对他们产生实质性的影响。代表性的观点有："（TG1）对学习生活影响不大，顶多是生活之余的放松吧。""（AG1）喜欢看看浪漫轻喜剧，每天休闲娱乐，打发时间。""（TB16）看着玩。"

第二，情感层面的影响。有30位受访对象认为，通过观看影视作品，能够丰富情感，加深对生活的感知力，增加共情、同理心，受到激励等。代表性观点有："（TB2）这些电影总是能触发人深层次的那份感动，让我更热爱生活。""（TG7）通过影视作品，我学会了对待生活应该珍惜，也应该珍惜自己的学习时光，不要为以后留下遗憾。""（AB1）看电影可以丰富自己的情感。""（AB18）给自己培养了很多积极的心态。""（AG47）有的剧会带来正能量，给生活带来许多乐趣。""（AG57）让我的生活变得更快乐。"

第三，认识层面的影响。有40位同学提到，观看影视作品能够帮助他们学到一些知识、技能、优秀品质、生活之道，还能帮助他们了解其他国家的语言、文化，从而拓宽视野，加深对世界的认识。代表性观点有"（AB3）对于"90后"而言，和亲身经历过那个历史时期的爷爷奶奶一起看一些有年代感的作品，感慨很多。毕竟很多东西课本、老师都是一语带过。可以涉及很多感兴趣的领域，开阔视野，加深对这个世界的认知。""（AG3）喜剧、悬疑、动作、文艺、科幻都看，多是外文的，对提高英语口语有很大帮助。""（AG35）感觉电视剧中的一些故事，对我们面对人生有益，能使我们更好地了解社会，能学习到很多为人处世的道理。""（AG53）让我认识很多新时代的高科技产品的力量。""（AG56）影视作品能够丰富自己对外界社会的想象，会学到一些平常学不到的生活技能和人际交往的技能。"

第四，价值层面的影响。价值观既有别于事实判断，也不同于科学知识，是一切美丑、是非、善恶的判断准则，也是工作生活的行动指南，因此，价值层面的影响比前三个层面的影响更加深远。访谈中，有43位访谈对象提到影视作品对他们的价值观存在不同程度的影响。

一部分受访对象提到了影视作品对自己价值观的总体影响，代表性观点有："（TB3）我感觉自己价值观被改变了（犹如拥有了火的意志）。""（TB8）对价值观有潜移默化的影响。""（TB39）好电影能学到许多人生哲理和不同价值观。""（AB6）传递正能量，帮助树立正确的价值观。""（AG6）虽然只是影视作品，但其中很多观点值得我们去借鉴，可以帮助我们树立正确的价值观，明辨是非。""（AB14）价值观等会受到影片中的人物观念影响。"

还有相当一部分受访对象提到了影视作品对自己价值观某些具体方面，如爱国、女权、爱情、理想、信念的影响，如："（AB5）我以前是有些大男子主义后来慢慢变得坚定不移地支持男女平权……当然思想的转变不是一部电影就能做到的，这里面还有其他因素，但影视作品起到了楔子的作用。""（AG59）我觉得电视剧让我的爱情观、价值观都改变了。""（AG53）培养了我的爱国思想及强烈的责任感。""（AG12）树立正确的社会主义核心价值观，弘扬爱国主义。""（AB10）让我对共产主义充满了向往。"

除了这四个层面的主要影响外，还有少数同学提到了影视作品对他们生活的影响，例如有一位同学提到，经常看动漫导致她的眼睛近视了。

综上可以得出访谈结论：首先，观看影视作品是当代大学生的主要娱乐方式之一，且当代绝大多数大学生观看影视作品的行为是在新媒体环境下发生的；其次，中国大陆影视作品和英美影视作品最受当代大学生欢迎；最后，影视作品对大部分同学的价值观存在着不同程度的影响，且总体影响是正面的。

考虑到访谈提纲本身具有一定的导向性，且研究人员和受访对象之间存在着师生关系，因此上述结论可能存在一定的主观性和局限性。为最大程度保证结果的真实性，研究人员在结构性访谈结果的基础上设计了调查问卷，并在更大范围内开展匿名调查，以求得更加客观、普遍的结果。

C. 问卷调查

研究人员在结构性访谈结论的基础上，依据社会主义核心价值体系设计了调查问卷。问卷初稿含4个模块，14个变量。其中"地区"与"时长"两个变量调查影视作品在大学生日常生活中的介入程度。另外12个变量依据社会主义价值体系的三个层面设置，并根据大学生的视角和实际情况进行适度调整，构成了问卷模型（表3-1）。

表3-1 大学生价值体系模型

模块设置	介入程度		国家层面				社会层面				个人层面			
变量名称	地区	时长	政治	经济	文化	历史	自由	公正	职业	交际	爱情	运动	阅读	学习
变量类别			理论变量						实践变量					

模型每个层面含4个变量，其中"政治""经济""文化""历史""自由""公正"6个变量为理论变量，"职业""交际""爱情""运动""阅读""学习"6个变量为实践变量。所有变量对应的题目选项均采用五级量表，答案指向一致。

初稿设计完成后，研究人员按照题项数量的5倍，采用方便抽样的方式，抽取了70位学生进行初测，在初测结果的基础上通过极端分组法对问卷题项的区分度进行了检验。独立样本T检验的结果显示，除"文化"（方差检验结果为P=0.008，对应的假设方差不相等一栏T检验结果为t=−1.420，P=0.162）和"自由"（方差检验结果为P=0.029，对应的假设方差不相等一栏T检验结果为t=−0.665，P=0.510）两个变量的区分度未达到显著水平外，其他变量的检验结果均为显著。对这两个变量进行修订后，研究人员进行了复测，复测结果"文化"变量方差检验结果为P=0.000，对应的假设方差不相等一栏T检验结果为P=0.000，区分度显著，"自由"变量的方差检验结果为P=0.051，对应的假设方差相等一栏T检验结果为P=0.287，区分度仍不显著。在此基础上，研究人员对问卷中"自由"变量对应题项的答案进行了逐一分析，并再次展开了小规模访谈。研究人员发现，"自由"变量对应的题项中，答案"4"的选择率高达95.7%，这一结果和访谈结果高度吻合，说明访谈对象对"自由"的理解有高度共识，而答题的结果如实反映了这一情况。因此，T检验的结果并不能说明该题项无效，故问卷保留修订后的"文化"与"自由"两个题项。

完成修订后，研究人员再次抽取70位访谈对象进行复测。在信度和效度检验中，问卷的α系数和KMO检验的结果分别为Cronbach's α=0.601，KMO=0.711，Bartlett的球形度检验结果为Sig.=0.000<.05，说明问卷具备一定的信度和效度，基本适合因子分析，能够在应用型研究中使用。

问卷定稿后，研究人员在W高校发放了实体问卷和电子问卷共计800份，回收有效问卷720份，有效回收率90%。

第一，影视作品对大学生日常生活的介入程度调查。

问卷从大学生偏爱的影视作品产地与观看影视作品的时长两方面来调查影视作品对大学生日常生活的介入程度。结果显示（表3-2），39.7%的调查对象最喜爱的影视作品产自中国内地，比访谈结果45.65%低5.95%；34.5%的调查对象最喜欢的影视作品产自英美，比访谈结果42.75%低8.25%；日韩地区影视作品的受欢迎程度排名第三，为11.6%，比访谈结果26.09%低14.49%。由于在访谈中多位受访对象提及了不止一个国家和地区的影视作品，而问卷则为单选，因此问卷调查与访谈的具体数据有一定出入，但前三名的排名次序与访谈一致。从整体结果看，中国大陆影视作品和英美影视作品的受欢迎程度相差不大，且远超其他国家和地区的影视作品，由此可见，中国大陆影视作品和英美影视作品最受当代大学生喜爱。

表3-2　最受大学生喜爱的影视作品产地调查结果

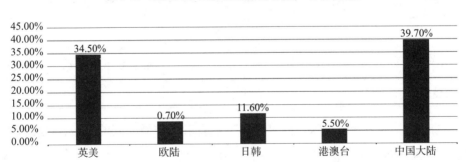

在时长上（表3-3），16.5%的调查对象每天至少要观看一集影视作品，10.8%的调查对象每天观看一集影视作品，21.6%的调查对象每天花十几分钟观看影视作品，48.1%的调查对象几天观看一次影视作品，只有2.9%的调查对象从来不观看影视作品，这一数据与深度访谈的结果也基本符合。由此可以判断观看影视作品是当代大学生重要的娱乐方式。

表 3-3 大学生观看影视作品的时长调查结果

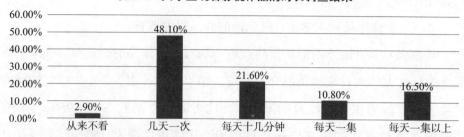

第二，影视作品对大学生价值观的影响分析。

研究通过相关度分析进一步探究影视作品对当代大学生价值观的具体影响。问卷主要是从"时长"和"地区"两个变量来考察影视作品对大学生价值观的介入程度。在使用 SPSS17.0 对所有变量进行 K-S 检验后，发现少数变量不符合正态分布，因此研究采用了计算 spearman 系数的方法来计算影视作品对大学生价值观（表3-4）的影响。

表 3-4 影视作品对大学生价值观介入度的分析模块结构

模块设置	介入程度		国家层面				社会层面				个人层面			
变量名称	地区	时长	政治	经济	文化	历史	自由	公正	职业	交际	爱情	运动	阅读	学习
变量类别			理论变量						实践变量					

"时长"这一变量反映出的是大学生观看影视作品时间的长短，侧重反映影视作品对大学生生活实践的介入度，因此"时长"变量仅与大学生价值体系中的实践变量进行相关分析，具体分析结果如下（表3-5）：

表 3-5 "时长"对大学生价值观影响的相关分析

		职业	交际	爱情	运动	阅读	学习
时间	相关系数	-.091*	.015	-.061	-.014	.045	-.008
	Sig.（双侧）	.015	.680	.101	.701	.227	.824

*. 在置信度（双侧）为 0.05 时，相关性是显著的。

结果显示，"时长"与除"交际"和"阅读"外的所有实践变量负相关，且与"职业"这一变量显著负相关。这一结果反映，过度观看影视作品对当代大学生的学习生活总体影响是负面的，且尤为不利于敬业精神的培养。

"地区"这一变量反映出的是大学生偏爱的影视作品产地，选项按照该地区与中华文化的差异性进行梯度排序，侧重反映影视作品对大学生在价值观理论认识层面的影响。由于对社会主义核心价值观的理论认识在一定程度上影响着大学生的实践行为，因此"地区"这一变量和大学生价值体系中的所有变量进行相关分析，具体分析结果如下（表3-6）：

表3-6 "地区"对大学生价值观影响的相关分析

		政治	经济	文化	历史	自由	公正	职业	交际	爱情	运动	阅读	学习
地区	相关系数	−.009	.054	.010	.019	.009	.000	−.043	−.011	−.067	−.060	.053	−.075*
	Sig.（双侧）	.812	.144	.783	.614	.812	.982	.252	.770	.073	.106	.159	.044

*.在置信度（双侧）为 0.05 时，相关性是显著的。

结果显示，"地区"这一变量与除"政治"外的所有理论变量正相关，但相关性并不显著；与除"阅读"外的所有实践变量均负相关，且与"学习"这一变量显著负相关。

这一结果在一定程度上反映出喜爱国产影视作品的大学生对我国的经济建设成就、悠久历史、灿烂文化的认同度略高于喜爱英美影视作品的大学生，但在政治觉悟上，喜爱国产影视作品的大学生并不比喜爱英美影视作品的大学生觉悟更高。

总体上看，问卷调查结果反映：第一，无论是"时长"还是"地区"与大学生价值观变量的相关系数都不高，且仅与"职业"和"学习"两个变量显著相关，说明影视作品对大学生价值观的影响并不大。第二，影视作品对大学生价值观的总体影响是正面的，但过度观看影视作品则会对大学生的价值观产生负面影响，尤其表现在对大学生的职业态度和学习的影响上，甚至还会危害到大学生的身体健康。第三，国产影视作品对当代大学生在具体生活实践中的负面影响更甚于英美影视作品。

（4）结果分析

将结构访谈和问卷调查的结果加以综合后，研究人员认为：第一，使用新媒体终端观看影视作品是当代大学生的重要娱乐方式；第二，影视作品对大学生的价值观存在一定的影响，但该影响并未在新媒体环境下被媒介放大；第三，影视作品对当代大学生价值观的总体影响是正面的，但现阶段国产影视作品对大学生在价值观实践层面的潜在危害更甚于外来影视作品。

具体看来，影视作品对当代大学生的价值观存在以下影响：

A. 丰富情感，拓宽视野

大学生较为年轻，生活经验和阅历不够丰富，行动能力也有限，同时他们具有青年人的丰富情感和较为旺盛的想象力。影视作品能够在一定程度上帮助他们突破物理世界带来的行动限制，以直观、且比现实生活更富感染力的艺术方式拓宽他们的人生体验，从另一个维度去感受爱情、婚姻、死亡、战争等在他们现实生活中缺席的经历。优秀影视作品不仅能让观众产生代入心理，还能够进一步让观众反思生活，从而更珍惜他们拥有的一切。访谈中，有多位访谈对象提到，影视作品能够让他们的情感更加细腻，更加珍惜自己的家人、恋人、朋友。

B. 学习知识，唤起好奇心和求知欲

在结构访谈中，有多位访谈对象提到，他们通过观看英美影视作品学习英语，还有访谈对象提到能够从影视作品中学到各种知识和技能。除了学到具体的知识和技能外，影视作品还有助于激发观众的好奇心和求知欲。例如2019年初热播的科幻电影《流浪地球》便激发大量观众对宇宙的兴趣。《流浪地球》中提到的洛希极限、引力弹弓等专有名词还在网络上引发了大量讨论，这些讨论不仅起到了普及科学知识的作用，也在一定程度上激发了观众对科学的兴趣。

C. 弘扬正能量，形成正确价值判断

多位访谈对象提到了影视作品能够弘扬正能量，树立正确的价值观，且问卷调查结果进一步展示，在现阶段部分国外影视作品比国产影视作品更有助于帮助当代大学生树立正确的价值观。

事实上，无论是国外影视作品还是国内影视作品，质量良莠不济，但能够被引入国内市场的外来影视作品都是制作精良、符合社会主义核心价值观的优秀作品。这些作品要么弘扬了热爱生活、努力奋斗、百折不挠等积极向上的正能量，要么真实生动地展现了不为国内观众所知的国外社会现实。在结构性访谈中，许多访谈对象提到了《阿甘正传》《肖申克的救赎》等作品带给他们的正能量，以及观看了《小萝莉的猴神大叔》《起跑线》等印度影片后，深刻认识到生活在中国是多么幸福。

D. 哗众取宠，扭曲现实

除上述正面影响外，部分影视作品对观众还存在着一定程度的负面影响，且以部分粗制滥造的国产影视作品为最。目前国内影视作品中充斥着过多仙侠、宫斗、穿越等既脱离现实，又扭曲历史的题材。即使是现实题材的青春校园剧、职场剧中，也充斥着过多打架、堕胎、多角恋、拜金等情节。这些作品过度放大青春期的迷茫及其他小众现象作为哗众取宠的卖点，却没有如实反映广大学生和劳动人民生活的创作真诚。这些影视作品不仅有可能误导观众的价值观，还可能助长不良社会风气，严重违背了社会主义核心价值观。

以青春校园剧为例，美国的《歌舞青春》《怦然心动》带给观众的是积极向上的正能量，而国产剧《匆匆那年》《致青春》等作品虽然以校园为背景，却很少出现与学习、奋斗这类校园主题相关的情节。访谈中，有访谈对象谈道，"现在几乎都不看电视剧了，因为都是小鲜肉，内容也和实际生活差太远了，不接地气。"因此国产影视作品对大学生的价值观，尤其在实践层面，产生负面的影响更甚于外来影视作品。

E. 其他影响

除上述价值层面的影响外，影视作品还对大学生有其他影响，比如一位访谈对象提到，由于过度观看动漫作品，导致她的眼睛近视了。

（5）对　策

从上述结果可以看出影视作品对当代大学生既有正面影响，也有负面影响。对正面影响，应该进一步发扬光大；对负面影响，则应该制定相应的对策以最大限度地消除。研究人员认为，可以从影视作品、学校、社会三个层面着手制定相应对策。

A. 本体层面的对策

由于影视作品是研究开展的起点，因此对本体进行优化是对策的根本。研究人员认为，可以通过优化历史题材、净化现实题材、拓展未来题材、发掘红色题材、引进外来题材的手段对影视作品进行优化，从而发扬其正面影响，减少其负面影响。

优化历史题材，即讲好历史故事，发扬传统美德，减少穿越、宫斗等扭曲历史和丑化传统文化的影视作品。当代大学生没有受过封建压迫，因此打着"反封建"旗号的宫斗剧不仅不能起到真正意义上的反封建作用，还会严重贬低我国悠久的历史文化。我们的先人留下了灿烂辉煌的传统文化，其中的美德与智慧，如"仁者爱人""一诺千金""本立道生""反身而诚"等，在今天依然具有普适的意义。因此取材历史的影视作品要做到最大限度地尊重历史，多宣扬传统文化中的优秀价值观，让当代大学生更多地了解中华民族的智慧，从而更好地指导他们的生活。

净化现实题材，即取材现实生活的影视作品要接地气，艺术化地反映劳动人民的真实生活。在青春校园剧、职场剧等影视作品中，把作品重点放在学习、工作、克服困难、努力奋斗等校园和职场的真正主题上，给大学生传递更多正能量。

拓展未来题材，即加大力度开发以科幻为主题的影视作品。科幻类影视作品，尤其是硬科幻，制作水平往往代表着一个国家影视制作的最高水准，因为此类作品的制作需要丰富的想象力、严密的逻辑、过硬的技术、深厚的人文关怀以及一往无前直面未来的勇气，直观地反映出一个国家的综合国力和自信。当代大学生生长在一个蒸蒸日上的社会大环境中国，他们有天生的大国自信。科幻类作品能够向大学生展现星空大海的征途，避免小富即安的心态，更进一步地激发他们的探索欲。

发掘红色题材，既要传承好革命题材，也要发掘当代题材。我国在革命年代的伟大成就很多被搬上了屏幕，社会主义新时代建设取得的伟大成就还有待进一步发掘。目前，在中国影视票房排名靠前的《战狼》《红海行动》均为当代主旋律题材。它们的成功充分反映出以社会主义新时期伟大成就为题材的优秀主旋律作品不仅能够弘扬正能量，也具有巨大的商业价值。对于当代大学生而言，这些反映新时期成就的主旋律作品与他们的成长背景契合，更能够激发他们的荣誉感和爱国热情。有多位访谈对象在访谈中直接提到，《战狼》《红海行动》等作品培养了他们的爱国思想，还让他们有了强烈的责任感。

引进外来题材，即适度引进优秀外来影视作品。优秀的影视作品能够拓展观众的视野，让观众了解外国文化。一些优秀的批判主义影视作品生动地展现了国外的现实，从而引起观众的反思，观众会更加珍惜当下拥有的和平幸福生活。此外，对于大学生，观看优秀外来影视作品还有助于扩大他们的格局，培养他们的人类命运共同体意识。

B. 学校层面的对策

影视作品能够提供课本、家庭之外的另一个叙事视角，向观众展现事物的多面性，让他们对事物的了解更加全面，对世界的认识更加立体，从而促进观众独立思考。但对于大学生，由于他们的价值判断尚在形成阶段，这种由影视作品引发的独立思考需要在正确的引导下进行，以免产生负面后果。研究人员认为，学校可以在现有基础上通过以下手段对大学生的价值观进行引导：

第一，开设相关公共选修课，引导学生赏析影视作品。在选材方面，课程选取的影视作品内容既要尊重传统，也要把握时代的脉搏，可选取国产主旋律影片和国外批判主义影片进行赏析。对主旋律影片和批判主义影片应该采取不同的赏析方式。主旋律作品应该采取"沉浸式"赏析，让学生全方位沉浸影片所创造的艺术情境中，通过影片的艺术渲染刺激学生的心理机能，产生"崇高感"，并以教师的讲解作为中介，在观看影视作品所产生的外部经验与学生的内部心理活动相互作用的过程中实现主旋律价值观的内化。批判类影片的赏析则应该放在影片所处的历史、文化场域中进行，通过影视作品所带来的感性冲突让大学生获得相应的情感体验，并在教师的引导下，从这些直观、感性的经验素材中抽象出基本的价值概念，并以社会主义核心价值观对这些基本概念进行批判与重构，帮助大学生形成基于社会主义核心价值观的判断力。

第二，将价值教育融入通识课程，乃至专业课程中。相比公选课，各类通识课程覆盖面更广，而专业课程则更具有个性化特色。因此，可以将社会主义核心价值观嵌套进通识课程和专业课程的知识体系中，在学习过程中实现知识与价值的同步建构，让社会主义核心价值观成为大学生自身知识体系牢不可分的一部分，从而坚定大学生的价值判断，消除包括影视作品在内的诸多因素带来的负面价值影响。

第三，通过丰富校园文化活动的方法，根据学生的兴趣爱好组织与影视作品相关的校园活动。活动可采用cosplay等大学生喜闻乐见的外在表现形式吸引大学生主动参与，并在具体的活动流程中注入社会主义核心价值观的内涵，通过活动流程对大学生内在心理过程进行调控，从而将核心价值转移到学生的内部，实现价值观的内化。

第四，增设女性向的体育、娱乐设施。调查显示，在"时间"这一变量上，女性的均值为3.0060，男性的均值为2.8057，即女大学生观看影视作品的平均时长要略多于男大学生。访谈结果显示，是客观条件而不是主观原因导致这一结果。初期访谈中有三分之一的女生提到自费在校外参加了一些文体培训课程，还有少数女生提出学校的运动设施，如足球场、篮球场，更多考虑到男生的兴趣，而没有照顾到女生的兴趣。因此，用手机观看影视作品对部分女大学生是被动选择的娱乐方式。学校可以考虑增设女性向的体育、娱乐设施，开设瑜伽等更受女性偏爱的文体课程，鼓励更多女大学生放下手机，走向操场。

此外，由于本研究仅在研究人员任教的 W 高校进行调查抽样，抽样的局限性导致本研究的结果无法充分反映出不同高校学生的特性。在实践操作中，高校层面可根据本校学生的具体特征进一步细化调查，在本校学生的特性与当代大学生的普遍共性之间把握平衡，从而制定更有针对性的对策。

C. 媒介层面的对策

在媒介层面上还需要进一步完善监管机制。除了加大对影视作品的监管力度外，还要对影视作品的各种衍生作品与衍生文化进行监管。如在深受当代大学生欢迎的 B 站，曾经流行各种"鬼畜"作品，即对经典作品进行解构、拼接，并将非主流价值观嵌套在作品中，从而对原作进行了有意或无意的价值重构。这些作品的作者未必怀有不良意图，但却有可能对大量价值尚未健全的青少年受众产生不良影响，同时，这也是对原作版权的粗暴侵犯。

总的来看，在新媒体环境下，影视作品对大学生的价值观存在着一定的影响，但该影响并没有被媒介放大，且绝大部分大学生在社会主义核心价值观的理论层面有着极高觉悟，这在很大程度上反映出我国现阶段价值观教育的成效。新媒体环境下的各种影视作品对现阶段价值观教育，既是挑战，也是机遇。媒介环境拓宽了价值观教育的时空边界，影视作品为价值观教育提供了比课本更富感染力的资源。充分利用新媒体环境下的影视资源对大学生开展价值教育，不仅是课堂价值观教育的有效补充，而且能潜移默化地实现社会主义核心价值观的内化，将其转变为大学生的情感认同和行为习惯。

2. 文学作品

◎文学阅读是作者和读者共同完成的艺术。

◎上帝死了，所以等待戈多，问题的本质依然是我可以期待什么。

◎后现代文学作品是迷失在荒原里渴望被拯救的灵魂，但文学的价值在于拯救。

◎后现代文学的拯救在于受动，受动力成就作者的慈悲心。

◎天地不仁，封印在 Matrix 中的科幻作品看不到真正的星空大海。

◎答疑篇（问题：大学生该读什么书？）

　　除了影视作品，文学作品也是我们在生活中经常接触到的艺术形式。文学作品既包括经典名著，也包括网络文学。由于文学作品以文字符号为载体，所以表现形式不像影视、戏剧、绘画、雕塑那样直观，需要人们用自己的想象力去欣赏。以人物为例，无论是达·芬奇的《蒙娜丽莎》，还是拉斐尔的《椅中圣母》，都从感性直观上呈现给了我们一个美的形象。然而文学作品不同，文学作品是文字的艺术，能够通过文学语言在一定程度上对人物进行白描，但这个人物到底长什么样、性格怎样、行为如何，就有赖于作者的想象力了，这也就是一千个读者心中能够产生一千个哈姆雷特的原因。

　　我们来看看几部优秀古典小说对人物外貌的描写。《红楼梦》是古典小说描摹人物的典范之作。先说贾府"三春"中的迎春和探春。迎春被称为"二木头"，胆小懦弱，是个拿针扎了都不知道哎哟一声的人。曹雪芹对她的外貌描写是"肌肤微丰，合中身材。腮凝新荔，鼻腻鹅脂，温柔沉默，观之可亲"。意思是身材中等，脸上有点婴儿肥，肌肤光洁滑嫩，像剥开壳的荔枝肉。刚到青春期的小女孩鼻子上开始溢出少许油脂的细节也描写得很细腻。至于五官如何，倒没有给人留下什么深刻印象，但性情必定是柔弱的。对迎春外貌的描写总让我想起"淡月失梅花"这句诗，细节融入了整体而不甚分明，但给人的感觉是美的。

探春的描写就不一样了："削肩细腰，长挑身材，鸭蛋脸面，俊眼修眉，顾盼神飞，文采精华，见之忘俗。"我们看，是不是眉眼分明，人立刻就有了神韵，画龙点睛就是如此。人的整体是和谐的，某些特质又恰到好处地从整体中独立出来，恰如眉梢眼角的一颗泪痣，出水新荷上的一只蜻蜓，使得整体灵动起来，画面就有了生命。至于探春的性格，贾府的小厮兴儿在尤二姐跟前倒也形容得传神："三姑娘的混名叫'玫瑰花'，又红又香，无人不爱，只是有刺扎手。"

至于林妹妹，眉眼描摹也极为生动。眉毛是"似蹙非蹙胃烟眉"，眼睛是"似喜非喜"还是"似泣非泣"，"含情"抑或是"含露"都尚有争议。由此也可以看出，优秀的文学形象在每个人心里的具体模样都是不同的。从性格上看，林妹妹虽然略有些傲娇、多心、刻薄，但心眼儿是好的，为人有主见，甚至是会过日子的。在第六十二回，林黛玉便对贾宝玉说："咱们家里也太花费了，替你们一算计，出的多进的少，如今若不省俭，必至后手不接。"林妹妹这番见识是不是远比贾府那些醉生梦死的膏粱子弟强多了？

相比之下，《三国演义》《水浒传》中的人物描写就要略微逊色。《水浒传》中女性角色不多，但只要是个平头正脸的，描写起来都是一片花枝招展。除了潘巧云之外，其他女性去掉职业特征，例如扈三娘是武将，所以是"玉手纤纤，双持宝刀"；白秀英是歌女，所以是"笛吹紫竹篇篇锦，板拍红牙字字新"——纯外貌描写看不出太大区别。相比之下，孙二娘、顾大嫂这些不怎么美，甚至很丑的形象倒还分明些。同为悍妇，孙二娘的形象是：

眉横杀气，眼露凶光。辘轴般蠢坌腰肢，棒槌似桑皮手脚。厚铺着一层腻粉，遮掩顽皮；浓搽就两晕胭脂，直侵乱发。红裙内斑斓裹肚，黄发边皎洁金钗。钏镯牢笼魔女臂，红衫照映夜叉精。

顾大嫂的形象是：

眉粗眼大，胖面肥腰。插一头异样钗环，露两臂时兴钏镯。红裙六幅，浑如五月榴花。翠领数层，染就三春杨柳。有时怒起，提井栏便打老公头。忽地心焦，拿石碓敲翻庄客腿。生来不会拈针线，正是山中母大虫。

长相暂且不评价，此二人浓妆艳抹、一头钗环、满臂钏镯、花红柳绿的装扮着实恶俗至极。但在凶悍方面，孙二娘和顾大嫂倒是各有千秋。孙二娘的特点是"凶"，原著中"眉横杀气，眼露凶光"描写得传神。不是这般凶恶嘴脸，怎能做得出人肉包子的营生？顾大嫂的特点是"悍"，原著中的描写是"眉粗眼大，胖面肥腰"，但绝不是个和善的胖子，不然打祝家庄的时候怎么能把房中手无寸铁的无辜妇人一刀一个尽皆杀了？再看家庭关系，孙二娘跟张青倒还算恩爱，最多在包子馅的问题上做些阳奉阴违的手脚，面子上还是过得去的，对丈夫的朋友兄弟也够义气。顾大嫂则是"有时怒起，提井栏便打老公头；忽地心焦，拿石碓敲翻庄客腿"的"母大虫"，亲戚之间，也是一言不合就要拿刀拼个你死我活。用今天的话说，就是不折不扣的母老虎。从纯粹文学阅读的角度来看，在千人一面的花枝招展中，多了这么两个异类，是不是倒也挺有趣？至少比哑巴美人一丈青有趣多了。在网红脸泛滥的今天，这种多元化的审美还真的在某种程度上值得我们借鉴。

至于环境描写，也以《红楼梦》为例。大观园是多少文艺青年对于诗画青春的梦想，其中的潇湘馆可谓尽得空间描写之妙：

出亭过池，一山一石，一花一木，莫不着意观览。忽抬头见前面一带粉垣，数楹修舍，有千百竿翠竹遮映。众人都道："好个所在！"于是大家进入，只见进门便是曲折游廊，阶下石子漫成甬路，上面小小三间房舍，两明一暗，里面都是合着地步打的床几椅案。从里间房里，又有一小门，出去却是后园，有大株梨花，阔叶芭蕉，又有两间小小退步。后院墙下忽开一隙，得泉一派，开沟尺许，灌入墙内，绕阶缘屋至前院，盘旋竹下而出。

翠竹、游廊、修舍、梨花、芭蕉，明暗掩映间，一派江南园林的秀丽景象跃然在目，和林黛玉秀外慧中的性格气质是不是很相宜？我们再来看蘅芜苑的景象：

忽迎面突出插天的大玲珑山石来，四面群绕各式石块，竟把里面所有房屋悉皆遮住。且一树花木也无，只见许多异草，或有牵藤的，或有引蔓的，或垂山岭，或穿石脚，甚至垂檐绕柱，萦砌盘阶，或如翠带飘摇，或如金绳蟠屈，或实若丹砂，或花如金桂，味香气馥，非凡花之可比。……顺着游廊步入，只见上面五间清厦，连着卷棚，四面出廊，绿窗油壁，更比前清雅不同。

奇石、香藤、清厦、卷棚、四面出廊、绿窗油壁，阔朗清雅，似有冷香拂面，像极了薛宝钗温柔藏拙的性格。

从对人物和景物的描写我们可以看出，好的文学作品是空间的艺术。在文学作品中，空间之所以得以产生，有赖于作者的描摹和读者的想象。因此，**文学阅读是作者和读者共同完成的艺术。**

优秀的文学作品不仅是空间的艺术，也是时间的艺术。东野圭吾是一位操控时间和空间的大师。他的作品在不同时空切换自如，逻辑严谨、结构精妙，《解忧杂货店》便是其中的代表。但过于精致的结构同样成了东野圭吾作品的最大缺陷。我们知道，真实的生活是不可能那样恰到好处的。文学作品的故事情节在逻辑上严丝合缝固然精密，却使得作品少了浑然天成的感觉，也剥夺了读者想象的权利，用古人的话说，就叫带了几分"匠气"。有时候，作品在某些方面的缺陷，倒还成就了角色的传奇。例如，赵云的年龄是《三国演义》中最大的谜，但是这个谜给了读者多少的想象。在读者心中，赵云似乎永远是那个胯下白龙马，手中亮银枪的少年将军。读者的想象能够产生强大的创造力，围绕着这个不老少年的形象，又诞生了多少故事、戏剧、话本。在今天的游戏、动漫、电影、电视剧、短视频中，赵云的形象依然被反复演绎。这难道不是缺陷成就的传奇吗？

我个人认为对时间把握最优秀的作家是萧红。时间感在她的作品里羚羊挂角，无迹可求，却在毫不经意间直击人心，让人产生再回首已是百年身的沧桑感。我们看看《呼兰河传》中的这段描写：

记得大门东边那家是养猪的，一个大猪在前边走，一群小猪跟在后边。有一天一个小猪掉井里了，人们用抬土的筐子把小猪从井吊了上来。吊上来，那小猪早已死了。井口旁边围了很多人看热闹，祖父和我也在旁边看热闹。那小猪一被打上来，祖父就说他要那小猪。

祖父把那小猪抱到家里，用黄泥裹起来，放在灶坑里烧上了，烧好了给我吃。

我站在炕沿旁边，那整个的小猪，就摆在我的眼前，祖父把那小猪一撕开，立刻就冒了油，真香，我从来没有吃过那么香的东西，从来没吃过那么好吃的东西。

第二次，又有一只鸭子掉井了，祖父也用黄泥包起来，烧上给我吃了。

在祖父烧的时候，我也帮着忙，帮着祖父搅黄泥，一边喊着，一边叫着，好像拉拉队似的给祖父助兴。

鸭子比小猪更好吃，那肉是不怎样肥的。所以我最喜欢吃鸭子。

我吃，祖父在旁边看着。祖父不吃。等我吃完了，祖父才吃。他说我的牙齿小，怕我咬不动，先让我选嫩的吃，我吃剩了的他才吃。

祖父看我每咽下去一口，他就点一下头。而且高兴地说："这小东西真馋。"或是，"这小东西吃得真快。"

我的手满是油，随吃随在大襟上擦着，祖父看了也并不生气，只是说："快蘸点盐吧，快蘸点韭菜花吧，空口吃不好，等会儿要反胃的……"

祖父越称赞我能吃，我越吃得多。祖父看看不好了，怕我吃多了。让我停下，我才停下来。我明明白白的是吃不下去了，可是我嘴里还说着："一个鸭子还不够呢！"

自此吃鸭子的印象非常之深，等了好久，鸭子再不掉到井里，我看井沿有一群鸭子，我拿杆子就往井里边赶，可是鸭子不进去，围着井口转，而呱呱地叫着。我就叫在旁边看热闹的小孩子，我说："帮我赶哪！"

正在吵吵叫叫的时候，祖父奔到了，祖父说："你在干什么？"

我说："赶鸭子，鸭子掉井，捞出来好吃。"

祖父说:"不用赶了,爷爷抓个鸭子给你烧着。"

我不听他的话,我还是追在鸭子的后边跑着。

祖父上前来把我拦住了,抱在怀里,一面给我擦着汗一面说:"跟爷爷回家,抓个鸭子烧上。"

我想:不掉井的鸭子,抓都抓不住,可怎么能规规矩矩贴起黄泥来让烧呢?于是我从祖父的身上往下挣扎着,喊着:"我要掉井的!我要掉井的!"

祖父几乎抱不住我了。

我们都知道,萧红一生坎坷,颠沛流离,贫病交加,最终英年早逝。童年和祖父一起的生活,是她短暂人生中为数不多的无忧无虑的日子。此时爷爷已老,她年纪尚幼,对即将袭来的生活风暴浑然不知。可是读者却知道,那个在园子里、菜地上跟爷爷一起追蜻蜓、逮蚂蚱、摘玫瑰,在深宅大院里跟爷爷一起读书、念诗,吃烧小猪、烧鸭子的灵动小身影就像暴风雨来临前夕阳洒在河面上的几点闪烁的碎金,马上就要失落在时光的长河里了。

悲剧是把美好的东西毁灭给人看。没有慈悲心的作者创作不出打动人心的作品,没有慈悲心的读者读不出作品的悲天悯人。《红楼梦》中尤二姐的悲剧如果用今天"太太教"①的思想来解读,就看不到曹雪芹对这个人物的深切同情。在一个女性被剥夺了选择权,只能作为男性的依附品而生存的社会里,雪为肌肤、花做肚肠的尤二姐被指腹为婚,定亲给了家道败落、衣食不周、十几年音讯不通的张华。这样的婚姻合理吗?文艺角色的命运不可能跳出时代的局限,因此尤氏姐妹的结局是悲惨的。正是十二钗、尤氏姐妹、甄英莲,还有书中众多人物的悲剧命运让我们看到了封建制度对人性的摧残,才让人们去反思,去斗争,今天的女性才能够享有接受教育、走出家庭、同工同酬

---

① 这个看似粗俗的词是一个网络词汇。"太太"的意思与"姨娘"相对,指正室、大老婆。"太太教"是一个特定女性群体。这个群体认为建立两性关系就意味着一种天然隔离,此后生活中最重要的事情就是防范其他女性勾引自己的伴侣。她们把两性关系看作是生活的全部,以正室自居,且热衷于以封建制度下女德的标准给其他女性立规矩,但这个群体最轻视的其实是她们自己,她们自觉地把自己置于依附者的地位。

的权力。

在这里特别要说说又美又飒的东海第一救助飞行队机长宋寅的故事。在2016年的一次海上救援中，她在15分钟内救起了10名因为渔船着火被困海上的船员。海上救援的最难点在于直升机要在非航空载舰上起降，这意味着海上救援飞行员的危险概率是宇航员的5倍，是喷气式轰炸飞行员的10倍，是民航飞行员的54倍！宋寅从业十多年，冒着极高的风险先后拯救了上百人。如果有人在采访中问她"什么时候结婚？"是不是暴露自己的褊狭和愚昧？比这更愚昧的还有在对科学家颜宁的采访："这是个男权社会，你为什么要做科研？"颜宁从事的葡萄糖转运蛋白研究对于了解癌症、糖尿病的发病机理有着里程碑的意义。当癌细胞吞噬人们的健康和生命时，会管男女吗？

苏格拉底说"美德即智慧"，反之"愚昧即罪恶"同样成立。愚昧的作者创作不出慈悲的作品，愚昧的读者读不出作者的慈悲心。让我们一起看看《呼兰河传》中萧红对指腹为婚的描写：

这指腹为亲，好处不太多，坏处是很多的。半路上当中的一家穷了，不开烧锅了，或者没有窝堡了。其余的一家，就不愿意娶他家的媳妇，或是把女儿嫁给一家穷人。假若女家穷了，那还好办，若实在不娶，他也没有什么办法。若是男家穷了，男家就一定要娶，若一定不让娶，那姑娘的名誉就很坏，说她把谁家谁给"妨"穷了，又不嫁了。"妨"字在迷信上说就是因为她命硬，因为她某家某家穷了。以后她的婆家就不大容易找人家，会给她起一个名叫做"望门妨"。无法，只得嫁过去，嫁过去之后，妯娌之间又要说她嫌贫爱富，百般的侮辱她。丈夫因此也不喜欢她了，公公婆婆也虐待她，她一个年青的未出过家门的女子，受不住这许多攻击，回到娘家去，娘家也无甚办法，就是那当年指腹为亲的母亲说：

"这都是你的命（命运），你好好的耐着吧！"

年轻的女子，莫名其妙的，不知道自己为什么要有这样的命，于是往往演出悲剧来，跳井的跳井，上吊的上吊。

古语说，"女子上不了战场。"其实不对的，这井多么深，平白的你问一个男子，问他这井敢跳不敢跳，怕他也不敢的。而一个年轻的女子竟敢了，上战场不一定死，也许回来闹个一官半职的。可是跳井就很难不死，一跳就多半跳死了。

那么节妇坊上为什么没写着赞美女子跳井跳得勇敢的赞词？那是修节妇坊的人故意给删去的。因为修节妇坊的，多半是男人。他家里也有一个女人。他怕是写上了，将来他打他女人的时候，他的女人也去跳井。女人也跳下井，留下来一大群孩子可怎么办？于是一律不写。只写，温文尔雅，孝顺公婆……

萧红短暂的一生颠沛流离，半生尽遭白眼冷遇，饱尝世事艰难的她对和她有着同样遭遇，甚至更不幸的女性有着深切的同情。世间的悲剧一直都有，但只有慈悲心肠的作家才能完成心灵的拯救。优秀的文学作品从来不避讳对死亡的描写，但在慈悲的作家那里，死亡是郑重其事的，这是发自本能对生命的敬畏和怜惜。尤二姐的吞金、年轻女子的跳井在有慈悲心的作家那里，才能真正展现出其悲剧意义。作者带着深切的同情，甚至饱含着自身的血泪写下她们的悲剧，让读者看到生活的残酷和不合理，在流下泪水的同时反思生活。这就是部分网络文学和真正的经典巨著的区别。很多网络小说学得来经典作品的遣词造句，但作者的那一片慈悲心肠却是学不来的。

再说说文学作品和生活中的女权主义。《水浒传》中动辄打老公头、敲庄客腿、掣出两把刀要跟人拼个你死我活的顾大嫂那是江湖习气，跟女权主义毫无关系。对于何为女权主义，我个人赞同苏霍姆林斯基的观点，不论男性女性，首先要有人性；无论男人女人，先把自己当人。女权主义不是要打倒男性，而是实现性别和谐相处，社会合理分工，是人权运动的一部分。古今中外，无论文学作品还是现实生活，哪个豪杰是靠在女人跟前耍威风争脸面的？哪个女英雄又是靠欺压老公长出息的？事实上，女性解放同样也解放了男性。这一点，阿富汗裔美国作家卡勒德·胡赛尼的作品《灿烂千阳》中的男性角色拉希德的婚姻悲剧最能说明问题。

　　我们有幸生活在社会主义新时代，可以自由选择多元的生活方式。我们当然能够选择驰骋职场，如果有人愿意当全职主妇或者主夫，那也是他们的自由。更重要的是，部分家庭主妇同样有着宽广的眼界和格局，例如推理小说界著名的"谋杀女王"阿加莎·克里斯蒂和诺贝尔文学奖得主维吉尼亚·伍尔夫。著名导演李安也曾经做过十年主夫。我想，正是这些经验和阅历，让他们对生活观察、感受得细腻入微，积累了生动的素材，因而能够创作出打动人心的作品来。

　　我接触过的真正优秀的人，无论是男性还是女性，他们从来不拿性别说事。优秀的男人从来不是直男癌，优秀的女人也从来没有公主病。他们之所以优秀的重要原因，是他们深刻地认识到了性别是一个偶然因素，人的价值却是由必然因素决定的。这些必然因素包括自强不息的奋斗、对社会的贡献、对家庭的付出等，但绝不包括偶然的性别。我们要承认男女体力有异、社会分工有别，但是现代社会，一个自我惕厉、奋斗不懈的人总能够找到让自己发光发热的地方。

　　再说说现代文学和后现代文学。在我看来，后现代文学的一大特点在于强烈的表达欲和迷失的心灵。部分作品读来有一种意识流喷射的感觉，仿佛是孤独的梦呓，在都市的钢铁森林之间呐喊，渴望被倾听、被关注，但心灵终究是无所归依的。《等待戈多》便是后现代荒诞戏剧的代表。尼采所说的"上帝死了"并不是文艺青年的矫情，而是对工业革命和科技发展导致的西方文明信仰危机的真实写照。这一点，欧·亨利在他的作品《没有完的故事》中有着生动的描述：

　　如今人们提到地狱的火焰时，我们不再唉声叹气，把灰涂在自己头上了。因为连传教的牧师也开始告诉我们说，上帝是镭锭，或是以太，或是某种科学的化合物；因此我们这伙坏人可能遭到的最恶的报应，无非只是个化学反应。这倒是一个可喜的假设。

　　从欧·亨利的这段描述中我们可以看到，在消极的层面，作为西方文化灵魂的基督教已经失去了其威慑力，因此，人们不再害怕恶行会招致地狱的惩罚。然而，"上帝死了"对西方文明造成的最致命的危机在于，在积极的层面，人们对生活失去了合理的期待。

美学之父康德提出的最伟大问题之一是道德和幸福怎样两全其美。用学术的语言表述，这个问题就是"我可以希望什么？"怎样既拥有感性的幸福，例如升官、发财、出名、得到帅哥／美女的青睐，又能够拥有德行，是和我们每个人的切身利益相关的事情。从实际情况看，怎样实现德福一致是横亘全人类历史的一个难题。康德虽然终生未婚，但他深刻地认识到了，没有感性幸福的德行是不完满的。对此，康德提出的解决方案是悬设天国的存在。我们必须认为天国是存在的，并且人们的善行会在天国里得到相应的福报，这样人们才对自己的生活能有合理的期待。

举个例子，也就是"坏孩子得到一切，好孩子却只有人夸他好"这个问题。在西方文化里，对于为什么要做好孩子，人们的回答是"做个好孩子本身就是奖励"。这并不是糊弄小孩子，因为在西方传统文化里，人们切实地认为好孩子将来是可以在天国里得到奖励的，坏孩子将来就会下地狱遭受惩罚。但如果我们把这个答案照搬到中华文化中来，就颇有些不切实际，甚至是唱高调了。因为中华文化是入世的文化，如果善恶不能在尘世间得到回报，道德就失去了意义，所以孔子主张"以直报怨，以德报德"。何况现在是社会主义新时代，我们既要传承优秀传统文化，又要坚持唯物主义世界观。唯物主义世界观在现实生活中的应用就是好孩子必须得奖励，坏孩子必须受惩罚，这样才能体现道德的公正。

然而在西方世界，现代科技的发展几乎彻底推翻了基督教经典《圣经》的世界观。既然上帝是以太，是镭锭，那么宗教本身便失去了其使人向往或者敬畏的神圣性。西方文明的根基被动摇了。人们所害怕的地狱的硫黄火不过是个化学反应，那么能使人们得享永福的天国是否真的存在呢？一旦对天国的存在产生怀疑，人们便不知道对生活应该怀着怎样的合理期待。毕竟，在过去的千百年里，他们的祖辈期待死后能进天国，至少不下地狱，是理所应当而且从未被质疑过的事实。即便是在文学作品中，人物角色也大都是在上帝那里获得最终的拯救。因此，对于西方文明来说，"上帝死了"意味着信仰和价值的迷失。人们不知道生存的意义是什么，也不知道可以希望什么，上不了天，入不了地，只能像一个个孤独的游魂在世间飘荡。

《等待戈多》节选，其一：

弗拉季米尔：终于来啦！（爱斯特拉冈起身走向弗拉季米尔，一手拿着一只靴子。他把靴子放在舞台的边沿上，挺直身子站在那里看月亮）你在干吗？

爱斯特拉冈：累得脸色都发白了。

弗拉季米尔：嗳！

爱斯特拉冈：为了爬到天上盯着眼瞧像咱们这样的人。

弗拉季米尔：你的靴子。你打算把你的这双靴子怎么样？

爱斯特拉冈：（转身望着他的靴子）我打算把它们留在这儿。（略停）别的人会来，就像……像……像我一样，可是他的脚比我小，因此这双靴子会使他快乐。

弗拉季米尔：可是你不能赤着脚走路！

爱斯特拉冈：耶稣就是这样的。

弗拉季米尔：耶稣！耶稣跟这又有什么关系？你不是要拿你自己跟耶稣相比吧！

爱斯特拉冈：我这一辈子都是拿我自己跟耶稣相比的。

弗拉季米尔：可是他待的地方是温暖的、干燥的。

爱斯特拉冈：不错。而且他们很快就把他钉上了十字架。

[沉默。

弗拉季米尔：咱们在这儿没事可做啦。

爱斯特拉冈：在别的地方也没事可做。

弗拉季米尔：啊，戈戈，别老这样说话。到明天一切都会好些的。

爱斯特拉冈：你怎么知道的呢？

弗拉季米尔：你没听见那孩子刚才说的？

爱斯特拉冈：没有。

弗拉季米尔：他说戈多明天准来。（略停）你对这有什么看法？

爱斯特拉冈：那么我们该做的唯一的一件事就是在这儿等。

弗拉季米尔：你疯啦？咱们必须找个有掩蔽的地方。（他攥住爱斯特拉冈的一只胳膊）走吧。

[他拖着爱斯特拉冈走。爱斯特拉冈先是妥协，跟着反抗起来。他们停住脚步。

爱斯特拉冈:（望着树）可惜咱们身上没带条绳子。

弗拉季米尔：走吧，天越来越冷啦。

[他拖着他走。如前。

爱斯特拉冈：提醒我明天带条绳子来。

弗拉季米尔：好的，好的。走吧。

[他拖着他走。如前。

爱斯特拉冈：咱们在一块儿待了多久啦？

弗拉季米尔：我不知道。也许有五十年了。

爱斯特拉冈：你还记得我跳在伦河里的那一天吗？

弗拉季米尔：我们当时在收葡萄。

爱斯特拉冈：是你把我救上岸的。

弗拉季米尔：这些都早已死掉了，埋葬掉了。

爱斯特拉冈：我的衣服是在太阳里晒干的。

弗拉季米尔：念念不忘这些往事是没有好处的。快走吧！

——幕落

《等待戈多》节选，其二：

爱斯特拉冈：咱们干吗不上吊呢？

弗拉季米尔：用什么？

爱斯特拉冈：你身上没带绳子？

弗拉季米尔：没有。

爱斯特拉冈：那么咱们没法上吊了。

弗拉季米尔：咱们走吧。

爱斯特拉冈：等一等，我这儿有裤带。

弗拉季米尔：太短啦。

爱斯特拉冈：你可以拉住我的腿。

弗拉季米尔：可是谁来拉住我的腿呢？

爱斯特拉冈：不错。

弗拉季米尔：拿出来我看看。（爱斯特拉冈解下那根系住他裤子的绳索，可是那条裤子过于肥大，一下子掉到了齐膝盖的地方。他们望着那根绳索）拿它应急倒也可以。可是它够不够结实？

爱斯特拉冈：咱们马上就会知道了。攥住。

［他们每人攥住绳子的一头使劲拉。绳子断了。他们差点儿摔了一跤。

弗拉季米尔：连个屁都不值。

［沉默。

爱斯特拉冈：你说咱们明天还得回到这儿来？

弗拉季米尔：不错。

爱斯特拉冈：那么咱们可以带一条好一点的绳子来。

弗拉季米尔：不错。

［沉默。

爱斯特拉冈：狄狄。

弗拉季米尔：嗯。

爱斯特拉冈：我不能再这样下去啦。

弗拉季米尔：这是你的想法。

爱斯特拉冈：咱俩要是分手呢？也许对咱俩都要好一些。

弗拉季米尔：咱们明天上吊吧。（略停）除非戈多来了。

爱斯特拉冈：他要是来了呢？

弗拉季米尔：咱们就得救啦。

［弗拉季米尔脱下帽子（幸运儿的），往帽内窥视，往里面摸了摸，抖了抖帽子，拍了拍帽顶，重新把帽子戴上。

爱斯特拉冈：嗯？咱们走不走？

弗拉季米尔：把你的裤子拉上来。

爱斯特拉冈：什么？

弗拉季米尔：把你的裤子拉上来。

爱斯特拉冈：你要我把裤子脱下来？

弗拉季米尔：把你的裤子拉上来。

爱斯特拉冈：（觉察到他的裤子已经掉下）不错。

［他拉上裤子。沉默。

弗拉季米尔：嗯？咱们走不走？

爱斯特拉冈：好的，咱们走吧。

［他们站着不动。

——剧终

上帝死了，所以等待戈多，问题的本质依然是我可以希望什么。

我们现在大概能深刻地感受到康德有多么伟大。西方的后现代思想无论怎样解构他的理论，终究还是跳不出他提出的问题。不同的时代，不同的文化，答案是不同的，但问题是恒久的。

感性是人的第一性。如果我们的善行，尤其是那些以牺牲感性幸福为代价的善行得不到福报，那么我们行善的依据是什么呢？然而，如果我们因为善行得不到福报而拒绝行善，这个世界是否会最终沦落为索多玛？[①]难道这就是我们对生活，对世界的期待吗？上帝死了，人类就像被逐出伊甸园的亚当和夏娃。失去了乐园的人类怎样重新在尘世间发现生命的价值和意义是后现代的人类所普遍面临的问题。**后现代文学作品是迷失在荒原里渴望被拯救的灵魂，但文学的真正价值在于拯救。**

逐出伊甸园（米开朗琪罗）

王国维说过，好的文学如同释迦耶稣，能够担荷人类罪恶[②]。《等待戈多》作为后现代荒诞文学，之所以能够大获成功，不仅在于结构、语言的魅力，还在于它用看似荒诞的表现形式真实地呈现了人们无所归依、无所期待的生存状态。失去伊甸园，迷失在后现代荒原里的人们从这部作品里看到了自己的孤独与迷茫，这也算是在某种程度上担荷了人类的罪恶。然而，问题在于怎样拯救。"我可以希望什么"是一个恒久的问题，但在每一个时代，每一个文化里，人们都需要一个能够和这个时代相适应的答案。这样，才能够更好地在自己的时代里生活下去。好好活着，比什么都重要。

作为业余读者，我个人认为，后现代层出不穷的文学概念有相当一部分是为了掩盖创作力本身的贫乏。我们看《红楼梦》中的三教九流，再看《人间喜剧》里的浮生百态，从王侯贵胄，到市井泼皮，无不活灵活现。作者是

[①]　索多玛:《圣经》中的罪恶之城，被上帝派遣天使毁灭。

[②]　这里的罪恶并不是指真正的罪恶，而是指人类的痛苦与迷茫。

慈悲的。无论是尤三姐、甄英莲，还是欧也妮、高老头的遭遇都让读者在饱含着泪水和同情的同时，深刻地反思生活本身。作者更是能够推开自我，去静观人生百态。审美得以发生的最基本条件就是静观。在静观的状态中，人不把他人和世界当成掠夺或者依赖的对象，因此无需外物便能完成自我拯救。

这里要说说魔幻现实主义。当我说后现代文学缺少能够描摹人间百态的作品时，大家可能要拿出《百年孤独》这样的巨著来反驳我。《百年孤独》是我极为喜欢的一部作品，结构巧妙而又挥洒淋漓，故事情节精彩动人，一家七代人的传奇，一个城市的兴衰，怎么能说没有描摹人间百态呢？如果仅仅以作品的构架、人物多寡来判断一部作品是否描摹了人间百态，那我们可以认为《权力的游戏》《指环王》《九州·海上牧云记》都是这样的作品，甚至格局更大。《红楼梦》只不过四大家族，《百年孤独》也不过一个城市，这些故事里动辄就是跨种族、跨世界的大构架。但是，我想大家都能够看出魔幻现实主义作品和真正的现实主义巨著之间的本质区别。魔幻现实主义是作者想象出来的世界，是作者自己的理想国，而现实生活却是千千万万小人物的故事共同构成的。

《百年孤独》这部作品洋溢着拉丁人的天真烂漫，从布恩迪亚家族，到马孔多的三教九流，每个人都有自己的烦恼。他们有的为爱情烦恼，有的为某种终极意义烦恼，有的为孤独本身烦恼，一股淡淡的虚无主义弥漫在所有人的烦恼中。生命本该是厚重的，但在马孔多，在布恩迪亚家族，某种虚无的、轻飘飘的东西，让他们的烦恼失去了重量。

问题在哪里呢？在我看来，问题就在于，没有人为生计而发愁，一个都没有。辛劳一辈子的乌尔苏拉、为终极意义而发疯的布恩迪亚、做过男妓的阿尔卡蒂奥、闹过革命的奥雷里亚诺、痴情的丽贝卡、害怕幸福转瞬即逝而逃避一辈子的阿玛兰妲、白昼升天的美人儿蕾梅黛丝、纵情声色的奥雷里亚诺第二等，他们从来都没有为生计烦恼过。他们是孤独的、忧郁的，但他们的孤独和忧郁都是形而上的，甚至是奢侈的。全书中唯一一个担负了生活重量的角色就是奥雷里亚诺的初恋，一个小妓女，但是这个小妓女的遭遇和《悲惨世界》中的芳汀比起来，还是轻飘飘的。这就是后现代的通病。在物质已经不欠缺的社会背景里，失去人生的终极意义后，生命中不能承受之轻。

现在我们大概能体味到《百年孤独》里缺少了什么。在马孔多，人们缺少的是为生存的烦恼。可是在哥伦比亚，乃至任何一个世界，生存都不是唾手可得的东西。

对于后现代作家来说，受动是完成自我拯救的必经之路。如果杜甫没有经历"安史之乱"，如果曹雪芹没有"举家食粥酒常赊"，如果鲁迅没有从小康至困顿，他们何以感受人情冷暖、世态炎凉？我们早就讨论过，追求快适是人的本性，没有逆境迫使人们离开有利的物质条件，感性是很难自主走出舒适区的。沉溺在温柔乡或是象牙塔中的作者是看不到世间真实的苦难的。连世间疾苦尚且不知，又谈何担负人类罪恶呢？优秀的作者就在于能够从自身的血泪中获得对他人的同情。曹雪芹在家道中落后贫苦潦倒，虽然他饱尝了人世艰辛，但《红楼梦》却没有当代宫斗小说的半点戾气。曹雪芹怀着深厚的悲悯之心，创作出一个个生动鲜活的人物，将他们的喜怒哀乐，他们的遭遇和苦难鲜活地呈现给读者，让我们了解到那个年代的浮生百态。今天的我们，在阅读《红楼梦》的时候，依然会被书中人物的故事打动，这难道不是作者一片慈悲心肠的最好证明吗？

在物质高度繁荣、思想高度活跃、人均寿命大幅度延长的当代，我想，**后现代文学的拯救在于受动，受动力成就作者的慈悲心**。在表达之前，请先学会感受；在倾诉之前，请先学会倾听。甚至不妨适度清空自己，去热烈地感受生活，感受人世间的一切苦难和喜乐。不如此，怎么能了解人生百态、积累丰富的素材、创造出生动活泼的文学众生相来？即便是流行网络小说，如果没有对生活的细腻观察，也不可能写出打动人心的情节。我们看《花千骨》中对杀阡陌这个角色的心理描写：

他一贯杀人如麻，平生第一次学着怎样去照顾他人，怎样去呵护一个幼小的生命。琉夏可以说是他一手养大的，如同女儿一样。那种亲手去养育一个事物的感情是十分奇怪的，他第一次发现原来那么容易一手就可以捏死的一个小生命，竟需要人花那么多心血去浇灌。人只要付出了感情、付出了劳动、付出了心力，去用心过、养育过、守护过，就会懂得什么叫爱与珍惜。

一般读者读这段文字或许觉得平平无奇。一旦为人父母，再读这段文字，便能够感同身受了。和杀阡陌不一样，作为普通人，我们对生命都有着本能的怜惜，但只有亲手抚育过一个小生命，我们才能真真切切地感受到生命的柔弱、顽强和宝贵。从对这个小生命的付出中，我们学会了爱和珍惜。这个过程与审美让人从精神中获得独立很相似。

思维无内容则空，更何况文学不同于思辨，必须要有内容。文学还是作者和读者共同完成的艺术。如果作家沉浸在自己喷涌的意识流中自说自话，作品便已经失去了一半的生命力。对于读者来说，如果缺乏生活经验，也未必能读出那些优秀情节的精彩之处。后现代文学缺了刘姥姥、胡屠户、芳汀、于连这些在三教九流中挣扎求生的普通人，假如《红楼梦》缺了刘姥姥和醉金刚，《儒林外史》缺了胡屠户，《长安十二时辰》缺了崔器①，是不是少了很多趣味？

我们先看《红楼梦》中的刘姥姥：

这刘姥姥乃是个久经世代的老寡妇，膝下又无子息，只靠两亩薄田度日。如今女婿接了养活。岂不愿意呢，遂一心一计，帮着女儿女婿过活。

因这年秋尽冬初，天气冷将上来，家中冬事未办，狗儿未免心中烦躁，吃了几杯闷酒，在家里闲寻气恼，刘氏不敢顶撞。因此刘姥姥看不过，便劝道："姑爷，你别嗔着我多嘴：咱们村庄人家儿，哪一个不是老老实实，守着多大碗儿吃多大的饭！你皆因年小时候，托着老子娘的福，吃喝惯了，如今所以有了钱就顾头不顾尾，没了钱就瞎生气，成了什么男子汉大丈夫了！如今咱们虽

---

① 严格地说，崔器也不是真正意义上的老百姓，但和现在部分小说中的一些角色动辄王侯将相、妖神下凡、三界至尊、创世大神比起来，崔器也勉强能算是带着烟火气息的老百姓了。

离城住着，终是天子脚下。这长安城中遍地皆是钱，只可惜没人会去拿罢了。在家跳蹋也没用！"

狗儿听了道："你老只会在炕头上坐着混说，难道叫我打劫去不成？"刘姥姥说道："谁叫你去打劫呢？也到底大家想个方法儿才好。不然那银子钱会自己跑到咱们家里来不成？"狗儿冷笑道："有法儿还等到这会子呢！我又没有收税的亲戚、做官的朋友，有什么法子可想的？就有，也只怕他们未必来理我们呢。"

刘姥姥道："这倒也不然。'谋事在人，成事在天'，咱们谋到了，靠菩萨的保佑，有些机会，也未可知。我倒替你们想出一个机会来。当日你们原是和金陵王家连过宗的。二十年前，他们看承你们还好，如今是你们拉硬屎，不肯去就和他，才疏远起来。想当初我和女儿还去过一遭，他家的二小姐着实爽快会待人的，倒不拿大，如今现是荣国府贾二老爷的夫人。听见他们说，如今上了年纪，越发怜贫惜老的了，又爱斋僧布施。如今王府虽升了官儿，只怕二姑太太还认得咱们，你为什么不走动走动？或者他还念旧，有些好处也未可知。只要他发点好心，拔根寒毛，比咱们的腰还壮呢。"刘氏接口道："你老说得好，你我这样嘴脸，怎么好到他门上去？只怕他那门上人也不肯进去告诉，没的白打嘴现世的！"

谁知狗儿利名心重，听如此说，心下便有些活动；又听他妻子这番话，便笑道："姥姥既这么说，况且当日你又见过这姑太太一次，为什么不你老人家明日就去走一遭，先试试风头儿去？"刘姥姥道："哎哟！可是说的了：'侯门似海。'我是个什么东西儿！他家人又不认得我，去了也是白跑。"狗儿道："不妨，我教给你个法儿。你竟带了板儿先去找陪房周大爷，要见了他，就有些意思了。这周大爷先时和我父亲交过一桩事，我们本极好的。"刘姥姥道："我也知道。只是许多时不走动，知道他如今是怎样？——这也说不得了！你是个男人，又是这样的嘴脸，自然去不得；我们姑娘年轻的媳妇儿，也难卖头卖脚的。倒还是舍着我这副老脸去碰碰，果然有好处，大家也有益。"当晚计议已定。

《红楼梦》中不仅有大观园的诗社，还有刘姥姥这样的村妇、倪二这样的市民。刘姥姥和女婿狗儿在家里合计冬事的这一番话，是不是很有趣？作为一个普通村妇，刘姥姥没读过什么书，作不得诗，跟大观园的太太小姐们一起，也只能说"一个萝卜一头蒜""花儿落了结个大倭瓜"这样的粗话。可是我们品品她这话里头的道理，凝练了劳动人民的多少智慧。女婿因为家贫，置办不了年货，在家吃酒怄气的时候，刘姥姥劝他"守着多大碗儿吃多大的饭"。这话不仅道理不糙，说得也极为形象。作为普通劳动人民，刘姥姥踏实勤谨，放得下身段，重情重义。后来贾府落败，那些膏粱子弟、脂粉佳人一个个都没了能耐，从狼舅奸兄手里救出王熙凤的女儿巧姐的不就是刘姥姥吗？

我们再看《儒林外史》中的胡屠户：

范进进学回家，母亲妻子，俱各欢喜；正待烧锅做饭，只见他丈人胡屠户，手里拿着一副大肠和一瓶酒，走了进来。范进向他作揖，坐下。胡屠户道："我自倒运，把个女儿嫁与你这现世宝，历年以来，不知累了我多少；如今不知因我积了甚么德，带挈你中了个相公，所以带瓶酒来贺你。"范进唯唯连声，叫浑家把肠子煮了，烫起酒来，在茅棚下坐着。母亲自和媳妇在厨下做饭。胡屠户又吩咐女婿道："你如今既中了相公，凡事要立起个体统来。比如我这行业里，都是些正经有脸面的人，又是你的长亲，你怎敢在我们面前装大？若是家门口这些种田的、扒粪的，不过是平头百姓，你若同他拱手作揖，平起平坐，这就是坏了学校规矩，连我脸上都无光了。你是个烂忠厚没用的人，所以这些话我不得不教导你，免得惹人笑话。"范进道："岳父见教的是。"胡屠户又道："亲家母也来这里坐着吃饭。老人家每日小菜饭想也难过。我女孩儿也吃些；自从进了你家门，这几十年，不知猪油可曾吃过两三回哩？可怜！可怜！"说罢，婆媳两个，都来坐着吃了饭。吃到日西时分，胡屠户吃的醉醺醺的，这里母子两个，千恩万谢。屠户横披了衣服，腆着肚子去了。

我们一度把胡屠户当作一个丑恶人物来看待，但当我们有了一定的生活经历之后，再来看胡屠户这个人物，尤其是和当今生活剧中的许多角色比起来，就会发现，作为普通老百姓的胡屠户，对女婿一家是多么照顾，又是多么发自内心地替女儿女婿着想。他可怜亲家母每日小菜饭，可怜女儿猪油不曾吃过两三回，让婆媳二人上桌吃饭。就连怪罪范进不务正业，骂完了，还得替他的将来合计。

范进因没有盘费，走去同丈人商议，被胡屠户一口啐在脸上，骂了一个狗血喷头，道："不要失了你的时了！你自己只觉得中了一个相公，就'癞虾蟆想吃起天鹅屁！'我听见人说，就是中相公时，也不是你的文章，还是宗师看见你老，过意不去，舍给你的，如今痴心就想中起老爷来！这些中老爷的，都是天上的文曲星；你不看见城里张府上那些老爷，都有万贯家私，一个个方面大耳。像你这尖嘴猴腮，也该撒泡尿自己照照；不三不四，就想天鹅屁吃！趁早收了这心，明年在我们行事里，替你觅一个馆，每年赚几两银子，养活你那老不死的老娘和你老婆是正经！你问我借盘缠，我一天杀一个猪，还赚不到钱把银子，都把与你去丢在水里，叫我一家老小喝西北风？"一顿夹七夹八，骂得范进摸门不着。

胡屠户这话可能骂得难听，可是这时范进已经五十四岁了，活了这把年纪，落榜估计不是一次两次，老丈人骂他不该想天鹅屁吃倒也不是全无道理。不妨设身处地地想想，假如我们身边有个没正经工作、考研一直考到五十多的人，我们是让他继续考还是让他先找个工作，一边工作一边考研？年过半百有家有口的人，先找个工作养活一家子这也没错，至少要能自己赚够考研的盘缠。我们再看看胡屠户这几句话："明年在我们行事里，替你寻一个馆，每年赚几两银子，养活你那老不死的娘和你老婆才是正经！"骂完了，还是要替范进着想，合计着帮他找个工作，养活自己的家人。这还真是面恶心善，话糙理不糙。

再来看范进中举后胡屠户和邻里的一番互动：

范进三两步进屋里来，见中间报帖已经升挂起来，上写道："捷报贵府老爷范讳进，高中广东乡试第七名'亚元'，京报连登黄甲。"范进不看便罢，看了一遍，又念一遍，自己把两手拍了一下，笑了一声道："噫！好了！我中了！"说着，往后一跤跌倒，牙关咬紧，不醒人事。

老太太慌了，忙将几口开水灌了过去；他爬将起来，又拍着手大笑道："噫！好了！我中了！"笑着，不由分说，就往门外飞跑，把报录人和邻居都吓了一跳。走出大门不多路，一脚踹在池塘里，爬起来，头发都跌散了，两手黄泥，淋淋漓漓一身的水，众人拉他不住。拍着笑着，一直走到集上去了。

众人大眼望小眼，一齐道："原来新贵人欢喜得疯了。"老太太哭道："怎生这样苦命的事！中了一个甚么'举人'就得了这个拙病！这一疯了，几时才得好！"娘子胡氏道："早上好好出去，怎的就得了这样的病，却是如何是好？"众邻居劝道："老太太不要心慌，而今我们且派两个人跟定了范老爷。这里众人家里拿些鸡蛋、酒、米，且款待了报子上的老爷们，再为商酌。"当下众邻居，有拿鸡蛋来的，有拿白酒来的，也有背了斗米来的，也有捉两只鸡来的。娘子哭哭啼啼，在厨下收拾齐了，拿在草棚下。邻居又搬些桌凳，请报录的坐着吃酒，商议："他这疯了，如何是好？"报录的内中有一个人道："在下倒有一个主意，不知可以行得行不得？"众人问："如何主意？"那人道："范老爷平日可有最怕的人？只因他欢喜得很，痰涌上来，迷了心窍；如今只消他怕的这个人来打他一个嘴巴，说：'这报录的话都是哄你，你并不曾中。'他吃了这一惊，把痰吐了出来，就明白了。"众人都拍手道："这个主意好得紧！妙得紧！范老爷怕的，莫过于肉案上胡老爹。好了！快寻胡老爹来！他想是还不知道，在集上卖肉哩。"又一个人道："在集上卖肉，他倒好知道了。他从五更鼓就往东头集上迎猪，还不曾回来，快些迎着去寻他！"

一个人飞奔去迎，走到半路，遇着胡屠户来；后面跟着一个烧汤的二汉，提着七八斤肉，四五千钱，正来贺喜。进门见了老太太，老太太哭着告诉了一番；胡屠户诧异道："难道这等没福！"外边人一片声："请胡老爹说话。"胡屠户把肉和钱交与女儿，走了出来，众人如此这般，同他商议。胡屠户作难道："虽然是我女婿，如今却做了老爷，就是天上的'文曲星'；天上的星宿是打不得的。我听得斋公们说：'打了天上的星宿，阎王就要拿去打一百铁棍，发在十八层地狱，永不得翻身。'我不敢做这样的事。"邻居内一个尖酸人说道："罢了！胡老爹！你每日杀猪的营生，白刀子进去，红刀子出来，阎王也不知叫判官在簿子上记了你几千条铁棍，就是添上这一百棍，又打什么要紧？只恐把铁棍子打完了，也算不到这笔账上来！或者你救好了女婿的病，阎王叙功，从地狱里把你提上第十七层来，也不可知！"

报录的人道："不要只管讲笑话。胡老爹，这个事须是这般，你没奈何，权变一权变。"屠户被众人拗不过，只得连斟两碗酒喝了，壮一壮胆，把方才这些小心收起，将平日的凶恶样子拿出来，卷一卷那油晃晃的衣袖，走上集去，众邻居五六个都跟着走。老太太赶出来叫道："亲家，你只可吓他一吓，却不要把他打伤了！"众邻居道："这个自然，何消吩咐？"说着，一直去了。

来到集上，见范进正在一个庙门口站着，散着头发，满脸污泥，鞋都跑掉了一只，兀自拍着掌，口里叫道："中了！中了！"胡屠户凶神般走到跟前，说道："该死的畜生！你中了甚么？"一个嘴巴打过去，众人和邻居见这模样，忍不住地笑。不想胡屠户虽然大着胆子打了一下，心里到底还是怕的，那手早颤起来，不敢打第二下。范进因这一个嘴巴，却也打晕了，昏倒于地，众邻居齐上前，替他抹胸口，捶背心。

弄了半日，渐渐喘息过来，眼睛明亮，不疯了。众人扶起，借庙门口一个外科郎中姚驼子的板凳上坐着，胡屠户站在一边，不觉那只手隐隐地疼了起来。自己看时，把个巴掌仰着，再也弯不过来；自己心里懊恼道："果然天上文曲星是打不得的，而今菩萨计较起来了！"想一想，更疼得狠了，连忙问郎中讨了个膏药贴着。

范进看了众人，说道："我怎么坐在这里？"又道："我这半日昏昏沉沉，如在梦里一般。"众邻居道："范老爷，恭喜高中了！适才欢喜的有些引动了痰，方才吐出几口痰来，好了。快请回家去打发报录人。"范进道："是了。我也记得是中的第七名。"范进一面自绾了头发，一面问郎中借了一盆水洗脸。一个邻居早把那一只鞋寻了来，替他穿上。见丈人在跟前，恐怕又要来骂。胡屠户上前道："贤婿老爷！方才不是我敢大胆，是你老太太的主意，央我来劝你的。"邻居一个人道："胡老爹方才这个嘴巴打的亲切，少顷范老爷洗脸，还要洗下半盆猪油来！"又一个道："老爹，你这手，明日杀不得猪了。"胡屠户道："我哪里还杀猪！有我这贤婿老爷，还怕后半世靠不着么？我时常说：我的这个贤婿才学又高，品貌又好；就是城里头那张府这些老爷，也没有我女婿这样一个体面的相貌。你们不知道，我小老这一双眼睛，却是认得人的！想着先年我小女在家里，长到三十多岁，多少有钱的富户要和我结亲，我自己觉得女儿像有些福气的，毕竟要嫁与个老爷。今日果然不错！"说罢，哈哈大笑。众人都笑起来，看看范进洗了脸，郎中又拿茶来吃了，一同回家。范举人先走，胡屠户和邻居跟在后面；屠户见女婿衣裳后襟滚皱了许多，一路低着头替他扯了几十回。到了家门，屠户高声叫道："老爷回府了！"老太太迎着出来，见儿子不疯，喜从天降。众人问报录的，已是家里把屠户送来的几千钱，打发他们去了。

作为市井百姓，胡屠户性格粗鲁、略有点势利眼，可是他勤劳、直爽、没有市井泼皮的恶习，开得起玩笑，和邻里之间相处也算融洽。关键是，他是全心全意为自己的女儿女婿打算的。范进中了秀才，是他拿酒拿肉来贺喜；中了举人，是他出钱出力，人前马后地打点一切。就算是平时骂几句，无非也是要女婿找个正经营生，养活自己的老娘和老婆。胡屠户不仅关照着女儿一家，而且从来没有把女婿范进当成一个盘剥、索取的对象，甚至是付出得更多。按照封建社会"上等人赔钱嫁女"的道德观来看，胡屠户是不折不扣的上等人。就算和今天的某些电视剧中的角色相比，胡屠户是不是远远比吸血鬼般的樊胜英、懦弱的苏大强强多了？

我们再看，这街坊邻里之间的嬉笑打骂是不是也很有意思？相互打趣，不以为忤。这种市井生活热腾腾的烟火气，这种平民百姓的随和宽容，不就是贵为皇妃的贾元春所向往的田舍之家、齑盐布帛的天伦之乐吗？在当代，不也正是现代都市冰冷的钢铁森林里所缺乏的人情味吗？

在这里要特别说说范进。年轻时，我们或许把范进当成一个反面人物来看待。他出身卑微，性格软弱，是个"烂忠厚没用的人"。被老丈人打来骂去也是唯唯诺诺。然而，作为读书人，他几十年如一日不改初心，不管多么贫穷落魄，始终没有放下书本。当然，我们可以说他贪恋功名利禄。黑格尔说："原则和法则自己没有直接的生命，也没有什么效力。使它们运作起来并将它们赋予实际存在的行为，根源在人的需要、动机、倾向和情欲活动中。"[①]这一点，《琅琊榜》中的"麒麟才子"梅长苏说得更明白："苏某也是俗世之人，便是有些功利心，又当如何。"

然而，范进最宝贵的品质是在他中举发疯之后表现出来的。"范进中举"是中国，乃至世界文学史上最精彩的篇章之一。我们以前往往把这个片段看作是封建科举制度对人的残害，而范进则是一个可悲可笑的受害者。可是我们现在再来看范进，就会发现这个人的忠厚老实、宽容大度在他被老丈人胡屠户一嘴巴打醒之后展现得淋漓尽致。

范进得了张乡绅五十两银子的贺礼，送走客人后转身便包了两锭雪白的细丝锭子递与胡屠户。我们看，这哪里有读书人身上的半点酸气？范进中举后家庭情况好转，丫头仆妇都有了，娘子胡氏也穿上了缎子衣裳，戴上了银丝髻子。就连对他一贯打来骂去的老丈人胡屠户，范进也念旧，让他帮忙主持母亲的丧事。传统社会里普通知识分子的忠厚老实在范进身上尽皆体现。

假如中国，乃至世界文学史上没有胡屠户、范进、刘姥姥、醉金刚倪二、史强[②]，那该缺少多少趣味。毕竟，普通人才是生活中的大多数，怎么能在文

---

① ［德］黑格尔 . 黑格尔历史哲学 [M]. 潘高峰，译 . 北京：九州出版社，2011：87–88.
② 史强是贯穿《三体》前两部的重要人物，一个从来不仰望星空的警察，却帮助汪淼等知识分子完成了心灵的拯救。

学作品中没有他们的一席之地呢？千篇一律的王侯将相、才子佳人，是无法反映出生活的生动、立体、多样化的。在这样丰富多彩的烟火人间，活出滋味、活出意趣，难道不就是一件极有意义的事吗？

对于后现代文学作品来说，不去刻意追求所谓的价值、意义或者某种风格，试着用一片赤子心描摹这烟火人间的众生相，倒不失为创作的一大价值和意义。美本来就是生活中的惊喜，源自无目的的偶然。文学艺术作为美的重要载体，如果刻意去追求某种意义或者风格，反而给创造力画地为牢。这样的作品必定失却天然，要么用力过猛，要么带着匠气，要不就是痴人呓语。其实，讲好尘世间的故事不仅不庸俗，而且有着悠久的古典主义传统。苏格拉底不就是这样完成了古希腊哲学的转向吗？作家应该仰望星空，但不能迷失在缥缈的星空里。仰望星空是为了从美里实现精神独立，从而获得观照这个烟火人间和狂暴宇宙的力量。这样的作品才能担荷得起作者和读者的心灵，完成文学的拯救。

在这里想特别说说科幻作品。我从小是个科幻迷，看过《小灵通漫游未来》《珊瑚岛上的死光》《疯狂的兔子》《凶宅美人头》等。当然，20世纪80年代的国产科幻作品质量的确良莠不齐，但总的说来，科幻作品那种亦真亦幻、带着点现实基础，又很有些离奇恐怖的感觉给年幼的我留下了深刻的印象。20世纪80年代至90年代，大量国外动漫涌入国内。《变形金刚》《机器猫》《恐龙特急克塞号》《特种部队》《银河英雄传说》可能是"80后""90后"童年对于科幻作品的集体记忆。到了世纪之交，好莱坞大片《星战前传》三部曲绚丽的特效更是让众多国内观众感到眼花缭乱。虽然星战系列在美国是一个有着悠久历史和庞大受众群体的大IP，但是1999年横空出世的《黑客帝国》却让《星战前传：幽灵的威胁》错失了最佳特效奖。那时中国的互联网还处于原生态，《黑客帝国》中两个世界彼此交错的剧情让众多观众耳目一新，更不用说包括"子弹时间"在内的众多特效了。而这部电影真正的魅力在于对我们生活的这个世界发出了类似"缸中之脑"的拷问，即，我们所处的世界到底是一个真实的世界，还是一个虚拟的世界？

　　再说说我读的科幻小说。依稀记得小时候读过的《小灵通漫游未来》。这部作品文笔清新，想象质朴。我对作品中透明的水滴车和各种合成食品印象较为深刻。当时的我并没有想到，若干年后这辆小小的水滴车会进化成三体人的超级武器水滴，并对地球进行了将近一个世纪的威慑。与水滴一起进化的是中国的科幻作品。《三体》让全世界知道了中国科幻，《流浪地球》则让中国的科幻电影提升了高度。刘慈欣这个名字对于科幻迷来说并不陌生。《全频带阻塞干扰》是第一部让我摆脱了国产科幻等同于少儿读物这一印象的国产科幻小说。当时我们读的所谓科幻作品大都来自香港的卫斯理、日本的田中芳树，刘慈欣以冷峻的文笔、冷硬的叙事让我看到了科幻作品的全新面貌。

　　现代科技的发展给人们的生活带来了越来越多的便利，使得人与人之间相互依赖的程度大幅度降低。各种娱乐层出不穷，带给人短期快感的同时也剥夺了人们的耐心和深度思考能力，人们的兴趣开始由外部世界向自身内部转移。无论是哲学、文学、艺术作品都有一种梦呓般的自我表达狂热，唯独缺乏的是去倾听、去感受的能力。这种创作倾向在科幻作品中就表达为对《黑客帝国》《盗梦空间》以及类似题材的过度热衷。当然，《盗梦空间》《黑客帝国》都是极为优秀的科幻作品，问题并不在于这两部作品本身，而是同类题材的泛滥。人一旦过度沉溺于自己的精神世界，必将导致自我封闭。**天地不仁，封印在 Matrix 中的科幻看不到真正的星空大海**。

　　《星球大战》系列和《银河英雄传说》看起来更像是一部在太空中上演的罗马帝国兴衰史。的确好看，但这些都不是真正的科幻。我们来看看杨威利在德奥里亚星域会战中说的这句话："国家兴亡，在此一战，但比起个人的权利和自由来，这些倒算不得什么，各位尽力而为就行了。"

　　如果看过《异形》系列，我们可能都对外星球的恐怖留下了深刻的印象。例如《异形：契约》中那个如同黑暗地狱般的外星球。当然，大家或许会想，艺术源于生活高于生活。艺术作品中的外星球荒凉恐怖，真实的宇宙应该不是这样吧。没错，艺术源于生活但高于生活，但我们同样也应该知道，荧屏不喜欢暴力。荧幕上的暴力都是现实的温和化处理。事实上，影视作品中的宇宙和真实的宇宙相比，温柔得像一个坏脾气的邻家姑娘。听起来似乎有点自相矛盾，那么真实的宇宙是什么样子呢？我们不妨一起来看看。

就说月球。月球的质量是地球的1/81，重力为地球的1/6，因此，人在月面上登陆是安全的，但是为什么宇航员要穿上太空服才能登陆呢？月球上没有大气层，因此缺少人生存必需的氧气，但宇航员之所以要穿太空服并不仅仅是因为缺氧。普通人没有氧气最多能够存活5分钟。但是，在月球上，如果没有太空服，人将会面临着比缺氧更可怕的威胁，那就是真空。我们应该还记得高中物理学过的知识，液体的沸点随着气压的降低而降低。在真空中，气压为零，因此液体将会瞬间气化。这也就意味着，如果宇航员在缺乏太空服保护的情况下进入太空，全身的体液会在瞬间沸腾。这会是什么样的情景，由于人体大约百分之七十的构成是水，因此一旦进入真空，人的血管、细胞有可能瞬间爆裂。在这种情况下，人恐怕连五秒钟都很难存活。

除此之外，我们还要考虑气压。大家对深海探险有了解吧。为什么深海探险一定要乘坐特殊的耐高压探测器？深海之中水压极高，普通船只耐不住高压会从外向内爆裂。人体由于需要氧气维持生物循环，因此人体内部是有气压的。在大气层中，大气压均衡了我们体内的气压，因此人几乎感受不到气压。一旦人体内外气压失衡，身体便会产生不适，这也就是部分人会有高原反应的原因。因为高原地带空气稀薄，气压低于低海拔地区，适应了低海拔地区气压的人到高原上难以短期适应高原地区相对略低气压的缘故。在同一个星球上尚且如此，在宇宙中又会是一个什么样的情况呢？在宇宙中如果没有太空服的保护，人体暴露在零气压的真空中，人体内外气压会瞬间失衡，人虽然不至于从内部往外爆开，但体表会迅速肿胀。此外，还有低温、辐射、陨石撞击等潜在威胁。

我们还要考虑另一个因素——重力。人类之所以能够成功登月，就在于月球的重力远远小于地球，虽然会产生失重，但对人体没有太大危害。人类之所以计划移民火星，重要原因之一就是火星的质量和地球相仿，因此重力差距不大。然而茫茫宇宙，质量和地球接近的已知行星并不多。在宇宙中，重力和地球相差两三倍已是很接近了。那么重力相差两三倍是什么概念？也就意味着一个五十公斤重的人要承受一百五十公斤的重力。我们来看看地球生物处于这种情况下会发生什么。为什么鲸鱼搁浅往往面临死亡？因为没有了浮力，鲸鱼无法承受自己的体重，就会死于自身庞大身躯的重压之下。人类如果登陆一个重力和地球相差三倍的星球，是否有可能面临和一条搁浅的鲸鱼类似的处境呢？

除此之外，是否能够登陆某颗行星还要考虑到行星的公转和自转周期、磁场、微生物、大气成分等众多因素。一颗星球尚且如此，更不用说每时每刻都有超新星爆发、恒星坍缩、星系碰撞、无数的创世和灭世同时发生的狂暴而又蛮荒的宇宙了。

现在我们再看《异形：契约》中的那个星球。竟然重力、气压、大气成分、温度、植被都和地球接近，人甚至能够离开太空服在那颗星球上行走。星球上虽然有怪兽，但我们应该能隐约分辨得出那是碳基生命，甚至和人类出自同一进化源。想到这里，是不是竟然觉得有几分亲切。和狂暴冷酷的宇宙比起来，这个只不过是有区区怪兽的外星球是不是温柔得像一个坏脾气的邻家姑娘？

在这样的宇宙中，碳基生命拼尽全力才能博得生存机会。为了生存，人类的一切现有伦理都有可能被颠覆。这一点，在《异形》系列中其实也有所表现，人们移民外星的时候携带的不就是人类胚胎吗？在宇宙中，人类的大规模繁衍显然不能依靠自然生育。这也就意味着，人类现有的伦理在蛮荒冷酷的宇宙中极有可能被彻底颠覆，何况其他。

现在再来看杨威利那番话，是不是有点"何不食肉糜"的况味？

当然，我知道大家要抗议了，因为我们刚刚强调过艺术高于生活。席勒也指出，艺术的误区之一在于"让经验取代理想的领域，把可能性局限在现实的条件之内"。我在上文中也曾经举过例子，如果用物理学理论去分析李白的"明月出天山，苍茫云海间。长风几万里，吹度玉门关"无疑是极为荒谬的。

然而，我个人认为，一切文学作品中，科幻应该是个例外。科幻包括了科学和幻想，当我们尽情放飞幻想的时候，也应该在一定程度上秉承科学精神。这并不是将可能性局限在现实条件内，而是对宇宙的敬畏和对地球的珍惜。

恩格斯在《在马克思墓前的讲话》中高度赞扬了马克思：

正像达尔文发现有机界的发展规律一样，马克思发现了人类历史的发展规律，即历来为纷繁芜杂的意识形态所掩盖着的一个简单事实：人必须首先吃、喝、住、穿，然后才能从事政治、科学、艺术、宗教等。所以，直接的物质的生活资料的生产，从而一个民族或一个时代的一定的经济发展阶段便构成基础，人们的国家设施、法的观点、艺术以至宗教观念，就是从这个基础上发展起来的。因而，也必须由这个基础来解释，而不是像过去那样做得相反。①

我们之所以能够从这个蛮荒的宇宙中发展出文明，并且有了民主、自由的观念，是因为我们侥幸生存在了一个昼夜更替、四季有常、气候温和、物产丰饶的星球上。在蛮荒冷酷的宇宙荒漠中，地球是一个温暖的避风港，孕育了生命和文明，让我们得享丰衣足食和岁月静好。当我们觉得生活平淡无趣，找不到生存的价值和意义时，想想我刚才说的那个每时每刻都有无数的创世和灭世同时发生的狂暴宇宙吧。在宇宙中，我们觉得波澜不惊、平淡无趣的生活难道还不算是岁月静好吗？

但这样的生活在宇宙中是极为稀有的。

看看《三体》中的三体星人，他们的母星被三颗太阳争夺，在变幻无常

---

① [德] 马克思. 马克思恩格斯选集（第三卷）[M]. 中共中央马克思恩格斯列宁斯大林著作编译局，编译. 北京：人民出版社，1995：776.

的恒纪元和乱纪元之间艰难生存，并且随时面临坠入太阳被吞噬的命运。再看看《山》中那个从生存空间半径仅有3000公里的地核中诞生的机械生命文明。它们历时10万年，以无数的生命为代价，才最终走出地心，浮出海面，看到头顶上灿烂的星空。这时，它们才得以站在人类文明的起点。

相比之下，一个气候温和、四季有常、物产丰富的地球是不是宇宙对我们的恩赐？今天的人类文明以及民主、自由这些观念之所以得以建立，就是基于母星对我们的庇佑。我们又怎么能够将我们的地球母亲视为宇宙中随处可见的东西而不加以珍惜爱护呢？如果察觉不到自身的幸运，那就是人类的悲哀了。

当然，民主和自由是人类文明的宝贵财富，但享有民主和自由的前提是必须要对我们的母星和种群有着高度的责任感。我们看看好莱坞科幻大片，在炫目的视觉效应背后，《星球大战》和《阿凡达》等影片将我们的母星视为宇宙中随处可见之物。《2012》《后天》《雪国列车》等影片无非是《圣经》中大洪水的现代版，能够幸存的永远只有极少数的精英选民。同样是太阳爆发，好莱坞大片《预言》只能够坐等奇迹发生，只不过拯救他们的从上帝变成了外星人。中国的《流浪地球》不靠上帝，不靠外星人，只靠自己的勤劳、勇敢智慧，带着我们的母星地球和全人类一起流浪太空。

无论是在科幻片里，还是在现实中，人类探索太空，去发现宇宙中更多的宜居空间都是必须的。未来，人类文明可能有多种存在形态，例如星舰文明，但这都不是我们把母星地球和生存当成理所应当的理由。

我想，一个将母星的恩赐和庇佑当成理所当然，恣意挥霍资源而不懂得珍惜，一旦灾难临头不是等着外星人来救援，就是寄希望于移民其他星球（似乎认为地球在宇宙中随处可见）的文明，是根本不理解自由和民主的真正含义的，也根本不配享有民主和自由。

再来说说将想象力局限在经验的事实上。认识到宇宙的蛮荒与冷酷并不等于局限了想象力，恰好是给我们的想象力插上了强有力的翅膀，让我们能够想象出和我们的母星地球完全不同的生命和文明形态。大家想想，难道外星生命只不过是人类换了个模样？如果只是这样的话，那么科幻作品的想象力岂不是还停留在《西游记》对各种妖魔鬼怪的设想中？事实上，正因为我们认识到了宇宙是狂暴而又冷酷的，所以才能想象出与地球迥然相异的各种生命和文明形态，例如硅基生命、金属生命、纯能量形态的生命等。而文明在宇宙中寻找的意义也是多元的，例如艺术。《梦之海》中那个以纯能量形态存在的自诩为"低温艺术家"的超级生命就是其中代表。我们不妨看看这位诞生于星云中的低温艺术家与地球艺术家颜冬的对话。

颜冬用脚踩了踩坚硬的冰面说："这么大的冰块，你是如何在瞬间把它冻结，如何使它成为一个整体而不破碎，又用什么力量把它送到太空轨道上去？这一切远超出了我们的理解和想象。"

低温艺术家说："这有什么，我们在创作中还常常熄灭恒星呢！不是说好了只谈艺术吗？我这样制作艺术品，与你用小刀铲制作冰雕，从艺术角度看没什么太大的区别。"

"那些轨道中的冰块暴露在太空强烈的阳光中时，为什么不融化呢？"

"我在每个冰块的表面覆盖了一层极薄的透明滤光膜，这种膜只允许不发热频段的冷光进入冰块，发热频段的光线都被反射，所以冰块保持不化。这是我最后一次回答你这类问题了，我停下工作来，不是为了谈这些无聊的事，下面我们只谈艺术，要不你就走吧，我们不再是同行和朋友了。"

"那么，你最后打算从海洋中取多少冰呢？这总和艺术创作有关吧！"

"当然是有多少取多少，我向你谈过自己的构思，要完美地表达这个构思，地球上的海洋还是不够的。我曾打算从木星的卫星上取冰，但太麻烦了，就这么将就吧。"

颜冬整理了一下被风吹乱的头发，高空的寒冷使他有些颤抖，他问："艺术对你很重要吗？"

"是一切。"

"可……生活中还有别的东西，比如，我们还需为生存而劳作，我就是长春光机所的一名工程师，业余时间才能从事艺术。"

低温艺术家的声音从冰原深处传了上来，冰面的振动使颜冬的脚心有些痒痒："生存，咄咄，它只是文明的婴儿时期要换的尿布。以后，它就像呼吸一样轻而易举了，以至于我们忘了有那么一个时代竟需要花精力去维持生存。"

"那社会生活和政治呢？"

"个体的存在也是婴儿文明的麻烦事，以后个体将融入主体，也就没有什么社会和政治了。"

"那科学，总有科学吧？文明不需要认识宇宙吗？"

"那也是婴儿文明的课程，当探索进行到一定程度，一切将毫发毕现，你会发现宇宙是那么简单，科学也就没必要了。"

"只剩下艺术？"

"只剩艺术，艺术是文明存在的唯一理由。"

"可我们还有其他的理由，我们要生存。下面这颗行星上有几十亿人和更多的其他物种都要生存，而你要把我们的海洋弄干，让这颗生命行星变成死亡的沙漠，让我们全渴死！"

从冰原深处传出一阵笑声，又让颜冬的脚痒起来："同行，你看，我在创作灵感汹涌澎湃的时候停下来同你谈艺术，可每次，你都和我扯这些鸡毛蒜皮的事，真让我失望。你应该感到羞耻！你走吧，我要工作了。"

"日你祖宗！"颜冬终于失去了耐心，用东北话破口大骂起来。

"是句脏话吗？"低温艺术家平静地问，"我们的物种是同一个体一直成长进化下去的，没有祖宗。再说你对同行怎么能这样。嘻嘻，我知道，你嫉妒我，你没有我的力量，你只能搞细菌的艺术。

"可你刚才说过，我们的艺术只是工具不同，没有本质的区别。

"可我现在改变看法了，我原以为自己遇到了一位真正的艺术家，可原来是一个平庸的可怜虫，成天喋喋不休地谈论诸如海洋干了呀生态灭绝呀之类与艺术无关的小事，太琐碎太琐碎。我告诉你，艺术家不能这样。"

"还是日你祖宗！"

"随你便吧，我要工作了，你走吧。"

这时，颜冬感到一阵超重，使他一屁股跌坐在光滑的冰面上，同时，一股强风从头顶上吹下来，他知道冰块又继续上升了。他连滚带爬地钻进直升机，直升机艰难地起飞，从最近的边缘飞离冰块，险些在冰块上升时产生的龙卷风中坠毁。

人类与低温艺术家的交流彻底失败了。

《星球大战》中的绝地武士，《银河英雄传说》[①]中的帝国与同盟和这位"低温艺术家"的存在形态及其追求的宇宙意义比起来，到底谁更缺乏想象力？而且我个人认为，全世界所有把生存看作是唾手可得之物，鄙视为了物质充裕而付出的艰苦奋斗，追求"诗与远方"的文艺青年都应该跟这位低温艺术家交流交流。比傲娇吗？在这个大宇宙里，我们还没资格。

至于身为基层教师的我，在从业之初也有过困惑，有过迷茫。人生的意义到底在哪里？随着互联网的发展，各种信息唾手可得，教师这一职业意义何在？当然，现在我懂了，教育的意义一方面在于对现有知识和信息的传承[②]，另一方面在于对认识能力、情感能力、意志力、行动力这些能够创造新的知识和信息的能力的培养。但二十年前的我，最早是在刘慈欣的科幻小说《乡村教师》中找到了教师这一职业的存在意义。在这部作品中，刘慈欣从碳基文明舰队统帅的视角让我们看到了教师这一职业对人类文明薪火相传做出的巨大贡献。

---

① 平心而论，《星球大战》《银河英雄传说》作为架空作品来看，构架宏大、剧情精彩，不失为优秀的文艺作品，但一旦定位为"科幻"，则略微缺少了一点科幻作品所应有的硬核。

② 互联网上也能获得大量信息，但网络信息鱼龙混杂，真假难辨，因此教育依然是获得最优质、最可信赖信息的渠道。

《乡村教师》节选：

"他们基本特征是什么？"舰队统帅问。

"您想知道哪些方面？"蓝84210号上的值勤军官问。

"比如，这个行星上生命体记忆遗传的等级是多少？"

"他们没有记忆遗传，所有记忆都是后天取得的。"

"那么，他们的个体相互之间的信息交流方式是什么？"

"极其原始，也十分罕见。他们身体内有一种很薄的器官，这种器官在这个行星以氧氮为主的大气中振动时可产生声波，同时把要传输的信息调制到声波之中，接收方也用一种薄膜器官从声波中接收信息。"

"这种方式信息传输的速率是多大？"

"大约每秒1至10比特。"

"什么？！"旗舰上听到这话的所有人都大笑起来。

"真的是每秒1至10比特，我们开始也不相信，但反复核实过。"

"上尉，你是个白痴吗？！"舰队统帅大怒，"你是想告诉我们，一种没有记忆遗传，相互间用声波进行信息交流，并且是以令人难以置信的每秒1至10比特的速率进行交流的物种，能创造出5B级文明？！而且这种文明是在没有任何外部高级文明培植的情况下自行进化的？！"

"但，阁下，确实如此。"

"但在这种状态下，这个物种根本不可能在每代之间积累和传递知识，而这是文明进化所必需的！"

"他们有一种个体，有一定数量，分布于这个种群的各个角落，这类个体充当两代生命体之间知识传递的媒介。"

"听起来像神话。"

"不，"参议员说，"在银河文明的太古时代，确实有过这个概念，但即使在那时也极其罕见，除了我们这些星系文明进化史的专业研究者，很少有人知道。"

"你是说那种在两代生命体之间传递知识的个体？"

"他们叫教师。"

"教—师？"

"一个早已消失的太古文明词汇，很生僻，在一般的古词汇数据库中都查不到。"

这时，从太阳系发回的全息影像焦距拉长，显示出蔚蓝色的地球在太空中缓缓转动。

最高执政官说："在银河系联邦时代，独立进化的文明十分罕见，能进化到5B级的更是绝无仅有，我们应该让这个文明继续不受干扰地进化下去，对它的观察和研究，不仅有助于我们对太古文明的研究，对今天的银河文明也有启示。"

"那就让蓝84210号舰立刻离开那个行星系吧，并把这颗恒星周围一百光年的范围列为禁航区。"舰队统帅说。

北半球失眠的人，会看到星空突然微微抖动，那抖动从空中的一点发出，呈圆形向整个星空扩展，仿佛星空是一汪静水，有人用手指在水中央点了一下似的。

蓝84210号舰跃迁时产生的时空激波到达地球时已大大衰减，只使地球上所有的时钟都快了3秒，但在三维空间中的人类是不可能觉察到这一效应的。

"很遗憾，"最高执政官说，"如果没有高级文明的培植，他们还要在亚光速和三维时空中被禁锢两千年，至少还需一千年时间才能掌握和使用湮灭能量，两千年后才能通过多维时空进行通讯，至于通过超空间跃迁进行宇宙航行，可能是五千年后的事了，至少要一万年，他们才具备加入银河系碳基文明大家庭的起码条件。"

参议员说："文明的这种孤独进化，是银河系太古时代才有的事。如果那古老的记载正确，我那太古的祖先生活在一个海洋行星的深海中。在那黑暗世界中的无数个王朝后，一个庞大的探险计划开始了，他们发射了第一个外空飞船，那是一个透明浮力小球，经过漫长的路程浮上海面。当时正是深夜，小球中的先祖第一次看到了星空……你们能够想象，那对他们是怎样的壮丽和神秘啊！"

最高执政官说："那是一个让人向往的时代，一粒灰尘样的行星对先祖都是一个无限广阔的世界，在那绿色的海洋和紫色的草原上，先祖敬畏地面对群星……这感觉我们已丢失千万年了。"

"可我现在又找回了它！"参议员指着地球的影像说，她那蓝色的晶莹球体上浮动着雪白的云纹，他觉得她真像一种来自他祖先星球海洋中的一种美丽的珍珠，"看这个小小的世界，她上面的生命体在过着自己的生活，做着自己的梦，对我们的存在，对银河系中的战争和毁灭全然不知，宇宙对他们来说，是希望和梦想的无限源泉，这真像一首来自太古时代的歌谣。"

在我看来，东西方科幻作品表现出的不同想象倾向归根到底反映出的是两种截然不同的世界观。西方科幻作品依然没有摆脱"人类中心论"的思想，甚至将西方政治、文化、意识形态看作是人类、地球上，甚至宇宙中普遍的东西，让宇宙适应人类，让宇宙适应西方的意识形态，这是一种极为狂傲的自大，也是对西方古典思想的彻底违背。恩格斯在《反杜林论》中援引黑格尔的话指出：自由是对必然的认识。如果将这个狂暴的宇宙想象成某种温情脉脉的东西，怎么能说是对宇宙的必然规律有着深刻的认识呢？又怎么能妄想在宇宙中获得自由呢？

相比之下，中国科幻则深刻地认识到了天地不仁，以万物为刍狗。这是我们的先祖在漫长的历史中凝练出的高度智慧。宇宙是狂暴的、荒凉的，不以人的意志为转移的。认识了宇宙的本质，就破除了西方科幻作品中对宇宙设定的固定框架，我们对外星文明的存在形态就可能有更多的想象，对人类文明在未来可能的存在形态同样就有了更多的探讨。

放飞想象不等于挥霍想象。一旦科幻作品沉溺于封闭的自我，或者充满盲目的乐观，必然将我们的地球变成宇宙中的梦幻岛，把人类变成了一群彼得潘综合征患者①，而人类文明也必将变成《吞噬者》中那个不堪一击的波江座文明。这一点，我们的先祖在两千年前就告诉我们——生于忧患，死于安乐。因此，科幻作品要打破 Matrix 的封印②，直面宇宙的蛮荒与狂暴，才能够让人类重新拾起对星空大海的向往，引领新时代的我们踏上一往无前的征途。

◎ 答疑篇

问题：大学生该读些什么书？

（经常有学生或者网友问我这样的问题，就在这里统一作答。这里的解答是从我的阅读经验中总结出来的，仅代表我个人观点。衷心希望读者能够和我交流分享自己的观点。解答中如有偏颇或者误读之处，希望读者批评指正，这对我也是一个学习的机会。）

解答：如果是娱乐放松，各种类型的优质图书都可以。因为我们的目标是娱乐，娱乐是不能带入生活的。用美学的观点来说就叫作"心理距离"。

比如我们看灾难片，《泰坦尼克号》是不是感动了很多人？但是在真实生活中，我们愿意上这条船吗？因为我们看书也好，欣赏文艺作品也好，都是在一个安全的心理距离去静观，也就是审美的非功利性。功利是一个褒义词，它是指对我们的官能有利。非功利就是不会对我们的官能产生实际的利益，但也绝对不会造成损失。例如动作片里面打得热火朝天，人物会不会从屏幕里跳出来把我们也打伤？不会。

比如看《红楼梦》时，有的大学生可能就想，娶黛玉好还是娶宝钗好？想想罢了，要是当真，那就闹笑话了。艺术的价值是在现实世界之外给了我们一

---

① 彼得潘是一个童话角色，又被称为小飞侠，是一个永远都长不大的男孩，居住在梦幻岛（neverland）。彼得潘综合征即我们常说的"巨婴"。

② Matrix 封印：即科幻片《黑客帝国》。在该影片中，现实世界被人工智能控制，人类的思维与一个名为"矩阵（Matrix）"的巨大网络连接，生活在由矩阵构建的虚拟世界中，沦为为人工智能提供生物电能的电池。

个精神世界，在那里我们可以尽情放飞自我，但真实的生活是不会按照我们的想象来的。所以艺术不能入侵生活，否则可能对我们的生活产生危害。

如果是为了拓宽视野、学习知识、指导生活，那必须要看一些有品质的经典图书。西方古典思想家的部分经典原作有点晦涩，估计大家不一定有兴趣看。西方一些后现代主义、解构主义的作品字面上相对易懂，但我不建议大家在零基础的情况下看。首先西方思想有唯灵主义、彼岸主义的倾向；再者，西方思想经历了一个漫长的建构过程，有着严密的逻辑结构。后来之所以要解构，就是因为这些思想的条条框框把人的想法严重地束缚住了。中国思想的发展历程和关注重点和西方不一样。首先中华文化总体上是积极入世的；再者，不了解西方思想的建构过程就去看解构主义思想，很可能让人产生某些既无理论依据，又无现实根基的迷茫。事实上，西方当代部分思想流派，差不多已经走进了死胡同，转向中国哲学里寻找答案了。这对我们来说是有利的，因为我们可以直接毫无障碍地阅读我们传统文化的经典作品。

《论语》应该是每个大学生必读的。孔子是个非常可爱的老人，深知人情世故，一片赤诚，豁达洒脱，收放自如。道家的经典，例如《老子》也值得一读。我的建议是，少年奋发有为，多读《论语》，可以励志，而且孔子周游列国，百折不挠的精神也能够在我们遇到挫折的时候鼓励我们。中年多读《老子》，可以解毒。人到中年面临得失计较，难免有些膨胀或者心态失衡。《老子》倡导的上善若水、柔弱胜刚强能让我们在得失面前较好地把握自我。

我建议当代大学生一定要多读科幻，尤其是本土科幻。西方，包括日本在内，绝大多数科幻跳不出原有的框架。因为他们的哲学里没有"天地不仁"这一理念，不懂得这一点，就看不到真正的星空大海。强烈推荐的本土科幻长篇有《三体》，短篇有《乡村教师》《水星播种》。

我还建议大家有空读一些古典名著，中国的也好，西方的也好。后现代作家往往缺乏受动力，自我表达有余，感受他人不足，因此很难创作出《人间喜剧》《红楼梦》这样的浮世长卷，而且古典作品里的一些"反派"人物，比如

《儒林外史》里的胡屠户、《红楼梦》里的薛蟠，现在看起来都很可爱。阅读的乐趣只有自己看了才能有切身体会。

3. 视觉艺术

◎绘画与雕塑
◎生活中的美

美育之父席勒提出："当人还是野蛮人的时候，他就只享受到触觉的快乐，在这个阶段外在显现的感觉只是为触觉服务的。他或者完全没有提高到视觉，或者并不满足于视觉。当他开始用眼睛来享受时，视觉对于他获得了独立的价值，他也就具有了审美的自由。"①

当然，艺术不仅限于视觉享受，还包括听觉等其他感官的享受。但就比较直观的艺术形式而言，视觉艺术在我们的生活中更为常见，绘画和雕塑应该是其中的代表。对普通人来说，除读书和听音乐外，欣赏绘画和雕塑也是较为常见的审美活动。究其原因，一则是因为绘画和雕塑表现形式直观。例如同为后现代艺术，作家如果自说自话，就会让读者产生一种痴人呓语、不知所云的感觉。但画家如果自说自话，效果就不一样了，有些带着强烈的表达欲和

星夜凡·高

《星夜》是凡·高的代表作之一。在这幅画里，万象巡天，星河翻腾，月亮是宇宙漩涡边的一盏暖灯。左下角的树丛扭曲喷涌如同黑色的火焰，与宁静的村落格格不入。

画面充满了骚动和不安，月亮是其中唯一大片的暖色，和黑色的火焰呼应，给了画面巧妙的均衡感，像是给画家的内心带去了一丝温暖和光明。

---

① [德] 席勒. 美育书简 [M]. 徐恒醇，译. 北京：社会科学文献出版社，2016：195.

个人风格的画作同样能够给人以美的享受，印象派的作品就是其中的代表。以凡·高的《星夜》为例。《星夜》中的景观取材现实世界，但绝对不是对现实世界的刻板描摹。这是凡·高眼里的世界，群星在旋转，银河在翻腾，树丛扭曲着身影起舞。一种无处安放的激情在画面中涌动，那是画家心灵孤独的呐喊。

人像画是绘画中较为常见的种类，先从拉斐尔的《椅中圣母》说起。作为文艺复兴三杰之一，拉斐尔不像达·芬奇那样高深莫测，也不具有米开朗琪罗那样天才式的癫狂，他的作品和谐、端庄、典雅，是形式和内容的高度统一。之所以以《椅中圣母》为例，是因为这幅画为我们展现了普通人都能接受的美。圣母五官清秀，肤如凝脂，身量苗条，温婉端庄。就算我们欣赏不了《蒙娜丽莎》，大概也不会否认《椅中圣母》的确长得标致。

椅中圣母（拉斐尔）
圣母怀抱圣婴，施洗者约翰在一旁凝视。圣母端庄秀雅，宛如一位儿女环绕的人间少妇。

如果我们有时间和耐心，不妨慢慢欣赏。只要看得略微久一点，大家是不是会觉得《椅中圣母》似乎缺了点什么？从眉眼和体型上看，《椅中圣母》无疑更符合现代人的审美标准，但是，神情意态是不是略微有一点点镜头下摆拍的拘束感？这一点点的拘束感让画面失去了浑然天成的感觉。正因为如此，这幅画少了点相看两不厌的隽永。再者，圣母的长相有点太过"少女感"，缺少了母性的光辉，使得画面和标题相比略显单薄。相形之下，拉斐尔的《西斯廷圣母》中的圣母哀而不伤，画面的情感层次更加丰满、厚重。从这个例子中，我们看出，艺术作品的审美格调并不取决于作品中的人物长得标不标致、漂不漂亮。

其实，人的五官布局、身量体型在审美判断中不是最重要的。举个很贴近生活的例子："80后"估计对当年风靡一时的偶像剧《流星花园》还有印象。

当年在我们看来无比时尚、无比有型的F4，放到今天再来看，是什么感觉？是不是也不那么有型了？再如，在外国人看来美艳无比的吕燕、刘玉玲，在中国人看来是不是只能称得上相貌平平？当然，像费雯·丽、伊莎贝尔·阿佳妮等这样的极品美人是中外共赏的，但那毕竟是极少数。至于身量体型，就更不用说了。"窈窕淑女，君子好逑"的传统自古有之，石原里美、奥黛丽·赫本这些苗条纤细的美人如同仙子或者精灵般轻盈脱俗，但巩俐、莫妮卡·贝卢奇这些丰满美人同样倾倒众生。因此，从外形来看，美与不美的标准从来都不是固定的。环肥燕瘦，每个地区有每个地区的审美趣味，每个时代有每个时代的审美格调。

至于着装打扮，那更是审美判断中的次要因素。《还珠格格》里面的服饰在今天看来是不是妥妥的影楼风？《公主日记》中安妮公主的泡泡纱礼服以今天的眼光来看也实在有些粗糙了，《律政俏佳人》中玫瑰红配芭比粉的裙子，镶满水钻的鞋包俗艳得不忍直视，《满城尽带黄金甲》则更是用力过猛的金灿灿。相比之下，《茜茜公主》中的服饰倒还耐看些。

至于艺术作品中的服饰，我们可以看看唐代周昉的《簪花仕女图》。仕女身上的纱衣轻软如烟，织物的纹理和光泽历经千年都不褪色。虽然服饰细节的描画精细备至，但画面毫不刻板。仕女头戴金钗，臂饰金钏，奢华而不浮夸。纱衣流动如水，披帛自然下垂。画家仅仅通过色彩和线条便把披帛软厚轻密的质感和自然垂坠感表达得生动至极。茜色团花罗裙在视觉上产生的重量感均衡了高髻和簪花，使得仕女体态婀娜，毫无头重脚轻之感。最巧妙之处在于，衣着、饰物和人物仪态浑然一体，毫无约束之感，完美地衬托了人物的风度气质。

相比之下，欧洲的贵族画像虽然奢侈，但身上琳琅满目的饰品往往会让人产生过犹不及，

簪花仕女图（局部）（周昉）

甚至披枷带锁的感觉。我们看法国著名美人《蓬巴杜夫人》①这幅画。毫无疑问，画中人是美丽的，就算有几分摆拍感也无伤大雅。关键是，画中人的服饰有没有给人一种卡脖子掐腰的感觉？而且那一身亮闪闪的缎子和花团锦簇

的蕾丝边、蝴蝶结在今天看来是不是略有些浮夸、廉价了？在《簪花仕女图》中，仕女的衣着都是哑光质地，配色庄重，只有打扇小侍女的纱衣上浮着一层鲜亮的丝织品光泽。当然，衣饰毕竟是次要，人像画中最重要的是人。我看这幅画的时候当然觉得蓬巴杜夫人很美，很有气度，背景也有层次感，但穿成这样，只怕呼吸都困难，她是怎么做到看起来气定神闲？Choker②和束腰就不说了，看看她裙下的鞋子吧，这种鞋子的危害比缠脚好不到哪里去。

蓬巴杜夫人
（弗朗索瓦·布歇）

身上的服饰及其对身体健康的危害暂且不论，作为一幅人像画，在金玉堆里、锦绣丛中，人倒成了次要的，这无疑是违背审美宗旨的。

　　当然，在这里将《簪花仕女图》与《蓬巴杜夫人》相比，并不是要说明中国的审美优于西方审美。在西方古典时代，希腊艺术也曾经达到一个高峰，但巴洛克艺术和洛可可艺术的确有鲜明的暴发户特征，是欧洲在走出积贫积弱的中世纪，物质上稍有积累后的报复性艺术消费。在巴洛克和洛可可艺术作品中，现实人物往往穿金戴银到沉重累赘的地步，而神话人

掠夺琉西波斯的女儿们
（鲁本斯）

---

①　蓬巴杜夫人为路易十五的情妇，亦是洛可可艺术的主要引领者和推动者。

②　在这里没有将 choker 翻译成"项链"绝非故意卖弄英文。汉语里没有 choker 的同义词。Choker 是一种勒紧脖子的饰品，来自动词 choke，而 choke 的意思是"窒息"。从 choker 这个名字看，我们就知道这种饰品对身体的危害有多大了。蓬巴杜夫人画像中，她脖子上佩戴的就是 choker。

物又丰肥壮硕到触目心惊。以著名巴洛克画家鲁本斯的《掠夺琉西波斯的女儿们》为例，同样是丰满型美女，《簪花仕女图》给人的感觉是富贵风流，《掠夺琉西波斯的女儿们》给人的感觉就是丰肥壮硕的肉感。

在我看来，一幅优秀人像画的格调取决于对人物意态的描摹。缺少了生动的意态，五官再标致也难以给人留下生动的印象。然而，这个"意态"恰好是最难描摹的部分。

我们都有这样的经验：自己照镜子的时候觉得"嗯，我长得还不错"，但照相的时候如果没有开美颜，照片中的形象往往不如人意。原因之一就是照片是静止的、平面的，而人是动态的、立体的。张爱玲对《连环套》中的女主人公霓喜有这样的描写：

霓喜的脸色是光丽的杏子黄。一双沉甸甸的大黑眼睛，碾碎了太阳光，黑里面揉了金。鼻子与嘴唇都嫌过于厚重，脸框似圆非圆，没有格式，然而她哪里容你看清楚这一切。她的美是流动的美，便是规规矩矩坐着，颈项也要动三动，真是俯仰百变，难画难描。

在这段描写里，"沉甸甸""厚重"便把人物的立体感给描摹出来了。至于下文中的"俯仰百变，难描难画"，则写出了人物的动态感。这种描摹和《诗经》中的"巧笑倩兮，美目盼兮"有异曲同工之妙。

再者，只要是人，必定在某个角度或者某个神态多少能展现出一些美的。当人揽镜自照时，必然对自己镜中形象有非比寻常的耐心，也必定会不遗余力地发掘自己的美，但我们对他人，或者他人对我们，就未必有这个耐心善意了。这大概就是镜子中的我们比镜头下的我们美，自拍照比别人为我们拍的照片美的原因之一。

优秀的艺术家能够用关注自己的目光关注世界，发掘出对象身上的美。任何人都是有质感、有动态的，部分人还有着自身独到的气质神韵，也就是我们在上文中所提到的"意态"。"意态"是一个人最难描摹的部分。王安石认为"意态出来画不成"，虽然有些夸张，但也足以说明意态的难以描摹。

簪花仕女图（周昉）

之前已经讨论过唐代著名画家周昉笔下的衣饰，但周昉笔下最美的，还是人。让我们一起看看《簪花仕女图》。图中一共五位仕女，一位侍女。画中人的神情、姿态、服饰各异。这幅画最妙之处在哪里呢？是仕女们"自得其乐，自在风流"的意态。我们不妨看看细节：右一的仕女低头逗狗，右二的仕女大概是因为感到天气闷热，提起纱衣的领子取凉。她们的姿态舒展、放松、自然。画面中唯一的小侍女持扇低头，似有所思。和那些享受生活的仕女不一样，这个小侍女显然不属于她们的世界。因此，仕女们游玩的时候，她虽然持扇陪侍在旁，但心思却悄悄地飞走了，沉浸到了自己的世界里。

同样是贵妇，《簪花仕女图》中的仕女们和蓬巴杜夫人不同，她们无须取悦任何人。她们用不着被烦琐的衣饰卡脖子掐腰，气都喘不来，还得故作身心放松、眺望远方之态。[1] 她们身姿舒展，体态婀娜，自得其乐，自在风流，和山石旁苗壮开放的辛夷花相映成趣。"欣欣此生意，自尔为佳节"是她们精神面貌的最好写照。

簪花仕女图（局部）（周昉）

尤其值得注意的是，贵妇在不经意间提起衣领取凉这样自然而然的生活化场面在西方古典人像画里几乎是看不到的。西方古典人像画里人物的姿态被艺术化处理，要么眺望远方，要么低头沉思，要么潜心阅读，要么激烈辩论，要么征战沙场。即便是在中国

---

[1] 此处绝非夸张。西方服饰对女性身体的摧残在好莱坞影片《加勒比海盗》开头有生动的表现。在西方历史上，嗅盐是女性必备之物，因为服饰的束缚经常使她们因为缺氧而晕倒。

人看来颇为开放的裸体画，裸体的姿态也是艺术的——大卫是整装待发的、宁芙是轻歌曼舞的。西方古典艺术家并不避讳裸体，但缺少了一点直面真实生活的勇气。当然，这也许和西方历史上经历了漫长的中世纪，真实生活过于惨淡有一定的关系。对作品中的人物做适度艺术化处理能够提升作品格调，但处理过度便失却天然，显得扭捏作态了。这正是美育之父席勒所强烈反对的剥夺了自然权威的"矫揉造作的端庄"。相比之下，中国古代艺术家对世俗生活的态度要坦然、坦荡得多。

另一位著名唐代画家张萱的绘画作品同样尽得意态描摹之妙。张萱最杰出的成就是将劳动的美表现到了极致。在张萱笔下，劳动是优美、高贵的，甚至带着神性的光辉。《捣练图》便是其代表。

捣练图（张萱）

我们可能并不熟悉"捣练"这种劳动，但应该都读过李白的诗："长安一片月，万户捣衣声。秋风吹不尽，总是玉关情。何日平胡虏，良人罢远征。"在诗人笔下，捣衣、缝衣是带着几分悲苦的。

但在张萱的《捣练图》中，我们看不到这种悲苦。《捣练图》中表现的是妇女劳作的场景。从妆容打扮来看，不同于《簪花仕女图》中描绘的中唐时期贵妇宽眉大袖、低调奢华的装扮，《捣练图》中的妇女柳叶眉，窄袖襦裙是天宝年间的流行装扮。白居易的诗句"小头鞋履窄衣裳，青黛点眉眉细长"，对此有着生动的描述。《捣练图》中的女子衣饰色泽艳丽明快，是典型的小康富庶之家的着装特点。在细节描绘上，张萱同样做到了精细备至。我们可以看看下图这位女子的服饰。衣袖上的印花极其繁复精巧，但即便卷起袖子，层层堆叠，线条依然是流畅的。除此之外，头上的点翠和银梳、额头的花钿、蓝底襦裙上的暗花，都描绘得细致而又自然。仔细观摩会发现，画面中最美的还是人。

捣练图（局部）（张萱）
凝神关注织物的女子温厚从容。和等待牛郎的织女不同，她从劳动本身获得了自足，神性的光辉因而从意态中散发出来。

优秀的艺术作品能够从不同的审美趣味中表达出某些恒久的东西，那就是"自在天然"。

那些传世名画为什么能被不同时代的人欣赏？原因在于这些作品生动地描摹了人物的意态，以及从中反映出的时代精神风貌。一个人物的意态往往是在"忘我"的状态下展现出来的。在审美判断中同样存在着某种"二律背反"，即一旦我们刻意去表达自我，则往往适得其反。这样的人在别人眼里不是装模作样就是讨好型人格。《被嫌弃的松子的一生》中的松子一辈子都想表现出让世界喜欢的模样，但在世界的眼里，她是多么可笑。

当我们并非刻意表达，而是沉浸于某种事情中忘我的时候，人的精神面貌就真实地显现了出来。这是精神上的卸妆。如果一个人本性温厚[①]，在"忘我"状态下，他/她的精神便从功利计较和后天教养中跳脱出来。这时候的人不取悦，不卖弄，身心舒展，有一个饱满自足的精神世界，神性的光辉便从人身上散发出来。我们再看上图那位女子。她手拉布帛，凝神观看织物，全身心专注于劳动本身。她眉眼舒展、神情温厚、气度从容。劳动在她显然不是一件苦差事，她是乐在其中而忘我的。在这种忘我的状态下，她超越了天上的织女，神性的光辉因而从她的意态中散发出来。

我们再看另一位熨烫织物的女子。从人物神情上我们可以看到张萱对人物心理的微妙把握。和拉紧布帛的女子相比，熨烫织物的女子神情更为专注。

① 必须是本性温厚的人。否则，失去了利益和规则的约束，人在忘我状态下展现的便有可能是不加掩饰的恶，这种恶会对社会造成巨大的危害。尤其值得注意的是，功利绝非贬义，正当的利益在绝大多数情况下能够有效地遏制恶行。

因为手持熨斗，要时刻避免烫坏织物，她的神情
稍显紧绷，这一点从她微微抿起的嘴唇中生动地
表现了出来。这恰好生动地展现了她在劳动中的
凝神忘我。她给人的感觉是庄严持重的，但这种
庄严持重并非是她的刻意展现，而是在劳动中忘
我时自然流露出的神情意态。劳动的美丽、优雅、
高贵在她这里得到生动的展现。

捣练图（局部）（张萱）
这位熨烫织物的女子神情专注。她的神情稍显紧绷，这一点从她微微抿起的嘴唇中生动地表现了出来。劳动的庄严持重、优雅高贵在她这里得到生动地展现。

《捣练图》和《伏尔加河上的纤夫》中劳动场
面截然不同。《捣练图》中的女子画着流行妆容，
穿着亮丽衣衫，佩戴精致首饰，显然生活富足，
劳动对她们而言并不是为了谋生而迫不得已的苦
差事。无论是捣练、熨烫、缝衣，这些女子莫不凝神专注，从劳动中获得了
精神的圆满自足。这是大唐盛世的富庶昌明和中国人勤劳质朴的本性在艺术
作品中的生动展现。如果说《簪花仕女图》中的贵妇是古代有闲阶级自得其
乐的自在风流，那么《捣练图》中平民女子在劳动中忘我而在意态中获得了
神性的光辉。

关于艺术作品的神性光辉，席勒这样描摹：

整个形象安息在自己本身中，它是一个完整的创造物，仿佛处在空间的
彼岸，没有屈从，没有反抗，这里没有与各种力量搏斗的力，也没有让时间
侵入的间隙。通过优美不可抗拒的引诱以及通过尊严保持的距离，我们同时
处于极度的安宁和最高度的运动状态中，它产生了那种令人诧异的感受。①

但席勒笔下描摹的是女神，而《捣练图》中描摹的是劳动人民。
张萱是一位将劳动诠释得如此美丽，并赋予了劳动本身神性光辉的卓越画家。
西方艺术家大多不屑描绘劳动。他们要么描绘宗教神话，要么描绘王侯将相，

---

① [德]席勒.美育书简[M].徐恒醇，译.北京：社会科学文献出版社，2016：116.

就算是描绘劳动者或者劳动本身，也大都将其描绘成一件极为悲苦的事情。

法国现实主义画家让·弗朗索瓦·米勒在西方画家中以描绘劳动而著称。在他的作品中，普通劳动人民的忠厚、朴实、勤劳、虔诚被表现得淋漓尽致。其代表作《晚钟》描绘了一对年轻的农民夫妇在结束一天的劳作后晚祷告的画面。在夕阳和远处教堂晚钟的背景下，年轻的夫妇凝神祷告，神性的光辉同样在他们的意态中显现出来，但这种光辉是从宗教，而并非劳动本身中获得的。米勒赞颂的是普通劳动人民的质朴和虔诚的宗教信仰，但劳动本身是艰苦，且付出与收获不匹配的。我在观赏这幅画时固然会被画面的宁静、庄严所打动，但也会对画中劳动人民的艰苦劳作和贫寒生活产生深切的同情。

晚钟（让·弗朗索瓦·米勒）

《晚钟》反映的是普通劳动人民的生活。"单纯的高贵，静穆的伟大"在画面中得到了极致的展现。

当然，裸体艺术最能反映艺术家的审美格调和素养。同样以人体为题材，艺术和色情之间往往只有一步之差，而这微妙的差距全在于艺术家对人体、对美的理解。在我看来，如果故作妖娆之姿、轻佻之态，便是全身穿满了衣服，看起来同样是色情的；如果神情庄重、体态端严，即便没穿太多的衣服，同样让人心生敬畏。洛可可艺术和米开朗琪罗的作品可以分别看作是两者的代表。

在著名画家中，安格尔的裸体艺术做到了雅俗共赏。

大宫女（安格尔）

大宫女身姿柔美、肌肤细腻。虽然是裸体画，但人物神情自然、体态舒展、全无挑逗逢迎之态，不同于洛可可艺术中常见的轻佻浮浪感。画家对人物腰部的夸张表现，对后世产生了深远的影响。

我们可以看到，大宫女容颜秀丽，体态柔美。虽然是裸体画，但画中人神情自然、体态舒展，既没有镜头下摆拍的僵硬，也没有刻意挑逗逢迎的媚态。这是一个沐浴后的女子，慵懒地躺在卧榻上，回眸那个神情像是闲居时的惬意被打扰而略带不满。

在以恋爱为题材的绘画中，裸体同样能够表现出很高的格调，例如《普赛克第一次接受爱神之吻》。我们凝神观望普赛克和丘比特，尤其是丘比特的神情与姿态，是不是完美地表现出了少男少女在初恋时的纯洁、真诚与专一？和所有初恋的少女一样，普赛克在爱情降临时欣喜中带着几分不知所措的迷茫。她的神情是温柔、憨厚的。只有这样纯真质朴的少女，才能在未来接受极为严苛的考验，升格成神。面对少女娇美的肉体，丘比特轻抚少女的颈项和面庞，手指温柔，如同碰触初生的婴儿般小心翼翼，轻轻在少女的额头印上一吻。我们完全有理由相信少女首先是因为她的灵魂而被爱的。

如果说绘画中有哪些裸体让人产生敬畏感，

普赛克第一次接受爱神之吻（弗朗索瓦·热拉尔）

除了达·芬奇的手稿和米开朗琪罗的作品外，我认为《草地上的午餐》算是一个。之所以让人敬畏，是因为观看这幅画的时候，观众会产生一种自己才是入侵者的感觉。在这幅画里，绅士们衣着整齐，正在为某个话题激烈地争论。女人虽然裸体，但姿态坦然，毫不扭捏，目光中底气满满。她似乎正在倾听绅士们的辩论，突然被某个入侵者打断了，于是转过头打量着这位不速之客——也就是观看这幅画的我们。这幅画的奇妙之处就在于，它会让人产生一种主体和客体反转的效果。作为审美客体的画中人成为主人，她打量着、审视着观众；而作为审美主体的

普赛克第一次接受爱神之吻（局部）

我们却成了不速之客，我们被画中人打量着、审视着。在这里，裸体的是画面中的那位女士，尴尬的却是看画的我们。

最后还是把洛可可绘画风格的《秋千》放上来，我们做一个对比吧。当然，审美判断既无关真理，也无关道德，所以如果大家觉得《秋千》画得好也再正常不过。男女娱乐，甩掉一只鞋子，露个胳膊腿也不失为一种情趣。但是，请大家注意《秋千》这幅画中人物的眼神，将其和《普赛克第一次接受爱神之吻》中丘比特和普赛克的眼神做一个比较。我想，两幅画中人物眼神、姿态的对比能够形象地说明一幅画格调的高低。

接下来再看风景画。我个人认为，西方早期风景画或多或少带有匠气。当然，这和他们侧重人像描摹且过度注重画面布局有很大的关系。我最喜欢的西方风景画家之一是柯罗。柯罗早期的风景画同样带着几分匠气，后期

草地上的午餐（爱德华·马奈）

风格转变，画面中弥漫着一股生动的气韵，要么是丰沛的水气，要么是晨曦或者晚霞，自然在他的笔下开始灵动起来。柯罗善于处理光影，画作中的气韵来自他对光影的处理。和著名的光影大师伦勃朗不同，伦勃朗笔下的光影变化是浓烈、晦暗分明的，柯罗笔下的光影则是柔和、温馨的。

秋千（让·奥诺雷·弗拉戈纳尔）

柯罗的代表作之一是《蒙特芳丹的回忆》。在这幅画里，远山和湖面之间弥漫着一股淡淡的水雾。柔和的阳光透过雾气，将树冠、草丛、灌木的边缘染上一层金色的光晕，星星点点的银光在树叶和草丛间闪烁跳跃。晨曦水雾中，母女三人在树上采摘野菌，偶然间似有小女孩的笑语传来。自然与人、光与影、动与静在画中表现得恰到好处。

蒙特芳丹的回忆（柯罗）

印象派的画作也有独到之处。要说印象派画作好在哪里，我们不妨回想一下自身可能都有过的一些经历。比如我们出去旅游，某处风景给我们留下了深刻印象。如果没有受过专业的美术培训，要我们把此处风景画出来是不大可能的，但下次如果再看到同一个场景，我们还是能把它识别出来。原因就是我们不能记住此处风景的每个细节，但我们能记住此处风景中的某些最重要的关键要素。而印象派画家的成就就在于将这些关键要素提取出来，省略掉其他细节，并将其表达出来。在我个人看来，印象派的风格和王维的诗有些相似。王维的诗被誉为"诗中有画，画中有诗"，其写景诗最大的特点便是抽掉繁杂的细节，将景色中最精华的部分表达出来。例如，"大漠孤烟直，长河落日圆"，便将繁多的细节统统抽去，只留下大漠长河的背景，一抹孤烟、一轮落日，何等洗练！王维诗句中的图景及其创作思路是不是和莫奈的《日出·印象》颇有几分相似？

日出·印象（莫奈）

但当我们仔细观看《日出·印象》的时候就会发现，《日出·印象》和王维诗句中的图景虽然有些相似，但给人的感觉是全然不同的。"大漠孤烟直，长河落日圆"的画面是洗练的，有一种辽阔、豪迈之感，是大唐气象在诗作中不经意地显现。而《日出·印象》的画面则带着几分病态。尤其是天空，从直观上给人的感觉就略微有点脏。其实，这种"脏"的感觉恰好是莫奈的神来之笔。王维的诗句描写的是一千多年前的大漠，而莫奈的画则表现的是一百多年前的伦敦。我们大概都知道，那时候的伦敦有一个别名叫做"雾都"。因为工业革命带来的污染，整个伦敦都被雾霾笼罩，天空变成了紫色，而《日出·印象》便生动地表现了雾霾笼罩的伦敦天空。今天我们看来，是不是颇有几分魔幻之美？

现在让我们看看中国风景画。我个人认为，中国风景画远远超越西洋风景画。西洋风景画大都是三寸象牙上的微雕，花园、后街、乡村、咖啡馆等，但中国画家胸中有广天阔地，笔下有千里山河。当然，艺术的高下并不以题材的大小而论，西洋风景画最大的问题是，除了柯罗、米勒、莫奈、凡·高等极少数画家的作品，绝大多数都带着浓重的匠气。自然界在画家追求的"格局感"中变得束手束脚，失去了天然面貌。

至于中国风景画，自古至今佳作颇多，而且前人点评尽得其妙，我也无须续貂。此处介绍一幅让我印象特别深刻的作品——李斛先生的《三峡夜航》。《三峡夜航》不像《富春山居图》《千里江山图》那样大名鼎鼎，却是一幅让我过目难忘的作品。第一次看到这幅画是在小学美术课本上。当时还小，只是直观上觉得"画得真好！"《三峡夜航》这个名字因此深深记在了心上。

画面中夜幕苍蓝，崇山峻高，皓月当空，江水清冽，幽深的峡谷中，弥漫着月白的夜雾，江边几星灯火给画面增加了些许暖色。高天深谷之间，一艘游轮正从峡谷驶过，似闻汽笛回响。这幅画让我想起李白的《峨眉山月歌》。

峨眉山月歌

（唐）李　白

峨眉山月半轮秋，影入平羌江水流。

夜发清溪向三峡，思君不见下渝州。

但李白的诗是安静的，《三峡夜航》则是动静相映的。画面中如果只有山高月小，未免境界过清，穿过峡谷的游轮是点睛之笔。小小的游轮赋予了画面声音、动态、均衡感和无尽的遐想。在高天深谷之间，在亿万年的滔滔江水和时间长河中，人是多么渺小，又是多么积极、乐观、顽强。虽然我一直认为"天地不仁，以万物为刍狗"，自然界应该是"欣欣此生意，自尔为佳节"的，但看到这幅画时便不由得感叹，天地之间如果没有了人，这大好的河山该是多么寂寞啊。

视觉艺术的本质就是席勒所说的审美显现，绝大多数视觉艺术都是对现实注入想象后的描摹。现代人欣赏雕塑、绘画固然是常见的审美方式，但现代社会工作、学习、生活如此繁忙，去美术馆的时间毕竟有限。所以，最为简便可行的美育莫过于从生活中发现美。其实，只要有足够的鉴赏力，美在生活中随处可见。即便是一百年前雾霾笼罩的伦敦，在画家笔下也能呈现出某种魔幻美；即便是路边无人关注的小草，在诗人笔下都能化作"苔花如米小，也学牡丹开"的佳句。只要我们能够忙里偷闲，在上下班的路上看看身边的城市和自然，便会发现美无处不在。生活中的有些场景虽然普通，带给人的美感却是隽永难忘的。

上高中的时候，早晨五六点便要赶早自习。那时从家到学校都是一片原生态的徽式建筑，上学的必经之路上有一条狭长的巷子，巷子两边是带院子的白墙黑瓦。早寒料峭的二月，天空是清冷的暗蓝，东方刚刚透出的鱼肚白下微微沁出一丝玫瑰色。抬头看时，黑瓦上蒙着一层淡淡的霜，一枝玉兰花探出院墙外。枝子是黑色的剪影，枝头的一个玉兰骨朵皎洁通透得像羊脂玉，似乎要发出光来。闻一多先生用来描写荷花的"抱霞摇玉的仙花"，放到这里真的是形象极了。

那时候的学校操场是一片黑土地。早春时节，下了早自习从教学楼往下看，黑土地上若隐若现地浮着一丝如烟的淡绿。我们跑过去看时，却什么都看不到，蹲下来，贴着土皮去找，才发现一颗颗米粒大的草芽儿刚从黑土地里面蹦出来。等走远了再回头看时，小草芽儿又看不到了，只见一片似有若无的绿烟，淡淡地萦绕在黑土地上。"天街小雨润如酥，草色遥看近却无"真的是神来之笔。

到了阳春三月，晚上八九点钟下晚自习回家时，路上满是杨花柳絮。晴好的天气里，月亮下，地面上白蒙蒙的一片。我们就这样在吹面不寒的春风里，沐着月光，踏着杨花柳絮，三三两两的边走边讨论着物理、英语，或者背诵诗文，颇有几分"暮春者，春服既成，冠者五六人，童子六七人，浴乎沂，风乎舞雩，咏而归"的意境。

　　大学阶段，我在中南地区某所著名"双一流"高校就读。该校以工科而闻名，校园布局也体现出工科大学的严谨风貌。教学区、住宿区、生活区整齐划一，道路四通八达。在那里读书最大的好处就是，如果想去某地，走任何一条路都能到达，哪怕方向错了，大不了绕几圈，最后总是能到的。这样规整的地方，就算园林草木，都像是按一定尺度布置安放的，似乎缺了点诗情画意。某个早春的夜里，我在一片薄雾中返校。才进校门，一股暗香便拂面而来，循着暗香过去，在南一楼前的灯光下，成片的梅花仿佛融入夜雾和灯影里。空气中飘荡着甜丝丝的氤氲气息，恍若一位轻纱遮面的绝代佳人静静伫立校园一角。

　　至于祖国的名山胜景、大江大河，不仅气象万千，而且千姿百态，其中的精妙之处，绝不是三言两语能描摹得出的。湖北省的著名自然景区大都在鄂西。江汉平原是从武汉到鄂西的必经之路。记得某年夏天，我途径江汉平原时从车窗往外看，但见一望无际的田野如同棋盘般延伸至天际，棋盘上不同的色块是不同的庄稼地，大都是黄灿灿或者绿油油，偶有几块粉红色的是荷塘，晶莹透亮的是鱼池，蜿蜒的河流是楚河汉界，还有小巧别致的房子像童话里的娃娃屋一样点缀其间。天空湛蓝明净，雪浪银山般的白云堆积在地平线上。一时间感觉像是走进了宫崎骏的动画片。

　　只要善于观察生活，放松心灵，我们就会发现，美在生活中到处都是。如果达·芬奇不懂得观察生活，又哪里有《蒙娜丽莎》呢？如果辛弃疾不懂得观察生活，又怎么会发现"那人却在灯火阑珊处"？我想，普通人在家门口也能发现一点小情致，因而得以在繁忙的工作之余放松身心，感觉原来人生这么美好，是值得我们去认真生活的。这才是美育的最大价值和意义。

花（作者摄于 2018 年）

第四章　美育的局限

　　世间之物没有万能的。美育既然是世间万物的一种，自然也不例外。美育既然有其效用，则必然有其局限。至于美育的局限，在认识领域绝不能代替逻辑立法，在实践领域也绝不能代替肢体去实践，但首要的局限应该是美育绝不能替代宗教。我知道这可能有点冒天下之大不韪，因为蔡元培先生的《以美育代宗教说》是中国现代美育最重要的奠基作之一。我认为美育不能替代宗教，绝非刻意标新立异，而是基于我作为一个普通高校教师从十几年的基层教学经验中得出的切合新时代实际情况的结论。从蔡元培先生提出以美育代宗教至今，已历经百年。中国早就从积贫积弱的清末民初迈入了社会主义新时代。经历了百年的世事沧桑、风云变幻，当今的国内情况和国际格局与蔡元培先生所处的时代早就发生了根本的变化。社会主义新时代的美育工作，怎么能够不以当代的实际国情为依据，而跟在一百多年前的先辈身后盲从呢？对此，《吕氏春秋·察今》中有着极为精辟的论述：

　　凡先王之法，有要于时也。时不与法俱在，法虽今而在，犹若不可法。故释先王之成法，而法其所以为法。[①]

　　两千多年后，英国伦理学家理查德·麦尔文·黑尔在其著作《道德语言》

---

　① 吕氏春秋 [M]. 庄适，选注 . 余炳毛，校订 . 北京：商务印书馆，2019：74.

中提出了类似的观点：

假设某一代人——我们把他们称之为第一代人——从他们的父辈那里承袭了非常固定的原则。又假设这些原则像是他们的第二本性那样固定下来了，以至于一般说来，这些人都是在不假思索的情况下依这些原则而行事的，他们做出深思熟虑的原则决定的能力已经退化。

他们总是按书本行事，并且平安无事，因为在他们那个时代里，世界的状态与那些原则确立之时几乎没有什么两样。

但是，他们的儿子，即第二代长大以后却发现，条件发生了变化，先辈们教给他们的那些原则已经不适用了。因为在他们所受的教育中，更多的是强调观察原则，而极少强调做出这些原则最终所依赖的决定，所以他们的道德失去了根基，成了完全不稳定的道德。

人们再也不写，也不再读《人的整体义务》这样的书了。事情常常是，当他们按照这些书本所说的去做时，紧接着又会为他们的决定后悔不已。由于这样的事例太多，人们对那些古老原则的信心从总体上来说就维持不下去了。

无疑，在这些古老的原则中间，肯定有着某些非常普遍的原则，除非人的本性和世界的状态发生变化，否则，这些原则仍将是可以接受的；但是，第二代人由于没有受到过做原则决定的教育，而是被教养成按书本行事的一代，因而他们中的绝大多数人都将不能做出这样一些关键性的决定，即决定该保留哪些原则，修改哪些原则，摒弃哪些原则。①

《吕氏春秋》和《道德语言》中的这两段话表达的其实是同一个意思——释先王之成法，而法其所以为法。即不仅要观察原则，更要考察这些原则确立时的世界状态，之所以得以确立的依据以及确立原则的目的。

两相对比，汉语的微言大义在这里得到了生动的体现。

这两段话在美育这个问题上的应用就是，从蔡元培先生的时代至今，已

---

① [英]黑尔.道德语言[M].万俊人，译.北京：商务印书馆，1999：69-72.

经历了一百多年，社会主义新时代的中国发生了翻天覆地的变化。高等教育逐渐普及、物质极大丰富、思想空前活跃、因此，中国的美育怎么能还停留在一个奠基的阶段呢？如果今天的我们无视世界的变化，跟在一百多年前的先辈身后盲从，那才是真正愧对这些奠基者了。但如果为了自我标榜，而罔顾社会现实，刻意标新立异，那同样不是一个以立德树人为目标的踏实教师之所为。

　　作为新时代的教育工作者，我们应该做的是吸收前人思想中的核心闪光点，考察先辈们之所以提出这些理论的现实依据，探求这些理论所指向的目标，并根据当代的具体国情和社会现实对前人的理论做出相应的优化和更新，使得这些理论能够在当代的教学工作中切实地解决问题、指导实践。包括美育在内的社会主义新时代教育事业应该是建立在切实社会根基之上的有源之水、有本之木，能够实现立德树人、传道授业的目的，而不是象牙塔中文人的自娱自乐。

1. 过度审美导致个体不思进取、时代精神疲软

　　◎有机体的活力来自不均衡，不均衡为有机体的发展提供动力。
　　◎个体的人如果长久处于身心协调的状态，会变得不思进取。
　　◎历史上有着高度鉴赏力的年代，时代精神往往是萎靡疲软的。

　　教育的对象是人和社会团体。无论是人还是社会团体都属于有机界，具有有机体的典型特征，而有机体最显著的特征便是其生长与发展并不符合经典力学的规律。比萨斜塔实验：在重力的作用下，铁球会向下加速坠落，直到地面产生阻力使其停止运动，最终合力为零，铁球回复静止状态，这就是经典力学的特征。

　　有机体的生长和发展遵循着和经典力学截然不同的规律。如果我们仔细

观察身边的自然，不难发现，自然界的新陈代谢、草长莺飞都是自下而上、欣欣向荣的。一颗小小的种子，发芽时产生的力量能够穿透水泥，顶起岩石。我们人类的生长显然也一直都在极力突破地球引力的束缚，但有机体所遵循的规律和经典力学最本质的区别在于，有机体时刻都处于某种不均衡的状态中，时刻都需要和外界进行物质的信息的交换。一旦这种交换中止，有机体便失去了活力。对于人类和其他有机生命来说，物质和信息交换的中止意味着生命的结束。对于团体、社会、国家来说，一旦交换中止，便处于一个封闭的内循环状态，看似稳固，实则失去了发展的活力和动力。一旦有外来暴力打破这种平衡，这个团体、社会或者国家就可能面临灭顶之灾。无论是历史上的印加帝国，还是科幻小说中的波江座文明莫不如此。

正是这种不均衡的状态，让有机体产生了需求和欲望，为有机体的发展提供了最原初的动力。对此，黑格尔明确指出，无论是个体的人，还是整个世界历史，都是由人类的欲望推动着发展的。

但是，在我们承认欲望具有强大的原动力的同时也要极力避免走向鼓吹欲望这一极端，否则必将导致纵欲主义、精致或者不精致的极端利己主义。黑格尔在强调人类的需要、动机、倾向和情欲对历史和伦理的推动作用时，也强调"我们一定要小心避免一个十分可能出现的误解：一种普通的、正当的指责或者批评指的是，他只是在寻求某些个人私利并且仅此而已；他只想推进自己的事业，而不考虑普罗大众，仅仅当他能从普罗大众的利益中捞到什么好处时才对他们有兴趣"。[①]

美育的重要效用之一便是让人类的物质欲望和精神追求之间能够和谐共存，从而在精神和物质之间实现一种均衡协调的关系。在这种关系中，人既不受到物质欲望的强制又不受到道德法则的强制，处于一种身心放松的状态，这种状态就是我们所说的自由。

---

① ［德］黑格尔.黑格尔历史哲学 [M].潘高峰，译.北京：九州出版社，2011：88.

值得我们注意的是，这种物质依存和精神追求均衡协调的状态绝非机械力的平衡。因为人是有机体，我在本书中反复强调，有机体遵循的是和经典力学截然不同的规律。康德指出，"若想以大自然的机械化原则去认识有机物的本质及其内在可能性，是做不到的，更别谈去解释这些现象了。"①至于人的精神特点，更是不可能用机械力学的原理去解释。

如果我们把物质和精神的均衡想象成力学中不同方向的作用力能够按照几何学的原则计算合力，因而采用技术手段如药物治疗、电击去实现这种机械力学的均衡态，就等同于将机械力作用于有机体，其中的恶果有一部电影已经为我们展现得淋漓尽致，那就是《发条橙》。我们能够将机械齿轮安装在鲜美多汁的有机体橙子上吗？何况审美心境指向的是人类的精神。美育是要培养身心健康、全面发展的人，而不是要制造弗兰根斯坦②创造的那个连名字都没有的悲剧怪物（the creature）。

对于用机械力原则去理解有机体内在特征的这种谬论，恩格斯在《反杜林论中》做出了深刻的批判：

根据这种看法，自由是在于：理性的认识把人拉向右边，非理性的冲动把人拉向左边，而在这样的力的平行四边形中，真正的运动就按对角线的方向进行。这样说来，自由就是认识和冲动、知性和非知性之间的平均值，而在每一个人身上，这种自由的程度，用天文学的术语来说，可以根据经验用"人差"（注：人差指确定天体通过已知平面瞬间的系统误差，这种误差是以观察员的心理生理特点和记录天体通过时刻的方式为转移的。——455。）来确定。但是在几页以后，杜林先生又说：

"我们把道德责任建立在自由上面，但是这种自由在我们看来，只不过是

---

① [德]雅思贝尔斯.什么是教育[M].邹进，译.北京：生活·读书·新知三联书店，1991：111.

② 弗兰根斯坦是英国小说家玛丽·雪莱在1818年创作的长篇小说《科学怪人》中的主人公，一位热衷于生命起源的疯狂科学家。他尝试用不同尸体的各个部分拼凑成一个人体，创造出理想中完美的人，但当这个人体获得生命时，却成为一个狰狞恐怖的怪物（the creature）。弗兰根斯坦被吓得落荒而逃，怪物紧追不舍，因而造成了一系列诡异的命案。

按照先天的和后天的知性对自觉动机的感受。所有这样的动机，尽管会觉察到行动中可能出现对立，总是以不可回避的自然规律性起着作用；但是，当我们应用道德杠杆时，我们正是估计到了这种不可回避的强制。"

这第二个关于自由的定义随随便便地就给了第一个定义一记耳光，它又只是对黑格尔观念的极端庸俗化。黑格尔第一个正确地叙述了自由和必然之间的关系。在他看来，自由是对必然的认识。"必然只是在它没有被了解的时候才是盲目的。"自由不在幻想中摆脱自然规律而独立，而在认识这些规律，从而能够有计划地使自然规律为一定的目的服务。这无论对外部自然的规律，或对支配人本身的肉体存在和精神存在的规律来说，都是一样的。这两类规律，我们最多只能在观念中而不能在现实中把它们互相分开。因此，意志自由只是借助于对事物的认识来作出决定的能力。因此，人对一定问题的判断越是自由，这个判断的内容所具有的必然性就越大；而犹豫不决是以不知为基础的，它看来好像是在许多不同的和相互矛盾的可能的决定中任意进行选择，但恰好由此证明它的不自由，证明它被正好应该由它支配的对象所支配。[①]

因此，在美育的实施过程中，要严防技术手段的滥用。如果用技术手段实现审美心境，等于将机械力作用于有机体。社会主义新时代美育的目标是要培养身心健康，全面发展的社会主义事业建设者，而不是用技术手段批量生产发条橙。

此外，有机体发展的动力恰好来自不均衡的状态引发的需求和欲望。**如果身心长久地处于均衡态，人便会变得无欲无求**。从积极的方面看，这样的确能够减少很多烦恼；但从消极的方面看，这样会让人变得不思进取，让社会失去活力。世间的烦恼大都是因为能力配不上欲望，想要减少烦恼无非两种途径：要么提高能力，要么减少欲望。由于提高能力需要在认识、情感、意志、体能等多方面实现突破，而降低欲望则只需要在情感层面实现某些突

---

① [德]马克思. 马克思恩格斯选集（第三卷）[M]. 中共中央马克思恩格斯列宁斯大林著作编译局，编译. 北京：人民出版社，1995：455-456.

破。和提高能力相比，降低欲望显然更容易，因此减少烦恼最简单的办法就是降低欲望。对于中老年人，这的确是一个修身养性的好办法，但大学生正当奋发有为的年纪，尚未触及欲望，尚未为欲望而奋斗过，便急于通过减少欲望来排解烦恼，这与其说是修身养性，倒不如说是逃避现实、逃避责任、逃避成长、逃避人的发展规律，是对自己的人生、家庭、社会、国家极无担当和极不负责任的行为。这样的青年，是不足以担负一个国家和民族未来的。

审美的作用在于让人能在忙碌的生活中适度地放松身心，从而以更饱满的精神状态迎接生活中的挑战，而不是让人们通过降低合理欲望的方式躲在精神的舒适区中逃避现实。知足常乐固然可以作为一句自我安慰的话，但前提是我们奋斗过。尚未奋斗过的人没有资格说知足，那不过是懦弱、无能、贪慕虚荣的借口罢了。因此，和教给人们去发现生活中更多的美相比，让人们获得足够的意志与生活中不那么美的东西相处，有足够的勇气和能力与生活中丑恶的事物对抗，才是新时代美育更为重要的目标。

过度的审美等同于精神鸦片，让人们沉醉在精神的世界里自我麻醉，却剥夺了人们直面生活所应有的勇气和担当。毕竟，责任、义务这些真正赋予人价值，给生命以质量的东西在感性层面上可能都是不那么可爱，不那么美的。

从历史现实看，**那些有着高度鉴赏力的年代往往都是一些所谓有教养的年代。然而在这样的年代里，时代精神往往都是萎靡和疲软的**。对此，美育之父席勒指出：

人们在具有力量和充实的年代，发现了与巨大和奇异相联系的观念的真正伟大以及热情的极大迸发相联系的志向的崇高；而在规则和形式的时代人们发现了本性经常地受到支配和压抑以及被超越和凌辱。因为融合性的美的作用是使精神在道德领域以及物质领域都得到松弛，所以同样容易遇到这种情况，由于欲望的干扰而把情感的力量窒息了，使得性格也受到只是情欲才会遇到的力量损耗。因此，在这种所谓有教养的时代，人们往往看到把温情变成柔弱，把坦率变成肤浅，把精确变成空虚，把自由变成随意，把敏捷变成轻浮，把安详变成冷漠，而最令人鄙视的讽刺画与最美好的人性混在一起。对于不是物质材料就是形式受到强制的人需要融合的美，因为在他对和谐与优美开始敏感之前，早已为伟大和力量所激励。对于沉醉在审美趣味中的人，需要振奋性的美，因为他在有教养的状态中很容易失去他由粗野状态所带来的力量。①

我们要注意，"所谓有教养"和真正教养之间的区别。人们在有教养状态下能够保持精神的能动性，因而具有奋发向上的斗志，而"所谓有教养"则是被某些规则和形式所支配，表现出的是对合理或者不合理的规则、风俗不加分辨地顺从——对无可无不可的流行概念趋之若鹜，对真正危害公序良俗的陈规陋俗忍气吞声。对此，苏霍姆林斯基指出，"我们绝不能把儿童的听话和顺从看作是内心善良的表现，实际上远非如此。"②这个道理对于成年人同样适用，当规则和形式支配了人们的本性时，人的自然情感便不能得到正常的表达，要么表面安分守己，内心却积怨已久，要么就是用彻头彻尾的冷漠来避免规则对情感的损耗。假如身在一个扶老人都有风险的社会大环境里，我们实在不能苛责人们不敢见义勇为。

情感和情欲也是不同的。情欲源于人的自然本能，是与生俱来的，情感却是一种能力，需要后天不断地打磨。《诗经》中的"如切如磋，如琢如磨"便是如此。情感能力低下的人往往把来自本能中的情欲等同于情感。情感是持久而绵长的，情欲不仅短暂且容易让人疲惫倦怠。如果情欲代替了情感，人便可能成为纵欲主义者或者虚无主义者，从而损耗了性格的力量。

经历了几代人的艰苦奋斗，我们现在进入了社会主义新时代。新时代物质充裕、文化繁荣、教育普及，人们的教养远远超出了历史上的任何一个时代。新时代的中国人在享受时代福利的同时，更不能忘记了时代的责任。我们要避免在这样一个伟大的时代里，将自己的生命浪费在一些轻快的小确幸

---

① [德] 席勒. 美育书简 [M]. 徐恒醇，译. 北京：社会科学文献出版社，2016：119–120.

② [苏] 苏霍姆林斯基. 公民的诞生 [M]. 黄之瑞等，译. 北京：教育科学出版社，2002：11.

之上。这种过度审美是对自由的滥用，是将自由变成了随意，将幸福变成了轻浮。一旦泛滥成风，很有可能导致时代精神的疲软。生而为人，我们在享受幸福的同时也要背得起烟火人间的责任，不忘记星空大海的征途。

美育旨在提升人们的情感能力，这种能力不仅是享受快乐的能力，还有对责任、义务的担当以及承受失败和痛苦的能力。受动是通往真正的自由的必经之路。

过度审美导致个体不思进取，时代精神萎靡疲软，但这些只是为了论述我们不能沉溺在审美状态中逃避现实。生活中需要适度的审美，且不同的群体有不同的特点。包括大学生在内的青少年应该保持高昂的斗志，不能过度沉溺于审美，但对于成年人，现代社会生活繁忙，工作压力大，因此需要适度的审美来放松身心，使得人们能够过张弛有度的生活。保持合理的欲望但不被欲望支配，有适度审美的能力但不沉溺其中，无论对个体还是对社会都是有好处的。在即有欲望的实现和新欲望的产生之间，通过审美作为调剂，使得个人和社会实现螺旋状发展，这是符合个体精神和社会发展规律的，但这一目标显然需要社会整体协作才能实现，不可能仅仅依靠美育实现。这也是美育的局限之一。

2. 宗教宽容是中华文明的传统，美育既不能，也无必要替代宗教

◎宗教和民间风俗在感性表现形式上包含了美。

◎在天灾人祸面前，宗教和民风民俗能够提供有效的心理安慰。

◎对超越性问题的思索和追问是人的天性。

我们再来说说美育为什么不能替代宗教。在我看来，美育不仅不能替代宗教，也不能替代民间文化风俗。**首先，宗教和民间文化风俗在感性的表现**

形式上包含了美。如深山藏古寺美不美？禅房花木深美不美？圣彼得大教堂美不美？米开朗琪罗的《哀悼基督》美不美？西洋教堂里的赞美诗、东方寺庙里的暮鼓晨钟，都能产生空灵悠远的意境，无论有无宗教信仰的人，都能从中得到美的享受。

此外，生活中的美好往往存在于某些瞬间，绝大多数情况下生活都是不完美的。因此，我在本书中反复强调，美育的意义除了让人们发现更多美，也在于让人们有勇气面对生活中的某些痛苦和失败。然而，在巨大的天灾人祸面前，例如失去亲人，正常人是很难仅仅凭借自己的勇气走出悲痛的。这时候，亲友的安慰、心理帮扶、民间风俗以及宗教，都能在一定程度上起到缓解悲痛的作用。我们切不可把通过宗教或者民间风俗减少痛苦视为愚昧或者软弱。

乐山大佛
大佛与石崖、江水浑然一体。中华文化中天人合一的思想在佛教雕塑中显现出来。

美育的目的是教人们做生活中的强者，但我们不能对人的差异性视而不见，尤其不能苛责那些因为真正遭遇了不幸而在悲痛中不能自拔的人。当我们站在高峰时，要想到还有人在低谷；当我们幸福快乐地生活时，要意识到世间有人遭受不幸；当我们以生活中的强者自居时，也要给弱者留条活路。因此，如果那些遭遇了巨大不幸的人能够从宗教或者民风民俗中得到有效的心理安慰，从而走出悲痛，重新面对生活，我们也不宜对此有所苛责。

哀悼基督（米开朗琪罗）
西方文化审美的精髓——"静穆的哀伤"在《哀悼基督》中得到了淋漓尽致的展现。

何况，即便是强者，也不可能在生活中没有脆弱的时候。人生在世，可能遭受到一些不公正的待遇，遇到一些解决不了的难题，人在这些时候难免会感到焦虑、恐惧、愤怒，甚至绝望。如果这些负面情绪得不到及时疏导，便有可能导致某些偏激行为。在某些情况下，宗教或者民风民俗能够有效约束人的行为，避免发生悲剧。

因此，**在天灾人祸面前，宗教和民风民俗能够提供有效的心理安慰**。只要能够让人走出悲痛，重新生活，并维护社会的和谐稳定，又何必一定要用美育替代呢？

最重要的是，对超越性问题的思索和追问是人的天性。最典型的超越性问题便是关于生死和灵魂的问题。孔子对这类问题的回答是"未知生，焉知死？"孔子处在一个列国征战的年代，在那样的时代里普通老百姓生存下来都要用尽全力，因此，孔子的回答是切合春秋战国时期的社会实际情况的。但我们当前已经迈进社会主义新时代，物质繁荣、文化昌盛、教育发达、思想空前活跃，人们的生活状态和孔子所处的年代发生了翻天覆地的变化。在基本物质需求普遍得到解决的情况下，人们难免会想到这些问题。如果教育无法提供解答，人们便有可能到宗教中去寻找答案。

事实上，类似的情况在历史上早有发生。当明清之交，传教士最初来华传教时，基督教教义中最吸引中国士子的便是对于生死灵魂问题的解答。对此，耶稣会传教士利玛窦在其书信集中记录道："中国学问是本性上的学问，缺少超越性的学问。"从实际情况看，在历史上长期作为中华文明官方意识形态的儒家文化是积极入世的文化，更注重的是怎样让人们过好尘世间的生活，并不太关注死后能否永生，灵魂能否得救等问题。因此，中国历史上的各个朝代都有宗教宽容和神道设教的传统，作为官方意识形态的补充。

既然对超越性问题的探求是人的本性，在社会主义新时代的教育中我们便不能回避这些问题。共产党人固然要坚持唯物主义，坚持无神论，但作为坚信共产主义的教育工作者，对宗教有所了解是有必要的。唯有这样，我们才能在学生提出超越性问题时，更好地进行引导。如果教育者自身对宗教一无所知，又怎能引导学生的未知呢？

尤为值得注意的是，在对超越性问题的解答上，我们固然要坚持唯物主义世界观，但一定要避免庸俗唯物主义。对此，苏霍姆林斯基深刻地指出：

难道可以把那种只是喋喋不休地反复强调：不存在什么永生，我们大家都会化为灰烬的，就像我们那些动物界的其他亲族一样，——算作是在进行无神论教育吗？为什么不能号召每个受教育者在某种永恒的事业中肯定自己生命的价值，号召他们创建一种流芳百世的事业以使自己永垂不朽呢？为什么不能根据这一点肯定地说，人与马的不同之处就在于人是永生的，也就是说，他的精神是永存的呢？ ①

这些超越性问题的本质是生活本身有什么价值和意义，以及人们对自己的身后之事能够怀有什么样的期待和盼望。这也是共产主义教育必须为每一个公民回答的问题。如果我们简单地告诉人们，死后便一无所有，那便流入了庸俗唯物主义。这样的答案不仅让人们看不到生命的宝贵和独一无二，还可能让人陷入虚无主义或者对死亡的极端恐惧中。

在灵魂得救的问题上，我们要认识到，中华文化认为人生天地间是一件光明磊落的坦荡之事，对于生活中的德行和恶行，孔子的"以直报怨，以德报德"是最好的解答，也就是好孩子必须得奖励，坏孩子必须被惩罚。

在生命价值和对身后事的期待上，共产主义教育既要让人对生命和死亡有所敬畏，又要让人不至于因为对死的恐惧而怀疑了生的价值。而让人们理解这一点最重要的就是，切不能把我们眼前的生活，正在经历的每一分每一秒生命，当作是这个蛮荒狂暴宇宙中的唾手可得之物。在我们温暖的母星上，一粒种子从播种到发芽，到化作我们领受的一粥一饭，都要经历春夏秋冬，四季轮换，凝聚无数人的汗水和劳动。我们身边的任何一个事物都凝聚了人类文明数千年历史中无数人的智慧、努力和汗水，我们又有什么理由不懂得

---

① [苏]苏霍姆林斯基.公民的诞生[M].黄之瑞等，译.北京：教育科学出版社，2002：82.

珍惜呢。而他人的一粥一饭、一丝一缕，也未尝不是我们的智慧和劳动凝聚而成，这难道不是我们为世界做贡献留下的价值吗？在这个热气腾腾的烟火人间，我们带着理想信念过好这一生便已经是某种永恒的事业了。万物循环、生生不息，我们的人生和许多人的人生，我们的精神和许多人的精神，无论有名字的还是没有留下名字的，无论在生前还是身后，都是这个世界的一部分，都和这个世界一起不朽。

同时我们也必须深刻地认识到，在数百亿年的大宇宙中，在人类通往瀚海星空的征途上，我们才刚刚站在起点。未来任重道远，一切皆有可能。切不能像某些文明那样，只不过短暂地领先了世界几十年，便迫不及待地自我膨胀，自认为完成了"历史的终结"。[①] 这样除了给后人当作笑柄，还能留下些什么呢？

中华文化是海纳百川的文化，宗教宽容是中华民族自古以来的传统。在"九天阊阖开宫殿，万国衣冠拜冕旒"的盛唐时代，更是有着佛教、道教、基督教、摩尼教、祆教等众多宗教和谐相处的佳话。实现中华民族的伟大复兴是社会主义新时代的重任。中华民族的伟大复兴必然伴随着中华文化的繁荣兴盛。在坚持马克思主义信仰，坚持社会主义和共产主义信念的前提下，各种宗教、民俗的和谐相处也展现出一个繁荣昌盛时代的博大气象。

在这样的时代背景下，无论是用美育替代宗教，还是用一种宗教去替代另一种宗教，或者用某种风俗去替代另一种风俗都是既不切实际，也无必要的。新时代的中华文化有着统摄一切宗教和风俗的力量，能够以充分的自信向全世界展现出海纳百川的万千气象。

---

① "历史的终结"这一说法来自美国作家弗朗西斯·福山的作品《历史的终结及最后的人》。

后记　情感是一种能力

　　情感是一种能力。对情感能力的重视，无论是在我国优秀传统文化，还是在西方古典文化中都有着悠久的历史。

　　认识和情感是人类精神的两个基本构成部分。认识能力是思维的规定能力，是精神能动性的体现；情感能力是思维的感知力与承受力，是精神受动力的体现。

　　情感能力负责感知世界，为思维提供感性素材；认识能力负责从感性现象中发现规律，为世界立法。无论是认识能力的欠缺，还是情感能力的欠缺，都将导致人性的残缺。情感能力的欠缺导致人无法感知他人和世界，沉浸在自己玄想出来的各种准则中，并妄想用这些准则去解释他人和世界。这样的人必然在生活实践中四处碰壁。当发现世界和他人并非如自己所想，理想敌不过现实时，便有可能走进虚无主义。认识能力的欠缺导致人虽然承受了世界，却全然无法从中发现规律，世界对他来说是混乱、无序、偶然的存在。这样的人在生活中往往跟着感觉走，不仅浑浑噩噩、随波逐流，而且找不到生活的价值和意义，因而不懂得珍惜来之不易的人生。

　　还有一种情况就是认识能力和情感能力的分裂。即感性虽然提供了素材，即生活经验，认识却无法自主地对这些生活经验进行解释，于是到那些早就不合时宜的陈规陋俗中去寻找答案。这样不仅导致人无法在精神中实现自我和解，还有可能毁掉人的物质生活。

在历史上的绝大多数时期，情感能力都受到了高度的重视。情感能力低下的危害不仅仅在于个人情感生活的低俗贫乏。人的认识能力和情感能力绝非彼此孤立的两个领域，而是相辅相成的。由于情感负责感受世界，为思维提供感性素材，情感能力的欠缺必然导致认识的不完整。此外，由于情感能力还关系到人们承受世界的能力，因此情感能力能够让人们在成败得失之际懂得如何自持，从而更好地把握人生。

提到情感能力，就要说说前几年曾经大为流行的一个词"情商"了。情商绝不等于情感能力。无论情商的概念是怎样界定的，情商作为一种商数，是可以用技术手段定量测评的。并且，当人们提及情商的时候，^①往往指的是八面玲珑、左右逢源的外在表现，目标直指自我利益最大化，个体内心的真实情感微乎其微。

但情感是不能测量的。情感是自然的多样性在人身上的体现。一旦作统一标准化处理，便意味着对个性的扼杀。用学术语言来说，叫作"理性僭越到情感的领域导致对完整人性的肢解"。其恶果不是社会整体思维的僵化，就是时代精神的疲软。

与"所谓的情商"不同的是，情感能力首先关注的是个体内在精神世界的丰盈与充实。至于个体的外在表现，则是"诚于中，形于外"的自然结果。因此，一个有着较强情感能力的人外在表现并不是圆滑世故，而是踏实、厚道。因此，和带着过强目的性的"所谓高情商"相比，倒是那种久违的忠厚、实诚更能打动人心。

我们也不能将情感能力等同于情绪。情绪是内在感受对外的释放，是被感性冲动支配后的结果。怒发冲冠、喜出望外便是此类。情感能力则是一种自我修持，目的在于让人既不压抑自己的真情实感，又不被感性冲动支配，能够恰到好处、收放自如地表达。哀而不伤、乐而不淫便是此类。历史上那些有着高超情感能力的人，莫不勤谨务实而又灵活机变、挥洒淋漓而又不失

---

① 之所以是"当人们提及情商的时候"或者"所谓的情商"是因为大谈情商的人其实很少专门去研究情商的定义。因此，他们所说的"情商"并不是情商这个词的真实含义。类似于"人道是三国周郎赤壁"中的"人道是"。

分寸，既能将平淡生活过得精致，活出滋味，在生死成败之际，也表现得豁达、坦荡，孔子、伯利克里、苏格拉底、穆罕默德、苏轼皆是如此。

情感能力虽然是在感性上自我修持的能力，但涉及的绝不仅仅只是情感。认识和情感分别对应着人的理性本性和感性本性，这二者并非彼此孤立，而是相互依存、促进的。情感教育，即美育，不仅仅是关于感性本性的教育，更是关于理性本性与感性本性如何和谐依存、相互促进，使人的精神和人性本身趋于完整的教育。

由于人的感性是自然的多样性在人身上的体现，具有很大的偶然性，因此来自个体感性的规则只能对个体本身有效，不能普遍类推。这一类的规则被称为准则。而人的理性本性则是法则的统一性在人身上的体现，具有必然性，因此来自理性本性的规则不仅对个体有效，还能够作用于类整体，因此被称为法则。

由于感性和理性是完整人性的两个基本构成部分，因此，作为指导人类实践的普遍法则，即实践理性或者道德律令，必须在法则的基础上最大可能地包括一切准则。这样才使实践理性既能起到普遍的指导作用，又不至于压抑了个体的特质。实践理性中那些统一的法则，来自理性的普遍立法，大都指向公共领域，维系了社会整体的公序良俗；而千差万别的准则，则适用每个具体的人，为个体生活留下了不可侵犯的私人空间。

情感教育的意义在于，将千差万别的特性和普遍的共性在人性中统一、融合，使得理性和感性不再是泾渭分明的对立领域，实现人性的完整。完整人性中的普遍性并非是千人一面的单一性，而是最大限度的包容性。

情感教育的重要性不仅在于维系性格的完整，使得个体的人能够身心健康地全面发展，在社会层面上同样有着重大的意义。在某些特殊时期，我们对于情感能力的不重视，导致情感教育缺位。在教学实践中用认识或者意识形态教育代替情感教育，导致了公共法则和个体空间的错位。要么个体的准则僭越社会的公共领域，导致任人唯亲、结党营私等不良社会现象；要么便是公共的法则入侵个体的空间，不仅粗暴侵犯个体隐私，压抑个体天性，还导致人们对私生活领域中的问题产生错误的归因，就连谈恋爱失败了这样纯粹个人的事也可能怪罪到制度和意识形态上。

这种公共法则和个体准则的错位，不仅在道德实践中产生了上述恶果，还一度扭曲了整个社会的价值观。

恶果之一是用纯粹私生活领域中的某些准则去评定一个人的社会价值。

个体的准则具有偶然性。在任何一个历史时期，脱离当时具体的社会现实情况，如科技、医疗、经济、气候、地理位置、个人条件等综合因素，去评价一个人的特定行为，是浅薄无知、卖弄文化的典型特征。

更重要的是，准则只对个体的私生活有效，切不能类推到社会整体，更不可入侵公共区间。准则是自然的多样性在人身上的体现，一个人所偏爱的，可能是另一个人所厌恶的。阿Q不就是见不得城里人把长凳称为条凳，而且煎鱼用葱丝吗？因此，如果用个体的准则看他人，每个人必然都是有瑕疵的。私生活尚且如此，何况公共领域呢？

只要是人，都具备人的基本生物属性；只要是人，就有自己的私生活，伟人或者英雄也不例外。那些对历史产生巨大影响的人物，如亚历山大大帝、秦宣太后、刘邦、曹操、拿破仑、爱因斯坦等，以今天的眼光来看，在私生活上或许都不是完美，甚至有重大污点的人。然而，他们都推动了历史的发展。如果我们选择性地无视英雄对整个人类历史所做出的巨大贡献，只盯着英雄私生活中微不足道的瑕疵，那么到底是英雄出了问题，还是我们的眼睛出了问题？对此，黑格尔一针见血地指出，并非英雄不是英雄，而是仆人只是仆人。

人总要吃喝，总要与朋友和亲戚交往，总会有各种情绪，并且偶尔会爆发出来。历史伟人同样会具有这些气质和秉性，他们同样需要吃喝，会更喜好某道菜，会更喜欢某种酒，或者只爱喝清水。因此，"仆人眼中无英雄。"[1]

对此，鲁迅先生说得更透彻：有缺点的战士终竟是战士，完美的苍蝇也终竟不过是苍蝇。

---

① [德]黑格尔.黑格尔历史哲学[M].潘高峰，译.北京：九州出版社，2011：119.

　　私生活中的准则僭越公共区间对女性的危害尤其为甚。最常见的便是将女性的价值与她的婚恋情况绑定。当今社会，这一现象依然存在。一位女性，无论她对社会做出了多么大的贡献，倘或她单身，或者离异，那么她的生活便被认为是有诸多缺憾的。从这一点看，当今社会的市侩文化[①]对于女性的价值评定甚至远远落后于封建社会。

　　然而，私生活中的准则僭越社会公共区间造成的最大恶果是严重危害了社会职业精神。

　　我们可能听到过这样的话："一个离过婚的男人肯定不是好律师""一个搞外遇的渣男怎么可能是好医生""隔壁部门那个一大把年纪还不结婚的女主管是不是有心理问题？""新来的辅导员自己看起来都是个小女孩，能管好这一个系的学生？""那个天天开奔驰上班的教授科研论文绝对都是水的。"

　　业务能力，或者说职业素养只能是一个必然条件。以医生为例，医生做手术的时候拿稳手术刀只能是必然的，这种职业素养来自认识、技艺、职业心理素质上艰苦卓绝的磨炼。然而情感却有很大的偶然性。虽然在认识上经过了艰苦磨砺的人情感和意志相对也比较顽强，但恋爱涉及的却不是一个人。我们不能保证医生的伴侣也能以同样的态度对待感情。总而言之，一个医生医术是否高超跟他结婚了还是被甩了有什么关系？

　　其他的私人情感同理。

　　至于那些为社会发展和人类福祉做出了巨大贡献的卓越人物，如果人们以自己时代的个人准则吹毛求疵，会发现英雄们都是有缺陷的。例如，宣太后竟然讲荤段子，笛卡尔竟然睡懒觉，康德竟然喝葡萄酒……

　　这些人选择性地忽略了英雄们的成就，而把眼光紧紧盯在了英雄的私生活上。这并不能说明英雄不是英雄，只能说明这些人不仅狭隘愚昧，而且不知职业精神为何物。

　　英雄之所以为英雄并非他们不是饮食男女，而是除了饮食男女，他们还

---

① 仅限于市侩文化。事实上，越优秀的男性越尊重女性。或许正是因为他们深刻了解人的价值不取决于偶然因素，更不能用私生活绑定人的社会价值，所以才优秀。

有天下苍生、万里河山、星空大海。

现在是社会主义新时代了，人们该把眼光从个体私生活这些狭隘的准则中跳脱出来，到社会上去发现更广阔的天地。

恶果之二是公共法则侵害了个体的私人空间，使得个体在纯粹的私生活中不得不压抑自然天性。[①]

我国传统文化对个体的私人空间是高度尊重的。《韩诗外传》中记录了这样一则故事：

孟子妻独处，踞[②]。孟子入户视之，向其母曰："妇无礼，请去之。"母曰："何也？"曰："踞。"其母曰："何知之？"孟子曰："我亲见之。"

母曰："乃汝无礼也，非妇无礼。《礼》不云乎，'将入门，问孰存。将上堂，声必扬。将入户，视必下。'不掩人不备也。今汝往燕私之处，入户不有声，令人踞而视之，是汝之无礼也，非妇无礼也。"

于是孟子自责，不敢去妇。

孟母的贤明之所以千古流传，不仅在于对子女教育的重视，更在于她对子女私人空间的高度尊重。而且，她在处理家庭矛盾时是多么公正、有人情味。

孟母的例子并非个案。尊重他人隐私是我国传统社会的通则，被明确写进了儒家启蒙读物《弟子规》："将入门，问孰存。将上堂，声先扬。"

除了公共区间，人还需要一个不可侵犯的个体空间去释放自我。如果以公共区间的法则去对个体空间加以限定，不仅压抑个体的天性导致法则无法执行，还会导致由于法则的不可实施而滋生伪善、道德虚无主义或者彻头彻尾的道德沦丧等恶果。

公共区间的法则远高于个体的准则。这是因为公共区间不属于某一个人，因此我们的一言一行必须顾及他人的利益和感受，但个体的空间只涉及我们

---

① 少数人的自然天性中也有恶劣的一面，即便是在私生活中也不可放纵。刑法是评判恶劣与否的底线。

② 踞，一种坐姿。两脚底和臀部着地，双腿岔开，两膝上耸。连裆裤在汉代才出现，因此，在孟子所处的年代，踞是很不文雅的坐姿。

自己，不会危害任何其他人，因此我们可以在不打扰他人的前提下放飞自我。最简单的例子就是，我们在职场以及其他公共场合应该着装整洁，但我们在自己的内室即便蓬头垢面也没有人指责。

情感教育对于维护社会公序良俗的意义在于，让认识和情感、法则和准则各自复归原位。认识和情感相辅相成，但绝不能错位。公共区间的法则应该仅限于公共领域，私人领域的准则应该复归私人领域。这样不仅能够避免公共法则入侵个人领域，为个体的私生活保留了神圣不可侵犯的空间，使得个体能够在不妨碍他人的情况下自由地释放天性，还能避免个体私生活中的准则僭越公共领域，防止公权私用等不良社会现象，有利于个体人格的独立和职业精神的培养。法则的统一性维系了社会的和谐稳定，准则的多样性让个体和社会充满了活力。当我们的人性在不断地切磋、琢磨之后具备了在法则的基准上包括一切特殊性在内的力量时，我们便能发现在公共的法则和个体的准则之间，不是黑白之间惨淡的五十度灰，而是千姿百态、流光溢彩的生活。

保尔·柯察金说："人最宝贵的是生命。生命每个人只有一次。人的一生应当这样度过：当回忆往事的时候，他不会因为虚度年华而悔恨，也不会因为碌碌无为而羞愧；在临死的时候，他能够说'我的整个生命和全部精力，都已经献给了世界上最壮丽的事业——为人类的解放而斗争'。"[1]

在社会主义新时代，现代科技基本上解放了人的肉身，然而思想的解放依然任重而道远。黑格尔说："审美有令人解放的特质。"[2] 如果本书能够在一定程度上解放人们的思想，让认识和情感、法则和准则复归原位，让道德律令和自然情感在美里得以和解，也算是为人类的解放做了微薄的贡献。

---

① [德] 黑格尔. 美学 [M]. 寇鹏程，编译. 重庆：重庆出版社，2016：5.

② [苏] 奥斯特洛夫斯基. 钢铁是怎样炼成的 [M]. 蔡唯远译. 北京：石油工业出版社，2014：233.

参考文献

【1】论语 [M]. 杨伯峻，杨逢彬，译注. 长沙：岳麓书社，2011.

【2】[德] 席勒. 美育书简 [M]. 徐恒醇，译. 北京：社会科学文献出版社，2016.

【3】[德] 黑格尔. 美学 [M]. 寇鹏程，编译. 重庆：重庆出版社，2016.

【4】[德] 康德. 判断力批判 [M]. 李秋霞，译. 北京：中国人民大学出版社，2010.

【5】[苏联] 苏霍姆林斯基. 公民的诞生 [M]. 黄之瑞，等译. 北京：教育科学出版社，2002.

【6】[德] 马克思.1844年经济学哲学手稿［M］. 中共中央马克思恩格斯列宁斯大林著作编译局，编译. 北京：人民出版社，2018.

【7】[英] 亚当·斯密. 道德情操论 [M]. 蒋自强，等译. 北京：商务印书馆，2015.

【8】[德] 康德. 实践理性批判 [M]. 邓晓芒，译. 北京：人民出版社，2016.

【9】马克思恩格斯选集（第四卷）[M]. 北京：人民出版社，2012.

【10】[德] 黑格尔. 黑格尔历史哲学 [M]. 潘高峰，译. 北京：九州出版社，2011.

【11】[英] 怀特海. 教育的目的［M］. 庄莲平，王立中，译. 上海：文汇出版社，2012.

【12】王国维. 人间词话 [M]. 兰州：兰州大学出版社，2004.

【13】马克思恩格斯选集（第二卷）[M]. 北京：人民出版社，2012.

【14】[英] 黑尔. 道德语言 [M]. 万俊人，译. 北京：商务印书馆，1999.

【15】[德] 雅思贝尔斯. 什么是教育 [M]. 邹进，译. 北京：生活·读书·新知三联书店，1991.